대화를 이끌고 막힘없이 표현하는

마그마 러시아어 중고급 회화

러포자 구제 연구소
이지은 · 이고운 · 미하일 보르듀고프스키 지음

대화를 이끌고 막힘없이 표현하는

마그마 러시아어 중고급 회화

초판 1쇄 인쇄 2024년 1월 12일
초판 1쇄 발행 2024년 1월 19일

지은이 러포자 구제 연구소(이지은 · 이고은) 미하일 보르듀고프스키
펴낸이 서덕일
펴낸곳 언어평등

기획 서민우 **편집진행 및 교정** 조소영 **본문 디자인** 문인주
표지 및 부속 디자인 박정호 **오디오 녹음** 이니스닷컴
출력 및 인쇄 천일문화사 **제본** 대흥제책

출판등록 1962년 7월 12일 제1962-1호
주소 경기도 파주시 회동길 366 3층 (10881)
전화 (02) 499-1281~2 **팩스** (02) 499-1283
전자우편 info@moonyelim.com
홈페이지 www.moonyelim.com

ISBN 978-89-7482-934-6(13790)
값 17,500원

대화를 이끌고 막힘없이 표현하는

마그마 러시아어 중고급 회화

문예림

머리말

Дорогие любители и друзья русского языка!

Мы выносим на ваш суд очередное наше пособие. На этот раз мы решили коснуться русской разговорной речи. Что тут можно сказать? Она, как вы легко заметите, разительно отличается от высокого и прекрасного языка русской классической литературы. Однако русские в своём повседневном общении примерно так, на таком языке и общаются друг с другом. И язык этот может показаться необычным, сбивающим с толку, временами шокирующим. Но, дорогие друзья, поверьте, мы, авторы, прилагали немалые усилия, чтобы облегчить вам его понимание, проникновение в суть мыслей, настроений и эмоций, его питающих.

Надеемся, что вы вдумчиво и сосредоточенно изучите все темы нашего пособия. И если в конце непростого пути вы вдруг почувствуете, что эти странные, суматошные и такие эмоциональные русские стали для вас более понятными и близкими по духу и чувству людьми, то мы будем считать свою задачу безусловно выполненной.

Больших вам успехов и неизменной удачи во всех делах!

М. Ю. Бордюговский, Ли Коын, Ли Чжиын

우리는 언어를 사용할 때 대화 상대와 상황 등 다양한 요소를 고려하여 어휘와 문체, 어조를 선택하고, 자신의 의도를 효과적으로 표현하기 위해 다양한 언어적 전략을 사용합니다. 이처럼 여느 언어와 마찬가지로 러시아어에도 다양한 층위와 문체가 있습니다. 다양한 기준에 따라, 표준어와 비속어, 문어와 구어, 문학어, 행정어, 학술어 등으로 분류할 수 있으며, 이 교재에서는 러시아어 구어체 표현을 중점적으로 다루고자 합니다.

지금까지 문법과 강독 교재 및 수업을 통해 기초를 충분히 다졌음에도 불구하고, 우리는 종종 러시아 드라마나 영화를 접했을 때 사전에서는 찾을 수 없는 표현, 지금껏 배웠던 문법이 적용되지 않는 표현들을 만나게 됩니다. 또한, 원어민과 대화를 나눌 때 어떻게 적절히 대답하고 반응해야 할지 모르거나, 특정한 하나의 주제를 가지고 긴 대화를 이어가기 힘들어 대화가 끊기고 어색함을 느낀 적도 많습니다. 이러한 부분에서 어려움을 느끼는 학습자를 위해 우리가 일상에서 쉽게 접하는 흥미로운 주제 스무 가지를 선정하여 짧은 본문과 대화문을 제시하였습니다. 본문과 대화문에는 일반 교재에서 학습하기 힘든 구어체, 관용구, 속담, 속어 등을 최대한 많이 포함했습니다. 회화 교재라는 목적에 충실하기 위해, 통째로 암기하여 실제로 활용할 수 있는 구문들을 최대화하고, 문법 설명은 본문과 연계하여 필요한 부분만 추렸습니다.

본격적인 학습에 앞서 러시아어 구어체의 특성을 간단히 살펴보겠습니다.

1) 비문법적: 초중급 수준에서 배웠던 문법 규범에서 어긋나는 표현이 많습니다.
2) 빈번한 생략: 굳이 말하지 않아도 상황과 맥락을 통해 이해할 수 있는 단어는 생략되는 경우가 많습니다.
3) 관습적으로 굳어진 표현(устойчивые сочетания)의 빈번한 사용: 속담, 격언, 관용구, 문학작품 · 영화 · 아넥도트(짧은 풍자 · 유머글) 등에서 인용한 표현, 상투어 등이 빈번하게 사용됩니다.
4) 소사(частицы), 추임새(слова-паразиты)의 빈번한 사용: 소사(ну, вот, -то, -ка)는 그 자체로서는 큰 의미를 가지지 않지만, 마치 음식을 맛깔나게 만드는 양념과 같이 발화의 표현성을 강화합니다. 또한, 의미없는 추임새(значит, это самое, короче)가 많이 사용됩니다. 물론 이러한 의미없는 단어와 구를 반복적으로 사용하는 것은 지양해야 하지만, 실제 언어생활에서는 매우 빈번하게 사용됩니다.

이와 같은 구어체의 전반적인 특징을 숙지하였다면, 이제 본격적으로 생생한 러시아어 입말을 만나보도록 하겠습니다. 이 교재가 여러분이 더 다양한 유형의 텍스트와 미디어로 학습 영역을 확장하고, 원어민과 살아있는 러시아어로 소통하는 데 밑거름이 되길 바랍니다.

저자 일동

이 책의 구성과 활용법

핵심 패턴 & 주요 단어

주제 읽기와 대화문에서 만나게 될 핵심 회화 패턴과 주제 관련 단어를 숙지합니다.

주제 읽기

음성 파일을 들으며 내용을 파악해 보고, 꼼꼼히 단어와 구문을 외웁니다.
아래의 한국어 번역문을 보고 다시 러시아어로 작문하는 연습을 해봅니다.

핵심 패턴 회화

자주 사용하는 패턴을 다양한 상황에서 응용할 수 있도록 완벽히 암기합니다.

대화문

본문과 동일한 주제이면서 구어체의 특징이 잘 드러나 있는 대화문을 통해 실력을 향상합니다.
음성 파일을 반복해 들으며 입으로 발음해 봅니다.
대화문에 등장하는 어휘와 표현은 '어휘 구문'와 '관용구'(관용어 외에도 속담, 상투어, 격언 등 포함)로 구분하여 정리해 놓았습니다.

더 알아보기

본문에 나온 구문 및 문법에 대한 추가설명을 실었습니다.
추가 예문 또는 확인 문제를 통해 구문이 사용되는 맥락을 정확히 이해할 수 있습니다.

확인 문제

4과마다 실력을 확인할 수 있는 확인 문제를 실었습니다.
다양한 유형의 문제를 통해 학습한 내용을 잘 익혔는지 스스로 확인해 봅니다.

쉬어가기

가볍고 흥미롭게 읽을 수 있는 언어문화 이야기와 표현을 실었습니다.

부록

학습자에게 유용하지만 각 과에 모두 담을 수 없는 내용은 따로 부록으로 구성했습니다.
추가 어휘 및 표현을 학습하고 싶다면 참고해 주세요.

색인

단어와 관용구를 빠르게 찾아볼 수 있도록 하였습니다.

이 책의
목차

1	외국어 공부	Изучéние инострáнных языкóв	11
2	시골과 대도시의 삶	Жить на сéле или в мегапóлисе – что лу́чше?	19
3	패션과 쇼핑	Мóда и шóпинг	29
4	집안일	Домáшние делá	39
	확인문제	Упражнéния	48
5	SNS	Социáльные сéти	51
6	사랑 - 연애와 이별	Любóвь: встрéчи и расставáния	61
7	식습관	Прáвильно ли мы питáемся?	71
8	반려동물	Домáшние питóмцы	83
	확인문제	Упражнéния	95
9	여행	Поéздки, путешéствия	99
10	영화와 드라마	Фи́льмы и сериáлы	111
11	살 빼기	Борьбá с ли́шним вéсом	121
12	운동	Физкульту́ра и спорт	133
	확인문제	Упражнéния	144
13	친구 만나기	Дру́жба, встрéчи с друзья́ми	149
14	결혼과 비혼	Брак и незаму́жняя (холостя́цкая) жизнь	159
15	전자기기	Электрóника, гáджеты	169
16	학업	Учёба в университéте	179
	확인문제	Упражнéния	191
17	노년	Стáрость	195
18	직장상사와 부하직원	Начáльники и подчинённые	207
19	회식	Посидéлки с начáльством	217
20	카페	Кофéйни и кóфе	227
	확인문제	Упражнéния	238
	부록		242
	확인문제 정답		262
	색인		265

한 눈에 보기

	TEMA 1 외국어 공부	TEMA 2 시골과 대도시의 삶	TEMA 3 패션과 쇼핑	TEMA 4 집안일
패턴 회화	• требовать *чего* • рассчитывать *на что* • путаться *в чём* • *кому* даётся	• больше по душе • больше всего ценить • уделять время / внимание • большой любитель	• хвалить *за что* • так и не смог (смогла) • тот или иной • склоняться к мысли	• распределить поровну • откладывать • отнимать много времени и сил • руки не доходят
더 알아 보기	• то, что / тот, кто / те, кто	• 일반인칭문 • 비교급을 강조하는 부사	• друг друга	• лечь на *чьи* плечи • (быть) как выжатый лимон

	TEMA 5 SNS	TEMA 6 사랑 – 연애와 이별	TEMA 7 식습관	TEMA 8 반려동물
패턴 회화	• невозможно представить • сидеть в телефоне • подсесть *на что* • (по)делиться *чем* + *с кем*	• *кому* (по)везёт • получиться • разбираться *в чём* • приходиться *инф.*	• не мочь прожить и дня *без чего* • со временем стать • отказываться *от чего* • обходиться *без чего*	• принимать решение • привыкнуть *к чему* • как минимум • некуда девать
더 알아 보기	• скажем • больной на (всю) голову • повёрнутый *на чём* • напролёт	• 헷갈리는 격지배를 갖는 동사 (спрашивать, предупреждать) • мы с ним • Что со мной не так?	• 부분생격 • 대략적인 수량 • 음식 관련 어휘	• нестись-носиться • некуда • такой ~, что ... • переворачивать всё вверх дном

	TEMA 9 여행	TEMA 10 영화와 드라마	TEMA 11 살 빼기	TEMA 12 운동
패턴 회화	• на свой страх и риск • стать самым запоминающимся моментом • чуть не • оставить незабываемые впечатления	• настолько ~, что ... • В основе лежит *что* • ни капельки не (по)жалеть • запасть в душу	• в основном • при любой возможности • было много моментов • в конце концов удалось	• не говоря уже *о ком-чём* • ударить по карману • взяться *за что* • помешан *на ком-чём*
더 알아 보기	• обращаться *куда / к кому* • 전치사 в vs на • взять и • 여행 관련 어휘 • офисный планктон • сорваться с места • куда глаза глядят	• сарафанное радио • ожидание 관련 표현 • *что* (заключается, состоит) в том, что ...	• угодно • 거리표현 • опустить руки • не успеть оглянуться, как ...	• 운동 관련 어휘 • 전치사 по (~씩) • 전치사 для VS ради

	TEMA 13 친구 만나기	TEMA 14 결혼과 비혼	TEMA 15 전자기기	TEMA 16 학업
패턴 회화	• у каждого своё • назначить *что на что* • перенести *что на что* • расходиться	• тянет *кого* • *что* устраивает *кого* • собираться *инф.* • сказываться *на чём*	• столько же ..., сколько ~ • не такой уж и • одно удовольствие • не видеть никаких *чего*	• без колебаний • с нуля • в голове каша • взять себя в руки
더 알아보기	• -то, -нибудь, кое- • быть самим собой	• 변화, 감소, 증가의 표현	• 가격 관련 표현 • стоить • 많은 수량을 나타내는 표현	• 열심히 하다 VS 대충 하다 • бы

	TEMA 17 노년	TEMA 18 직장상사와 부하직원	TEMA 19 회식	TEMA 20 카페
패턴 회화	• зацикливаться *на чём* • только и делать, что • то ..., то ... • лежать пластом	• действовать на нервы • зависеть *от чего* • терпеть не может • совать нос *во что*	• хочешь не хочешь • не может быть и речи *о чём* • ссылаться *на что* • не враг *чему*	• на каждом шагу • стать ежедневным ритуалом • это вещь • и в горе, и в радости
더 알아보기	• 나이 표현	• бить баклуши • найти общий язык • личные и деловые качества	• *за сколько времени до чего* • всем отделом • начальник есть начальник • коллектив коллективом	• -ман • полный / заполненный / набитый

부록

1. 시간 관계부사 как의 활용 2. **Какой의 활용** **3. 구어체 접미사 -ос의 활용**
4. 개인적·업무적 자질 **5. 나이 관련 표현** **6. 구어체 대화에서 자주 사용되는 표현**

일러두기

6격 (주격) *кто-что* (생격) *кого-чего* (여격) *кому-чему*
(대격) *кого-что* (조격) *кем-чем* (전치격) *о ком-чём*

동사원형 *инф.* 구어체 *разг.* 슬랭, 속어 *сленг*

* 동사의 상은 '불완료상–완료상'의 순서로 표기했으며, 접두사를 활용해 완료상 짝이 만들어지는 경우에는 해당 접두사를 괄호 안에 표기했습니다.
예) **повторять-повторить, (по)требовать**
* 본문에서 '회화 패턴', '더 알아보기' 등에 등장하는 구문은 볼드체로 구분하여 표시했습니다.

마그마
러시아어
중고급 회화

TEMA

01

외국어 공부

Изуче́ние иностра́нных языко́в

핵심 패턴

□ 필요하다	*что* тре́бует *чего*
□ 기대하다	рассчи́тывать *на что*
□ 헷갈리다	пу́таться *в чём*
□ 습득이 빠르다	*кому* даётся *что*

주요 단어

□ 독학하다	самостоя́тельно изуча́ть *что*
□ 학원 등록을 하다	запи́сываться-записа́ться на ку́рсы *чего*
□ 과외선생님	репети́тор
□ 과외를 받다	(по)занима́ться с репети́тором
□ 원어민	носи́тель языка́
□ 실력 향상	разви́тие на́выков *чего*
□ 회화 실력 향상	разви́тие на́выков разгово́рной ре́чи
□ 작문 실력 향상	разви́тие на́выков письма́
□ 문법 실력 향상	разви́тие граммати́ческих на́выков
□ 언어를 연습하다	практикова́ться в языке́
□ 복습하다	повторя́ть-повтори́ть уро́к / материа́л
□ 숙제를 하다	выполня́ть-вы́полнить дома́шние зада́ния

주제 읽기 01-1

Текст

Изуче́ние иностра́нного языка́ - де́ло непросто́е. Оно́ **тре́бует** вре́мени, терпе́ния и упо́рства. Поступи́в в университе́т, я начала́ изуча́ть ру́сский язы́к с нуля́ и изуча́ю его́ вот уже́ 10 лет.

Не́которые изуча́ют язы́к самостоя́тельно. Но я ду́маю, что лу́чше занима́ться языко́м на регуля́рной осно́ве и, жела́тельно, с носи́телем языка́. В э́том слу́чае мо́жно **рассчи́тывать на** бы́стрый прогре́сс. Наприме́р, я занима́юсь ру́сским языко́м с преподава́телем из Росси́и два ра́за в неде́лю. Уро́к дли́тся час. Основно́е внима́ние – разви́тию разгово́рной ре́чи.

외국어 공부는 쉽지 않은 일이다. 시간과 인내심, 끈기가 모두 필요하다. 난 대학에서 러시아어를 처음 배우기 시작해서 10년째 공부하고 있다.

독학으로만 러시아어를 공부하는 사람도 있지만, 나는 정기적으로, 그리고 되도록 원어민과 함께 공부하는 것이 더 좋다고 생각한다. 그래야 빠른 실력 향상을 기대할 수 있기 때문이다. 나의 경우, 러시아 선생님과 일주일에 두 번, 1시간씩 수업을 한다. 수업은 회화실력 향상에 중점을 두고 있다.

терпе́ние 인내심
упо́рство 끈기, 고집
с нуля́ 처음부터, 제로 베이스에서
на регуля́рной осно́ве 정기적으로, 규칙적으로
в слу́чае *чего* ~한 경우에
прогре́сс 발전, 진보
жела́тельно 바람직하다
(про)дли́ться 지속되다
основно́й 주요한
разви́тие 발전, 개발

주제 읽기

Текст

Я ча́сто **пу́таюсь в** похо́жих слова́х, и у меня́ хрома́ет грамма́тика. По́этому я запи́сываю те оши́бки, кото́рые допусти́ла во вре́мя заня́тия, тща́тельно их анализи́рую, запомина́ю пра́вильные вариа́нты. И не стесня́юсь задава́ть вопро́сы, е́сли мне что́-то непоня́тно.

Изуче́ние иностра́нного языка́ взро́слым **даётся** трудне́е, чем де́тям. У них ху́же рабо́тает па́мять, они́ быстре́е забыва́ют **то́, что** учи́ли. По́этому так ва́жно регуля́рно практикова́ться в языке́. Обы́чно я повторя́ю материа́л, учу́ фра́зы для повседне́вного обще́ния по доро́ге домо́й и́ли на рабо́ту. И, коне́чно, стара́тельно выполня́ю все дома́шние зада́ния.

난 비슷한 단어들을 자주 헷갈리고, 문법이 약하다. 그래서 수업시간에 틀린 것들을 메모해 두었다가 꼼꼼하게 분석하고, 올바르게 고친 문장을 외운다. 그리고 모르는 게 있으면 거리낌 없이 질문을 한다.

성인은 아이보다 외국어 학습이 더디다. 기억력이 나빠져 배운 것을 잘 까먹기 때문에 꾸준히 연습하는 게 중요하다. 그래서 나는 출퇴근길에 짬을 내서 수업자료를 복습하고, 주요 일상생활 표현들을 외운다. 물론, 숙제도 열심히 해간다.

хрома́ть 절뚝거리다; разг. (성적 등) 나쁘다
грамма́тика 문법
запи́сывать-записа́ть *что* 메모하다; 녹음, 녹화하다
допуска́ть-допусти́ть оши́бки 실수를 하다
во вре́мя *чего* ~할 때
тща́тельно 꼼꼼하게, 철저하게
(про)анализи́ровать *что* 분석하다
запомина́ть-запо́мнить *что* 외우다, 기억에 각인시키다
стесня́ться 꺼리다, 부끄러워하다; 사양하다
задава́ть-зада́ть вопро́с 질문하다
практикова́ться *в чём* 연습하다
по доро́ге *куда / откуда* 도중에, 가는 길에
повседне́вный 일상의
обще́ние 교류, 소통
стара́тельно 열심히

Что **тре́бует** *чего*
필요로 하다

'что를 하는 데 чего가 필요하다'라는 뜻입니다. 격에 주의하며 연습해 보세요.

Красота́ **тре́бует** жертв.
아름다움에는 희생이 필요하다.

Откры́ть свой би́знес, зате́м успе́шно его́ развива́ть – всё э́то **тре́бует** огро́много напряже́ния.
사업을 시작하고 성공적으로 키워나가는 데에는 많은 노력이 필요하다.

Написа́ние диссерта́ции **тре́бует** больши́х уси́лий, вре́мени, сосредото́ченности, терпе́ния.
학위논문을 쓰는 데에는 많은 노력과 시간, 집중력, 인내가 필요하다.

Рассчи́тывать на *что*
기대하다

비슷한 의미의 표현으로는 наде́яться *на что*, полага́ться *на что*가 있습니다.

Я **рассчи́тываю на** ва́шу по́мощь.
당신의 도움을 바랍니다.

Мы гото́вы уважа́ть интере́сы партнёров, но **рассчи́тываем на** тако́е же уважи́тельное отноше́ние к на́шим интере́сам.
우리는 파트너들의 이익을 존중하고자 하며, 동시에 우리의 이익도 존중받길 기대합니다.

Далеко́ не всегда́ мо́жно **рассчи́тывать на** повыше́ние зарпла́ты, е́сли вы совсе́м неда́вно пришли́ в но́вую для вас фи́рму и́ли компа́нию.
이직한다고 해서 늘 곧바로 임금인상을 기대할 수 있는 것은 아니다.

Пу́таться в *чём*
헷갈리다

(пере)пу́тать *что*도 '헷갈리다'라는 뜻입니다. 아래 나온 예문들의 표현은 (пере)пу́тать дни неде́ли / ци́фры и да́ты / докуме́нты로 바꿔 쓸 수 있으며, 이때 완료상 형태인 перепу́тать를 더 자주 씁니다.

Я нере́дко **пу́таюсь в** днях неде́ли.
나는 요일을 자주 헷갈린다.

Я ча́сто **пу́таюсь в** ци́фрах и да́тах.
나는 숫자와 날짜를 자주 헷갈린다.

Я ча́сто **пу́таюсь в** докуме́нтах, и нача́льник меня́ за э́то си́льно руга́ет.
나는 서류를 자주 헷갈리는데, 부장님은 그때마다 호되게 혼을 내신다.

Кому **даётся** *что*
습득하다, 습득이 빠르다

дава́ться는 직역하면 '주어지다'라는 의미이지만, '습득을 잘하다'라는 의미로도 사용됩니다.

Иностра́нные языки́ **даю́тся** мне легко́.
나는 외국어를 쉽게 습득한다.

Фи́зика – сло́жная нау́ка. **Даётся** далеко́ не всем*.
물리는 어려운 학문이다. 모두가 다 잘 할 수 있는 것은 아니다.

***далеко́ не все** 모두가 ~하는 것은 결코 아니다

Де́вочка о́чень стара́тельная, но учёба **даётся** ей с трудо́м.
그 애는 공부를 열심히는 하는데, 잘하지는 못해.

대화문 01-2

Диалог

А

Я почти́ забы́ла ру́сский язы́к и хоте́ла бы поскоре́е его́ вспо́мнить. Как, по-тво́ему, э́то лу́чше сде́лать? Занима́ться самостоя́тельно и́ли, мо́жет быть, записа́ться на ку́рсы?

Б

Ты бу́дешь начина́ть не с нуля́. Поэ́тому, мне ка́жется, тебе́ лу́чше позанима́ться с носи́телем языка́.

А

С носи́телем? Но я стесня́юсь говори́ть с ру́сскими и то́лько на ру́сском! Я бою́сь! У меня́ сто́лько оши́бок! Иностра́нные языки́ мне вообще́ не даю́тся!

Б

Так, стоп, не панику́й! Ты уже́ учи́ла ру́сский и учи́ла, я зна́ю, успе́шно. И что зна́чит языки́ тебе́ не даю́тся? Ру́сский – тако́й сло́жный язы́к, но у тебя́ был неплохо́й прогре́сс, мне говори́ли. И англи́йский у тебя́ на о́чень хоро́шем у́ровне. Так что не бо́йся! Я уве́рен, у тебя́ всё полу́чится! **Вот уви́дишь**!

대화문

Диалог

А 나 러시아어 거의 다 잊어버렸는데, 다시 공부하고 싶어. 네 생각에는 어떤 게 좋을 것 같아? 독학이랑 학원 등록하는 것 중에.

Б 처음부터 시작하는 건 아니니까, 내 생각에는 원어민 선생님한테 과외받는 게 좋을 것 같은데.

А 원어민이라고? 근데 나 원어민이랑 러시아어로만 대화하는 건 좀 부끄러워! 무섭다고! 내가 얼마나 실수를 많이 하는데. 나 외국어는 완전 젬병이잖아.

Б 인제 그만. 겁내지 마! 너 이미 러시아어를 배운 적이 있고, 내가 알기로 잘하기도 했잖아. 언어에 젬병이라는 건 무슨 소리야? 러시아어가 얼마나 어려운 언어인데. 그래도 넌 꽤 잘했다고 하던데. 넌 영어도 잘하잖아. 그러니까 겁내지마. 난 네가 잘 할 수 있을 거라 확신해! 내 말대로 될 테니까 두고 봐!

어휘 구문

- □ запи́сываться-записа́ться *на что* — 등록하다, 가입하다
- □ запи́сываться-записа́ться на ку́рсы — 학원 등록을 하다
- □ индивидуа́льный / ча́стный уро́к — 과외
- □ сто́лько — 그만큼; 많다
- □ вообще́ — 대체로, 아예
- □ стоп — 스톱, 그만!
- □ паникова́ть — 당황하다, 공황 상태에 빠지다
- □ боя́ться — 두려워하다
- □ у́ровень (생 у́ровня) — 수준
- □ получа́ться-получи́ться — 결과를 얻다, 일이 잘되다

관용구

- □ Вот уви́дишь! — 두고 보면 알게 될 거야, 내 말대로 될 거니까 두고 봐

ТО, ЧТО ~하는 것 | ТОТ, КТО ~하는 사람 | ТЕ, КТО ~하는 사람들

본문

..., они́ быстре́е забыва́ют то́, что учи́ли.

тот을 선행사로 삼는 관계사 구문을 살펴보도록 합시다. 이때 тот, что, кто는 모두 문장 내 역할에 따라 격변화를 합니다. 여기서는 격 변화형이 비교적 낯선 тот의 변화형을 살펴보도록 합시다.

주격	тот (남성 / 활성)	то (중성 / 불활성)	те (복수)
생격	того́		тех
여격	тому́		тем
대격	того́	то	те
조격	тем		те́ми
전치격	о том		о тех

예문

Ва́жно не **то**, **что** челове́к говори́т. Ва́жно **то**, **что** он де́лает.
중요한 것은 말이 아니라 행동이다.

Кто не рабо́тает, **тот** не ест.
일하지 않는 자, 먹지도 말라.

Бог помога́ет **тем**, **кто** ве́рит, наде́ется, лю́бит.
신은 믿음, 소망, 사랑을 지닌 이를 돕는다.

연습문제 빈칸에 알맞은 형태의 단어를 넣어 보세요.

❶ Случи́лось________, ________ никто́ не ожида́л.
누구도 예상하지 못한 일이 일어났다.

❷ А сейча́с я расскажу́ ________, ________, вы, наве́рное, никогда́ не слы́шали. 여러분이 한 번도 들어본 적이 없을 이야기를 지금 해드릴게요.

정답 ❶ то, чего́ ❷ о том, о чём

TEMA

02

시골과 대도시의 삶

Жить на се́ле и́ли в мегапо́лисе – что лу́чше?

핵심 패턴

□ 더 좋아하다	*кому* бо́льше по душе́ *что*
□ 가장 중시하다	бо́льше всего́ цени́ть *что*
□ 시간/관심을 쏟다	уделя́ть-удели́ть вре́мя / внима́ние *кому-чему*
□ 아주 좋아하다	большо́й люби́тель(-ница) *чего / инф.*

주요 단어

□ 대도시	мегапо́лис, кру́пный / огро́мный го́род
□ 시골	дере́вня, село́
□ 선호하다	предпочита́ть *что* + *чему* (*чему*보다 *что*를 선호) *кому* бо́льше нра́вится *что* *кому* бо́льше по душе́ *что*
□ 라이프 스타일, 삶의 방식	о́браз жи́зни
□ 여유로운, 평온한	разме́ренный, споко́йный, неспе́шный
□ 격렬한	бе́шеный
□ 빠른, 급격한	стреми́тельный
□ 분주함	суета́
□ 서두름	спе́шка

주제 읽기 02-1

Текст

Что вы предпочита́ете: бе́шеный ритм жи́зни в мегапо́лисах и́ли ти́хую, споко́йную жизнь где́-нибудь за́ городом? Что вам **бо́льше по душе́**? Я, наприме́р, **бо́льше всего́ ценю́** разме́ренный о́браз жи́зни без суеты́ и спе́шки на ло́не приро́ды.

Жизнь в дере́вне протека́ет не спеша́, **куда́** бо́лее споко́йно. Здесь я могу́ и́менно себе́ **уделя́ть гора́здо** бо́льше **вре́мени и внима́ния**, чем в мегапо́лисе с его́ стреми́тельным те́мпом жи́зни. В го́роде э́то ча́сто невозмо́жно.

대도시의 역동적 삶의 리듬과 시골의 여유로운 삶 중에 어느 것을 선호하나요? 어떤 것이 더 마음에 드나요? 저 같은 경우는 바쁘고 정신없는 일상에서 벗어나 자연의 품에 안겨 사는 여유로운 삶의 방식을 더 좋아해요.

시골에서의 삶은 잔잔하고 느릿느릿 흘러가요. 여기서는 삶이 급박하게 돌아가는 대도시에서보다 다름아닌 자신에게 더 많은 시간과 관심을 쏟을 수 있죠. 도시에서 이런 삶은 거의 불가능해요.

за́ городом 교외에서
цени́ть 높이 평가하다, 중요시하다
на ло́не приро́ды 자연의 품에서
протека́ть-проте́чь 흐르다
не спеша́ 서두르지 않고, 여유롭게
уделя́ть *что* **+** *чему* 할애하다
и́менно 바로 (다른 것이 아닌 바로 이것)
темп 속도
невозмо́жно 불가능하다

주제 읽기

Текст

При любо́й возмо́жности я стара́юсь побы́ть в уедине́нии. Одино́кие прогу́лки по́ лесу – э́то для меня́ лу́чший спо́соб отвле́чься от давя́щих мы́слей о пробле́мах. Да, я **большо́й люби́тель** тишины́ и поко́я. Когда́ отдыха́ешь где́-нибудь на приро́де, то все забо́ты отхо́дят на второ́й план.

А по́здно ве́чером я люблю́ засыпа́ть под ти́хую расслабля́ющую му́зыку. Так душа́ обрета́ет споко́йствие, а мозг – долгожда́нный о́тдых.

저는 시간이 날 때마다 혼자만의 시간을 보내려고 노력해요. 혼자 숲길을 걷는 것은 여러 문제에 대한 답답한 생각을 떨쳐내는 저만의 방법이에요. 저는 평온함과 안정을 정말 좋아해요. 자연에서 쉬면 모든 근심 걱정을 내려놓을 수 있어요.

그리고 저는 밤에는 잔잔한 음악을 들으면서 스르르 잠에 빠져드는 걸 좋아해요. 이렇게 마음의 평안을 얻고 머리도 식혀요.

при любо́й возмо́жности 가능하면, 가능할 때마다
стара́ться *инф.* 노력하다
побы́ть 잠시 머무르다
уедине́ние 고독, 혼자 있는 것
одино́кий 혼자의, 외로운
спо́соб 방법
отвлека́ться-отвле́чься *от чего* (어디로부터) 정신을 딴 데로 돌리다, 벗어나다
давя́щая мысль 답답한 생각
люби́тель 애호가
поко́й 안정, 평온
отходи́ть-отойти́ на второ́й план / за́дний план 부차적인 것이 되다, 배경으로 사라지다
засыпа́ть-засну́ть 잠이 들다
под му́зыку 음악을 들으며, 음악에 맞추어
расслабля́ющий 긴장을 완화하는
обрета́ть-обрести́ *что* 얻다
споко́йствие 평안
мозг 뇌
долгожда́нный 오랫동안 기대한

Кому **бо́льше по душе́** *что*
더 좋아하다

по душе́는 '마음에 들다'라는 뜻입니다. 이 표현에 비교급을 더해 '더 좋아하다, 선호하다'라는 표현을 연습해 보겠습니다. 비교급이 사용되었기 때문에, 비교 대상을 나타내는 чем (~보다)과 함께 사용할 수 있습니다.

Мне **бо́льше по душе́** жизнь в прови́нции, чем в столи́це.
난 수도보다는 지방 생활이 더 마음에 든다.

Мне **бо́льше по душе́** акти́вный о́тдых, чем пое́здки на куро́рты куда́-нибу́дь в Ту́рцию и́ли в Таила́нд.
나는 터키나 태국 같은 휴양지를 여행하는 것보다 레저활동을 더 좋아한다.

Кака́я му́зыка вам **бо́льше по душе́**: класси́ческая и́ли джаз?
클래식이랑 재즈 중 어떤 음악을 더 좋아하세요?

Бо́льше всего́ цени́ть *что*
가장 중시하다, 가장 높이 평가하다

<비교급 + всего́ / всех>라는 표현을 사용하면 최상급(가장, 제일)의 의미를 나타낼 수 있습니다. 이 회화 패턴에서 사용된 бо́льше всего́는 '가장, 제일'이라는 뜻입니다.

Я **бо́льше всего́ ценю́** в лю́дях и́скренность и доброту́.
나는 사람을 볼 때 진실함과 선함을 가장 중시한다.

В парня́х я **бо́льше всего́ ценю́** чу́вство ю́мора, весёлый хара́ктер.
나는 남자를 볼 때 유머 감각과 쾌활한 성격을 제일 중시한다.

В свои́х сотру́дниках я **бо́льше всего́ ценю́** их отве́тственный подхо́д к де́лу.
나는 직원들을 볼 때 업무에 대한 책임감 있는 태도를 가장 중시한다.

Уделя́ть вре́мя / внима́ние *кому-чему*
시간/관심을 쏟다

уделя́ть-удели́ть는 '할애하다'라는 의미를 가진 동사입니다. 어디에 시간이나 관심을 할애하는지는 여격으로 사용해야 하는 점 주의하세요.

유사표현 **обраща́ть-обрати́ть внима́ние *на кого-что*** 관심을 쏟다
(по)тра́тить время *на что* 시간을 쏟다

Я стара́юсь в ра́вной ме́ре* **уделя́ть внима́ние** и семье́, и рабо́те.
나는 집안일에도, 직장 일에도 똑같이 신경을 쓰려고 노력한다.

***в ра́вной ме́ре** 동일하게 (= одина́ково)

Для хоро́шего самочу́вствия сле́дует **уделя́ть** бо́льше **внима́ния** положи́тельным сторона́м жи́зни.
좋은 컨디션을 유지하기 위해서는 삶의 긍정적인 측면에 더 관심을 기울여야 한다.

Большо́е спаси́бо, господи́н мини́стр, что **удели́ли** нам **вре́мя и внима́ние**, согласи́вшись на э́то интервью́.
장관님, 인터뷰에 응하시느라 이렇게 시간을 내고 관심을 가져주셔서 정말 감사합니다.

Большо́й люби́тель / люби́тельница *чего / инф.*
정말 좋아한다

люби́тель은 '좋아하는 사람, 애호가; 아마추어' 등의 뜻이 있습니다.

Мы с друзья́ми **больши́е люби́тели** путеше́ствий.
나와 내 친구들은 여행을 정말 좋아한다.

Я **больша́я люби́тельница** ходи́ть по распрода́жам.
나는 세일 코너를 찾아다니는 것을 정말 좋아한다.

Он **большо́й люби́тель** вы́пить и закуси́ть за чужо́й счёт*.
그는 남한테 술 얻어먹는 것을 정말 좋아한다.

***за чужо́й счёт** 다른 사람이 비용을 부담하여, 남의 돈으로 (за *чей* счёт ~이 비용을 부담하여)

대화문 02-2 Диалог

А

Не представля́ю, как мо́жно жить в дере́вне! Ни кафе́, ни рестора́нов, ни музе́ев, ни теа́тров – ничего́! Да́же норма́льного шо́пинга **и то нет**! И круго́м одни́ и те же ли́ца, все друг дру́га зна́ют! **Тоска́ зелёная**! Умере́ть мо́жно!

Б

Я тебя́ в како́й-то сте́пени понима́ю. Ты у нас люби́тельница краси́вой жи́зни: кафе́, рестора́ны, презента́ции, мо́дные тусо́вки.

А

Да, есть тако́е, не спо́рю.

Б

А я, **е́сли че́стно**, от су́толоки мегапо́лисов стра́шно устаю́. Бе́шеный темп, жу́ткие стре́ссы – э́то так выма́тывает! А вот в дере́вне я **и душо́й, и те́лом отдыха́ю**. Тишина́, поко́й, уедине́ние.

А

Ну, **не зна́ю, э́то на люби́теля**.

Б

Да, коне́чно. Но я ка́ждый год в о́тпуск то́лько в дере́вню е́зжу. А е́сли на пе́нсию вы́йду, то, наве́рное, вообще́ то́лько в дере́вне жить бу́ду.

А

Во́льному во́ля! А я без го́рода **с ума́ сойду́**!

Б

Да, лю́ди ра́зные. **Ка́ждому что́-то одно́ бли́же**.

А

И то́ верно.

대화문

Диалог

А 어떻게 시골에서 살 수 있는지 상상조차 안 돼. 카페도, 레스토랑도, 미술관도, 극장도, 아무것도 없는데 말이야! 제대로 쇼핑할 곳조차 없다고! 온통 똑같은 사람들에, 서로서로 다 알고. 끔찍하게 권태로워! 죽을지도 몰라!

Б 네 말을 어느 정도는 이해해. 너는 카페, 레스토랑, 발표회나 쇼, 트렌디한 파티 같은 우아한 생활을 즐기니까.

А 그 말이 맞아. 그건 동의해.

Б 솔직히 말하면, 왁자지껄한 대도시가 너무 지겨워. 빠른 속도와 끔찍한 스트레스에 지친다고! 시골에서는 몸도 마음도 쉴 수 있어. 고요함과 평온, 혼자만의 시간도 있고.

А 음, 그럴 수도 있지만, 사람들이 그걸 다 좋아하는 건 아닐걸.

Б 물론 그렇지. 어쨌든 난 매년 시골에서만 휴가를 보내. 은퇴하면 아예 시골에서 살 수도 있어.

А 다 자기 취향이지! 난 도시 생활 없이는 미쳐버릴지도 몰라.

Б 그럼, 사람이 다 같진 않으니까. 자기한테 맞는 걸 선택하는 거지.

А 그렇고말고.

어휘 구문

- □ представля́ть-предста́вить *что* — 상상하다; 소개하다; 제출하다; 대표하다
- □ круго́м — 주위에
- □ в како́й-то сте́пени — 어느 정도
- □ презента́ция — 프레젠테이션, 발표회, (홍보, 전시를 위한) 쇼
- □ тусо́вка — 모임, 파티
- □ су́толока — 혼잡, 북새통
- □ выма́тывать *кого-что* — 소진하다; 지치게 하다

대화문

Диалог

관용구

□ И то нет — (당연히 있어야 할 것이) 없다

당연히 있어야 하는 기본적인 것임에도 없는 경우에 사용합니다.

예문 **В э́той гости́нице да́же горя́чей воды́ и то нет!**
이 호텔에는 온수도 안 나와!

□ тоска́ зелёная — 극심한 우울함, 참기 힘든 권태 (“о́чень больша́я”, ужа́сная тоска́)

□ Да, есть тако́е — 그 말이 맞아, 정말로 그래

□ Не спо́рю — 동의해 (직역: 그 말에 반박하지 않겠어)

□ Если че́стно — 솔직히 말하면

□ отдыха́ть и те́лом, и душо́й — 몸과 마음의 휴식을 취하다, 아주 잘 쉬다

□ Не зна́ю — 그럴 수도 있긴 하지만 어쨌든 내 의견을 말하자면

□ Это на люби́теля — 이런 걸 사람들이 다 좋아하는 건 아니지, 이걸 좋아하는 사람도 있지만 싫어하는 사람도 있지

□ во́льному во́ля — 각자의 선택이지, 네 마음이지, 각자의 취향이 있는 거지

□ с ума́ сойти́ — 정신이 나가다, 미치다

□ Ка́ждому что́-то одно́ бли́же — 각자가 좋아하는 걸 선택하는 거지

□ И то́ ве́рно — 그 말이 맞아

1 일반인칭문

본문

Когда́ отдыха́ешь где́-нибудь на приро́де, то все забо́ты отхо́дят на второ́й план.

본문의 문장에서는 주어를 명시하지 않고 2인칭 단수형(ты) 동사인 **отдыха́ешь**를 사용하고 있습니다. 그렇다면 이 문장의 행위주는 **ты**일까요? 아닙니다. 여기서는 광범위한 사람들이 주체가 되는 행위, 잠재적 청자 모두에 해당되는 행위를 나타냅니다. 즉, "Когда́ **мно́гие лю́ди** отдыха́ют"이라는 의미로 사용되었습니다. 이러한 일반인칭문은 속담에서 많이 사용됩니다.

예문

Поспеши́шь – люде́й насмеши́шь.
서두르다 웃음거리가 된다.

Ме́ньше зна́ешь – кре́пче спишь.
조금 알수록 깊이 잔다. (모르는 게 약이다)

2 비교급을 강조해 주는 단어

куда́ бо́льше	**훨씬** 더 많이	**чуть** бо́льше	**약간** 더 많이

여기서 **куда́**는 '어디로'라는 의문사가 아니라 '훨씬'이라는 의미로 비교급을 강조해 주는 단어입니다. 비교급을 강조할 때는 **о́чень**이라는 부사를 사용할 수 없고, 다음과 같은 부사를 사용할 수 있습니다.

비교급을 강조해주는 단어		
훨씬		약간
куда́	намно́го	немно́го
гора́здо	значи́тельно	чуть

예문

Для меня́ на удалёнке рабо́тать куда́ (= гора́здо) прия́тнее, чем в о́фисе.
나는 사무실에 출근하는 것보다 재택근무를 하는 게 더 좋다.

Зада́ча оказа́лась намно́го сложне́е, чем мы изнача́льно предполага́ли.
과제는 처음에 예상했던 것보다 훨씬 더 어려웠다.

쉬어가기

활용만점 관용표현: 긍정 VS 부정

Само́ собо́й!

'당연하지, 물론이지'라는 뜻입니다.

Врач: И пока́ принима́ете антибио́тики, вам категори́чески запрещён алкого́ль.

Пацие́нт: **Само́ собо́й**.

의사: 항생제 드시는 동안은 술은 절대 안 돼요.
환자: 당연히 그래야죠.

Ещё чего́!

'말도 안 되는 소리하지 마라, 꿈도 크다'라는 뜻으로 상대방이 너무 바라는 것이 많거나 말도 안 되는 과한 요구를 할 때 사용하는 표현입니다.

Сын-подро́сток: Пап, дай, пожа́луйста, две ты́сячи – о́чень на́до.

Оте́ц: **Ещё чего́**! Вчера́ дал полторы́ – хва́тит! Всё, свобо́ден!

아들(청소년): 아빠, 나 2천 루블만 주세요. 꼭 필요해서 그래요.
아빠: 무슨 말도 안 되는 소리야! 어제 천오백을 줬는데 뭐가 더 필요해! 됐으니 가라!

Сотру́дник: Никола́й Ива́нович, мо́жно мне за́втра отгу́л взять?

Нача́льник: **Ещё чего́**! А рабо́тать кто бу́дет?

직원: 니콜라이 이바노비치님, 혹시 저 내일 하루 휴가 써도 되겠습니까?
상사: 무슨 소리예요? 그러면 일은 누가 합니까?

TEMA

03

패션과 쇼핑

Мóда и шóпинг

핵심 패턴

- ☐ 칭찬하다 — хвалúть *за что*
- ☐ 결국 ~하지 못했다 — так и не смог (смоглá, -лú)
- ☐ 이런저런, 여러 가지 — тот úли инóй
- ☐ ~라는 생각이 든다 — склоня́ться к мы́сли

주요 단어

- ☐ 패션 감각 — чу́вство стúля
- ☐ 세련된 / 세련되게 — стúльный / стúльно
- ☐ 감각 있게, 멋있게 — со вку́сом
- ☐ 유행을 따르는 사람 — мóдник, мóдница
- ☐ 결합하다, 매치하다 — сочетáть *что* + *с чем*
- ☐ 세일 — распродáжа
- ☐ 브랜드의 — брéндовый
- ☐ 옷 — одéжда, вещь
- ☐ 새 옷 — обнóвка, нóвая одéжда
- ☐ 빈티지 의류 — винтáжная одéжда (вéщь)
- ☐ 중고의류 — подéржанная одéжда (вéщь), сéконд-хéнд

주제 읽기 03-1

Текст

Меня́ с де́тства **хвали́ли за** хоро́шее чу́вство сти́ля. Мне всегда́ бы́ло интере́сно приду́мывать, как сти́льно и со вку́сом сочета́ть **друг с дру́гом ту и́ли ину́ю** оде́жду, о́бувь и аксессуа́ры.

Я больша́я мо́дница ещё со шко́льных времён, всегда́ покупа́ла себе́ мно́го ра́зных сти́льных веще́й, с удово́льствием их меня́ла. Но по́сле того́ как начала́ рабо́тать, предпочита́ю купи́ть 2–3 ка́чественные бре́ндовые ве́щи и носи́ть их подо́льше.

난 어릴 때부터 패션 감각이 좋다는 소리를 많이 들었다. 나는 이런저런 옷과 신발, 액세서리를 어떻게 하면 세련되게 감각적으로 매치할지 생각하는 게 늘 재미있었다.

나는 학창 시절부터 유행에 민감해서 유행하는 옷을 이것저것 자주 사고, (새것으로) 바꾸는 걸 즐겼다. 그렇지만 직장인이 되고 나서는 좋은 브랜드 옷 2~3벌을 사서 오래 입는 편이다.

с де́тства 어린 시절부터

приду́мывать-приду́мать *что*
고안하다, 생각해 내다

со шко́льных времён
(초중고) 학창 시절부터

с удово́льствием
기꺼이, 만족스럽게

(по)меня́ть *что* 바꾸다

по́сле того́ как ~ 후에, ~ 다음에

ка́чественный 양질의, 질이 좋은

подо́льше 더 오래 (до́лго의 비교급)

주제 읽기

Текст

Вчерá я обошлá все магазúны в цéнтре, но нигдé **так и не смоглá** купúть себé хорóшие джúнсы. Затó по дорóге домóй зашлá в одúн аутлéт и удáчно купúла там толстóвку, водолáзку и пуховúк.

В послéднее врéмя я стáла чáще покупáть одéжду на распродáжах (ведь э́то большáя эконóмия) и ещё винтáжные вéщи на специáльных сáйтах. А в óбщем, я, как и мнóгие, всё бóльше **склоня́юсь к мы́сли**, что дéлать покýпки в Интернéте и прóще, и вы́годнее, чем самóй ходúть по магазúнам.

어제는 시내 온 가게를 다 돌았는데, 결국 괜찮은 청바지를 사지 못했다. 대신 집에 가는 길에 아울렛 한 군데에 들러서 후드티, 목티, 패딩을 사는 데 성공했다.

요새는 주로 세일로 나온 물건을 구입하거나 (돈을 많이 아낄 수 있으니까) 인터넷 전문 사이트에서 빈티지 옷을 산다. 나도 대체로 다른 사람들과 마찬가지로 가게마다 직접 돌아다니면서 쇼핑하는 것보다는 인터넷으로 쇼핑하는 것이 더 손쉽고 돈을 아끼기 좋다는 생각이 든다.

по дорóге *куда/откуда* 도중에
затó 그렇지만 그 대신
удáчно 성공적으로
толстóвка 후드티
водолáзка 목티
пуховúк 패딩
в послéднее врéмя 요즘
чáще 더 자주 (**чáсто**의 비교급)
эконóмия 절약 (참고 **эконóмика** 경제)
в óбщем 대체로, 전반적으로; 결론적으로
склоня́ться *к чему* ~하는 경향이 있다
мысль 생각
вы́годный 유리한, 이익이 되는
сам (самá, самó, сáми) 자기 자신, 직접

Хвали́ть *кого* + за *что* (어떠한 이유로) 칭찬하다

여기서 전치사 за는 판단이나 평가의 이유를 나타냅니다.

참고 **за**와 함께 사용되는 동사
люби́ть 사랑하다, **уважа́ть** 존경하다, **руга́ть** 잔소리하다, **благодари́ть** 감사하다, **награжда́ть** 수여하다, **серди́ться** 화내다, **нака́зывать** 처벌하다, **увольня́ть** 해고하다

Ро́дственники и друзья́ постоя́нно **хва́лят** меня́ **за** чу́ткость и отзы́вчивость. Не скро́ю, мне э́то о́чень прия́тно.
난 친척들과 친구들한테 다정하고 섬세하다고 늘 칭찬을 받는데, 솔직히 정말 듣기가 좋다.

Роди́тели всегда́ с удово́льствием **хва́лят** дете́й **за** отли́чную учёбу и приме́рное поведе́ние.
부모들은 자녀가 공부를 잘하고 모범적으로 행동하면 늘 칭찬을 아끼지 않는다.

Обы́чно наш нача́льник о́чень ре́дко кого́ **хва́лит**, но е́сли **хва́лит**, то де́лает это и́скренне, от души́.
우리 상사는 칭찬에 굉장히 인색한 편이지만, 칭찬을 할 때는 진심을 담아 마음에서 우러나오는 칭찬을 한다.

Так и не смог (смогла́, -и́) *инф*.
결국 ~하지 못했다

так и не는 '결국, 끝끝내'라는 의미를 가진 구문입니다. 이 표현을 활용해 '하려고 했으나 결국, 끝끝내 하지 못했다'라는 의미를 표현해 봅시다.

Я **так и не смог(-ла́)** поступи́ть в аспиранту́ру, хотя́ э́то и была́ моя́ больша́я мечта́.
대학원 입학은 내 큰 꿈이었으나, 결국 난 대학원에 입학하지 못했다.

Я **так и не смог(-ла́)** с ним связа́ться, у него́ вы́ключен телефо́н.
그의 전화기가 꺼져있어 난 결국 연락하지 못했다.

Я **так и не смог(-ла́)** сдать экза́мен на води́тельские права́, хотя́ мно́го раз пыта́лся(-лась).
나는 운전면허시험을 많이 봤는데도, 결국 붙지 못했다.

Тот и́ли ино́й 이런저런, 여러 가지

이 표현에 포함된 ино́й는 '다른'이라는 의미의 형용사입니다. тот과 ино́й는 형용사이므로 피수식어(명사)의 성수격에 따라 성수격이 변화한다는 점을 주의하세요.

тот и́ли ино́й (남), **та и́ли ина́я** (여), **то и́ли ино́е** (중), **те и́ли ины́е** (복)

Безусло́вно, при реализа́ции прое́кта мо́гут возни́кнуть **те и́ли ины́е** сло́жности, но мы к ним гото́вы.
프로젝트를 할 때 이런저런 난관이 발생하는 건 당연한 일이고, 우리는 이에 대한 대비가 되어 있다.

Мы, коне́чно, гото́вы пойти́ на **те и́ли ины́е** усту́пки, но они́ не мо́гут быть значи́тельными.
우리가 물론 이런저런 양보를 할 의향은 있지만, 그렇다고 그리 대단한 수준은 아닐 것이다.

Идеа́льных люде́й нет. Все мы в **то́й и́ли ино́й** ме́ре несоверше́нны.
이상적인 인간은 존재하지 않는다. 우리는 모두 정도가 어떻든 간에 완전하지 않다.

Склоня́ться к мы́сли ~라는 생각이 든다

склоня́ться-склони́ться *к чему*는 '~한 방향으로 기울어지다, ~하는 경향이 있다'라는 뜻으로 아래 예문에서와 같이 어떠한 의견이나 생각에 동의하는 경우에도 사용합니다.

В после́днее вре́мя я всё бо́льше **склоня́юсь к мы́сли, что** иску́сство ну́жно понима́ть не только се́рдцем и душо́й, но ещё и ло́гикой, и ра́зумом.
난 최근 들어 예술은 가슴과 마음뿐 아니라 논리와 이성으로도 이해해야 한다는 생각이 많이 든다.

Мы, руково́дство компа́нии, всё бо́лее **склоня́емся к мы́сли о том, что́бы** дове́рить вам пост гла́вного бухга́лтера.
우리 임원진은 귀하에게 경리주임 직책을 맡기겠다는 생각이 굳어지고 있습니다.

Мы всё бо́лее и бо́лее **склоня́емся к мы́сли о** прекраще́нии сотру́дничества с ва́шей компа́нией.
귀사와 협력을 중단해야겠다는 쪽으로 생각이 기웁니다.

대화문 03-2

Диалог

Жена́

Ско́ро ле́то, а у меня́ ничего́ нет!

Муж

Как э́то нет? Шкафы́ все заби́ты! И ле́тних веще́й там полно́!

Жена́

Ты ничего́ не понима́ешь! Я вчера́ но́вые катало́ги смотре́ла. Этим ле́том совсе́м друго́е ну́жно носи́ть. Коро́че, на́до всё купи́ть – сро́чно! И тебе́ то́же обно́вки **не помеша́ли бы**. Ме́жду про́чим, фило́соф Кант говори́л: "Лу́чше быть дурако́м по мо́де, чем не по мо́де".

Муж

Мне из фило́софов бо́льше Диоге́н нра́вится. Тот в бо́чке жил и ходи́л в ру́бище.

Жена́

Не у́мничай, пожа́луйста! Я де́ло говорю́. И я из тебя́, Диоге́н, челове́ка сде́лаю! Ты всё-таки замдире́ктора большо́й фи́рмы, до́лжен прили́чно вы́глядеть. В суббо́ту пое́дем на Тверску́ю и всё тебе́ ку́пим. А пока́ дай ка́рточку. Я **пое́хала** в го́род.

Муж

Дорога́я, умоля́ю: то́лько **без фанати́зма**!

Жена́

Споко́йно! Всё под контро́лем!

대화문

Диалог

A 곧 여름인데, (입을 게) 하나도 없네!

Б 없다니 그게 무슨 말이야? 옷장이 꽉 차 있는데! 게다가 여름옷도 한가득이잖아!

A 당신은 아무것도 모른다니까! 내가 어제 새 카탈로그를 봤는데, 이번 여름에는 완전 다른 스타일로 입어야 해. 한마디로 당장 옷을 사야 한다는 거지! 당신도 새 옷을 좀 사는 게 좋을 것 같은데. 말이 나왔으니 말인데, 철학자 칸트가 그랬잖아. "유행을 따르는 바보가 유행에 뒤떨어진 바보보다 낫다"라고.

Б 나는 철학자 중에서 디오게네스가 더 좋은걸. 나무통을 집 삼아 살고, 누더기를입고 다녔다지.

A 잘난 척 하지 마! 진지하게 들어봐. 디오게네스 씨, 당신을 사람답게 만들어줄게요! 아무리 그래도 당신이 대기업 부회장인데, 깔끔하게 보여야지. 토요일에 트베리 거리에 가서 쇼핑하자. 당장 카드 좀 줘. 시내 갈 거니까.

Б 자기야, 부탁할게. 너무 과하게 사지는 말고.

A 걱정하지 마! 자제할 거야!

어휘 구문

- □ заби́тый *чем*, по́лный *чего* — (무엇으로) 가득 찬
- □ коро́че — 한마디로, 간단히 말하자면
- □ ме́жду про́чим — 말이 났으니 말인데, 좌우지간, 그건 그렇고
- □ дура́к — 바보, 얼간이
- □ мо́да — 유행, 패션
- □ бо́чка — 나무통
- □ ру́бище — 헌 옷, 누더기
- □ замдире́ктора (= замести́тель дире́ктора) — 부회장
- □ (с)де́лать *из кого-чего* + *кого-что* — ~으로 ...을 만들다

  예문

  де́лать из му́хи слона́ 침소봉대 (직역: 파리를 코끼리로 만든다)
- □ прили́чный — 고상한, 적당한, 경우에 알맞은, 좋은
- □ умоля́ть-умоли́ть *кого* — 간청하다, 빌다
- □ фанати́зм — 광적인 행동, 열광

대화문 Диалог

관용구

□ Как э́то + 놀랍거나 당혹스러운 대상? 그게 무슨 말이야?

- **Я увольня́юсь. Вот заявле́ние. Подпиши́те.**
- **Как э́то "увольня́юсь"?!**
- 저 회사 그만두겠습니다. 여기 사직서예요. 수리해주세요.
- 그만둔다니 그게 무슨 말이야?!

□ *кому* + не помеша́ло бы + *что / инф.* (= бы́ло бы хорошо́) ~하면 좋겠다, ~해야겠다, ~가 필요하겠다 (직역: ~을 하는 것이 해가 되지 않는다)

예문

Тебе́ для твоего́ би́знеса не помеша́ло бы вы́учить ещё и францу́зский язы́к. 사업을 위해 프랑스어도 배우는 게 좋겠어요.

Вам не помеша́ло бы смени́ть и́мидж. 이미지를 바꾸는 게 좋겠어요.

□ Не у́мничай, пожа́луйста! 잘난 척 하지 마! 까불지 마!

□ Я де́ло говорю́! 진지하게 들어봐, 진담으로 얘기하는 거야

□ Я пое́хал(-а) / пошёл (пошла́)! 나 갈게, 간다, 갈 거야

가까운 미래에(곧, 당장) 출발할 것이라는 의미입니다. 미래의 행위를 나타냄에도 불구하고 관용적으로 과거형을 사용합니다.

예문

Ну ла́дно, вы тут остава́йтесь, а я пошёл (пошла́).
그럼 여기 더 계시다 가세요. 저는 갈게요.

□ без фанати́зма 과하지 않게

□ Споко́йно! 진정해, 걱정 마

□ Всё под контро́лем! 다 순조롭다, 뜻대로 되고 있다 (직역: 모든 것이 통제 하에 있다)

Друг дрýга 서로서로

본문

...., как сти́льно и со вку́сом сочета́ть друг с дру́гом ту и́ли ину́ю оде́жду, о́бувь и аксессуа́ры.

друг дру́га는 첫 번째 друг은 격변화를 하지 않고, 두 번째 나오는 дру́га은 서술어에 따라 격변화를 합니다. 본문의 сочета́ть와 같이 서술어가 전치사를 요구하는 경우에는 전치사도 함께 써주어서 друг с дру́гом이 됩니다.

연습문제

빈칸에 друг дру́га를 알맞은 격으로 써넣어 보세요. 전치사가 필요한 경우, 전치사도 넣어주세요.

❶ Не на́до боя́ться говори́ть о пробле́мах. Бу́дем вме́сте ду́мать, реша́ть, помога́ть ______________.
문제에 관해 말하는 것을 두려워하지 마. 같이 고민하고 해결하려고 해보고 서로 도우면 되지.

❷ Они́ поссо́рились и сейча́с вообще́ не разгова́ривают ______________.
걔네는 싸우고 나서 지금 서로 대화도 안 해.

❸ Мы мно́гому ______________ научи́лись.
우리는 서로에게서 많은 것을 배웠다.

❹ У нас весьма́ и́скренние, довери́тельные отноше́ния. У нас нет тайн ______________.
우리는 진실하고 신뢰 있는 관계를 맺고 있어. 서로에게 비밀이 없어.

❺ Мы дру́жим се́мьями и ча́сто хо́дим в го́сти ______________.
우리는 집안끼리 친해서 서로의 집에 자주 간다.

❻ Че́рез пять лет на́шего бра́ка мы жесто́ко разочарова́лись ______________ и ничего́ ______________ бо́льше не ждём.
결혼을 하고 5년이 지나자 우리는 서로에게 너무도 크게 실망했고, 서로에 대한 기대도 더 이상 없다.

정답 ❶ друг дру́гу ❷ друг с дру́гом ❸ друг у дру́га ❹ друг от дру́га ❺ друг к дру́гу ❻ друг в дру́ге / друг от дру́га

쉬어가기

드럼? 바퀴벌레?

Мне по барабáну

'전혀 상관없다(Мне абсолю́тно всё равнó)'는 뜻입니다. 여기서 барабáн은 '북, 드럼'을 말합니다. 옆에서 무슨 말을 하든 귀를 닫고 '난 상관없어'라는 표정으로 드럼을 치는 모습을 상상해 보세요.

А: Вы зáвтра пойдёте на вы́боры?

Б: Нет, не пойду́. Поли́тика **мне по барабáну**.

A: 내일 투표하러 갈 거예요?

B: 아뇨, 안 가려고요. 정치판은 전혀 관심이 없어서요. (누가 당선되든 상관없다)

У кáждого (в головé) свои́ таракáны

직역하면 '모든 사람 머릿속에는 자기만의 바퀴벌레가 있다'는 뜻으로, 사람은 누구나 삶의 방식이나 행동에서 이상한 부분을 갖고 있다는 의미입니다.

А: У меня́ тёща кáждый день в каку́ю-то сéкту хóдит, я дáже не знáю, в каку́ю. Ей там мозги́ со стрáшной си́лой промывáют. А тесть с утрá до вéчера пластмáссовые модéльки тáнчиков, самолётиков склéивает и раскрáшивает.

Б: Да, блин, **у кáждого (в головé) свои́ таракáны**.

A: 우리 장모님은 매일 어떤 종교 모임에 가시는데, 사실 나도 그게 뭔지 잘 모르겠어. 거기에서 강하게 세뇌 당하시는 것 같아. 그리고 장인어른은 아침부터 저녁까지 탱크, 비행기 프라모델을 붙이고 색칠하시고 말이야.

B: 거참, 누구나 자기만의 세계가 있다니까.

TEMA

04

집안일

Домáшние делá

핵심 패턴

□ 똑같이 나누다	распределúть пóровну *что*
□ 미루다	отклáдывать-отложúть *что + до чего / на что*
□ 시간과 힘이 많이 든다	отнимáть мнóго врéмени и сил
□ 여력이 없다	рýки не дохóдят *до чего / инф.*

주요 단어

□ 집안일	домáшние делá хлóпоты по хозя́йству домáшние обя́занности бытовы́е забóты
□ 정리, 청소하다 / 청소	убирáться-убрáться / убóрка
□ 청소기를 돌리다	(про)пылесóсить *что*
□ 바닥 걸레질을 하다	(вы́)мыть полы́
□ 요리하다	(при)готóвить *что*
□ 설거지하다	(вы́)мыть посýду
□ 빨래하다 / 빨래	(по)стирáть *что* / стúрка
□ 빨랫감을 세탁기에 넣다	загружáть-загрузúть бельё в стирáльную машúну
□ 쓰레기를 내놓다	выносúть-вы́нести мýсор
□ 다림질하다	(по)глáдить *что*

주제 읽기 04-1

Текст

Домáшние делá и хлóпоты по хозя́йству бесконéчны. Осóбенно сейчáс, когдá во врéмя пандеми́и мнóгие компáнии перевели́ свои́х сотрýдников на удалёнку, а потóм так и остáвили. Тепéрь прихóдится кудá бóльше врéмени проводи́ть дóма, а стáло быть, дел и забóт ещё прибавля́ется.

В нáшей семьé рабóтают óба: и я, и муж. Домáшние обя́занности **распределены́ пóровну**. Муж покупáет продýкты, мóет посýду, вынóсит мýсор. Я готóвлю и занимáюсь сти́ркой. Убóрку и сти́рку обы́чно **отклáдываем до** выходны́х.

집안일은 끝이 없다. 특히나 지금은 팬데믹 당시에 많은 회사가 재택근무로 전환한 후 계속해서 재택을 유지하는 상황이라 그렇다. 이렇게 집에서 훨씬 많은 시간을 보내게 되면서 집안일이 더 많아졌다.

우리는 맞벌이 부부라서 집안일을 반반 나눠서 한다. 남편이 장보기, 설거지, 쓰레기 버리기를 맡는다. 나는 요리와 빨래를 한다. 보통 주말에 밀린 청소와 빨래를 하곤 한다.

бесконéчный 끝없는

переводи́ть-перевести́ *кого-что*
전환하다; 번역하다

сотрýдник 직원

удалёнка разг. 재택근무, 비대면

оставля́ть-остáвить *кого-что*
남겨두다, 그대로 두다

кому **приходи́ться-прийти́сь** *инф.*
~할 수밖에 없다, ~해야 한다

пандеми́я 팬데믹

стáло быть
따라서, 그래서, 즉 (= слéдовательно)

прибавля́ться-прибáвиться 더해지다, 증가하다

распределя́ть-распредели́ть *кого-что*
~을 분배하다

пóровну 똑같이, 균등하게

주제 읽기

Текст

Кварти́ру убира́ем вме́сте, ча́ще всего́ по суббо́там. Сти́рка, сла́ва бо́гу, не пробле́ма: про́сто забро́сить бельё и́ли оде́жду в маши́нку. Но сейча́с муж в командиро́вке, уе́хал на два ме́сяца, поэ́тому всё **легло́ на мои́ пле́чи**.

Сего́дня я чуть ли не це́лый день убира́лась, пылесо́сила, протира́ла полы́, стира́ла, гла́дила, гото́вила, мы́ла посу́ду. К ве́черу была́ **как вы́жатый лимо́н**. Ме́лкие и кру́пные бытовы́е забо́ты **отнима́ют так мно́го вре́мени и сил**! Из-за них **до** чего́-то большо́го и ва́жного **руки́** постоя́нно **не дохо́дят**!

청소는 같이하는데, 보통 토요일에 한다. 다행히 빨래는 빨랫거리를 세탁기에 넣기만 하면 되니 어렵지 않다. 그런데 지금 남편이 두 달간 출장 중이라 집안일은 다 내 몫이다.

오늘은 거의 종일 정리하고 청소기를 돌리고 바닥을 닦고 빨래하고 다림질하고 밥하고 설거지를 했다. 저녁이 되니 파김치가 되었다. 크고 작은 집안일이 이렇게 시간과 힘을 많이 빼앗다니! 집안일 때문에 중요한 큰일에는 정작 손을 댈 수가 없다.

ча́ще всего́
주로, 가장 자주 (비교급 + всего́, всех = 최상급 표현)

сла́ва бо́гу 다행히도

забра́сывать-забро́сить бельё в маши́нку разг.
빨래를 세탁기에 넣다

чуть ли не
거의 (= едва́ ли не, почти́)

быть в командиро́вке
출장 중이다

ме́лкий 작은, 사소한

кру́пный 큰, 대규모의

отнима́ть-отня́ть *что* 빼앗다

постоя́нно 계속

Распредели́ть по́ровну *что* + ме́жду *кем-чем*
똑같이 나누다

распредели́ть의 피동 형동사 형태인 распределённый의 단어미 형태도 함께 연습해 봅시다.

Мы с му́жем стара́емся **по́ровну распредели́ть ме́жду** собо́й* дома́шние дела́ и обя́занности.
나와 남편은 집안일을 똑같이 나누려고 노력한다.

***ме́жду собо́й** 서로, 자기들끼리

По́сле сме́рти отца́ всё его́ насле́дство бы́ло **распределено́ по́ровну ме́жду** тремя́ сыновья́ми.
아버지가 돌아가신 후 유산은 세 아들에게 똑같이 분배되었다.

В конце́ го́да дивиде́нды бы́ли **по́ровну распределены́ ме́жду** все́ми акционе́рами компа́нии.
연말에 회사의 모든 주주에게 배당금을 균등하게 분배한다.

Откла́дывать-отложи́ть *что* + до *чего* / на *что*
미루다 / 저축하다

откла́дывать-отложи́ть는 '미루다, 연기하다, 저축하다' 등 다양한 뜻이 있습니다. 구체적인 시간이 나올 때는 до чего를, 구체적이지 않은 시간과 함께 관용적으로 쓰이거나 '(어떠한 목적으로) 돈을 모으다'라는 의미로 사용할 때는 на что를 씁니다.

Сва́дьбу **отложи́ли до** о́сени, что́бы собра́ть всех ро́дственников и друзе́й. Ле́том все в отпуска́х и на кани́кулах.
우리는 친지와 친구들을 전부 초대하기 위해 결혼식을 가을까지 미뤘다. 여름에는 다들 휴가 중이거나 방학이기 때문이다.

Нельзя́, ни в ко́ем слу́чае нельзя́ **откла́дывать** сча́стье **на** бу́дущее! Ну́жно быть счастли́вым здесь и сейча́с!
절대 행복을 나중으로 미뤄서는 안 돼. 지금, 여기서 행복해야 해.

Я стара́юсь с ка́ждой зарпла́ты хотя́ бы немно́го **откла́дывать на** чёрный день*.
나는 만일의 경우를 대비해 월급에서 조금이라도 저축을 한다.

***откла́дывать на чёрный день** 만일의 경우를 대비해 저축하다 (чёрный день 힘든 시기)

Ру́ки не дохо́дят до *чего* / инф.
신경 쓸 여력이 없다

이 표현을 직역하면 '~에 손이 닿지 않는다'라는 뜻이며, 시간과 여력이 없어 무언가를 하기 힘들 때 사용합니다.

Ча́сто бывает, что покупа́ешь кни́ги, а пото́м **ру́ки до** них **не дохо́дят.**
책을 구입하고 나서 읽을 시간이 안 나는 경우가 많다.

Всё ника́к **ру́ки не дохо́дят** заня́ться собо́й*.
자기관리를 할 여력이 없다.

***заня́ться собо́й** (운동, 피부관리 등) 자기관리를 하다

У меня́ всё ника́к **ру́ки не дохо́дят** заня́ться англи́йским языко́м.
난 영어 공부를 할 시간이 도저히 나지 않는다.

Что отнима́ет мно́го (ма́ссу) вре́мени и сил
시간과 힘이 많이 든다

отнима́ть-отня́ть는 '빼앗다'라는 뜻이 있는 동사이며, 시간이나 노력을 소비하는 경우에도 사용됩니다. '누구로부터 시간과 힘을 빼앗는다'라고 말하고 싶을 때는 у кого를 사용합니다.

참고 **Эта рабо́та отняла́ у меня́ ма́ссу вре́мени.**
이 일을 하는 데 나는 많은 시간을 빼앗겼다

Воспита́ние детей **отнима́ет мно́го вре́мени и сил.**
육아는 시간과 힘이 많이 든다.

По́иски рабо́ты **отнима́ют ма́ссу вре́мени и сил.**
구직은 시간과 힘이 많이 든다.

Рабо́та над диссерта́цией **отнима́ет мно́го вре́мени и сил.**
학위논문 작성에는 많은 시간과 노력이 소요된다.

대화문 04-2

Диалог

Жена́

Послу́шай, ты мне совсе́м не помога́ешь по до́му. Я **всё на себе́ тяну́**.

Муж

А что я могу́ поде́лать? Я на рабо́те устаю́ стра́шно.

Жена́

А я, что, не устаю́? В о́фисе **пашу́ как ло́шадь**, а пото́м ещё до́ма **втора́я сме́на**.

Муж

Вре́мя сейча́с тяжёлое.

Жена́

А оно́ у нас всегда́ тяжёлое. Ну дава́й вме́сте ка́к-то реша́ть.

Муж

Хорошо́, дава́й. Всё равно́ по-тво́ему бу́дет. Что от меня́ тре́буется?

Жена́

Зна́чит, смотри́: в суббо́ту де́лаем убо́рочку. Ты пылесо́сишь и мо́ешь полы́. А я везде́ протира́ю пыль и ещё о́кна вы́мою. **Идёт**?

Муж

Как ска́жешь, ми́лая!

Жена́

Како́й ты у меня́ у́мничка, дорого́й!

대화문

Диалог

A 있잖아, 자기가 집안일 하나도 안 도와주고, 집안일은 다 내 차지야.

Б 내가 뭘 하면 되는데? 나 직장 일로 너무 지쳤어.

A 나는 뭐 안 피곤해? 사무실에서 소처럼 일하고, 집으로 또 출근이야.

Б 지금 힘든 시기라 그래.

A 힘들기야 늘 힘들지. 음, 어떻게든 같이 해결해 보자.

Б 좋아, 그러자. 어쨌든 자기 뜻대로 되겠지만. 내가 뭘 했으면 좋겠어?

A 그럼 잘 들어봐. 토요일에 청소를 하자고. 자기가 청소기 돌리고 바닥을 닦는거지. 나는 먼지 털고 창을 닦을 게. 괜찮지?

Б 분부대로 하겠습니다. 여보!

A 자기, 정말 훌륭해!

어휘 구문

□ всё равно́ — 어쨌든; 상관없다

예문 **Мне всё равно́!** 난 다 상관없어!

□ (по)тре́боваться — 요구되다

□ у́мничка — 영리한 사람 (у́мница의 지소형)

□ ка́к-то — 어떻게든

□ втора́я сме́на — 교대근무의 두 번째 조, 야간조

소련 시절에 등장한 표현으로, 보통 공장에서는 8:00~17:00 근무조가 1조, 17:00~23:00 근무조가 2조였습니다.

□ зна́чит — 즉; 그러니까, 그럼

대화문 Диалог

관용구

- □ послу́шай
  смотри́ — 있잖아, 저기 말이야, 잘 들어봐
- □ идёт? — 동의해? 이렇게 해도 괜찮겠어? (Ты согла́сен? Ты принима́ешь тако́й вариа́нт?)
- □ тяну́ть всё на себе́ — 모든 일을 맡아 하다
- □ паха́ть как ло́шадь — 고되게 일하다, 죽도록 일하다 (직역: 말처럼 밭을 갈다)

유사표현

паха́ть как па́па Ка́рло

이 표현을 직역하면 '아빠 카를로처럼 밭을 간다'는 뜻입니다. па́па Ка́рло는 알렉세이 톨스토이가 '피노키오'에서 영감을 받아 쓴 단편소설 '황금열쇠, 혹은 부라티노의 모험 (“Золото́й клю́чик, и́ли Приключе́ния Бурати́но”)'에서 '부라티노'라는 목각인형을 만든 인물로 매우 일을 많이 하는 것으로 그려집니다.

- □ как ска́жешь (ска́жете) — 네가 말하는대로 할게 (Всё бу́дет так, как ты говори́шь; я безусло́вно принима́ю твой вариа́нт)

1 Ложи́ться-лечь на пле́чи (누구의) 몫이다, (누가) 맡는다

본문

Всё легло́ на мои́ пле́чи.

직역하면 '(무엇이) (누구의) 어깨 위에 놓여있다'는 뜻으로, 책임(отве́тственность), 부담(бре́мя), 일(рабо́та) 등의 단어와 함께 사용할 수 있습니다. 동사 лежа́ть와도 사용할 수 있습니다. 단, ложи́ться-лечь + *куда (на кого-что)*이지만, лежа́ть + *где (на ком-чём)*입니다. 따라서 лежа́ть 동사를 사용한다면, лежа́ть на *чьих* плеча́х의 형태로 사용합니다.

예문

По́сле сме́рти роди́телей **на мои́ пле́чи легла́** забо́та обо всех бра́тьях и сёстрах.
부모님이 돌아가신 후, 형제자매를 돌보는 일은 내 몫이 되었다.

Меня́ назна́чили ви́це-президе́нтом компа́нии, и тепе́рь **на мои́х плеча́х лежи́т** отве́тственность за всю ка́дровую поли́тику.
나에게 회사 부사장 자리가 주어졌고, 현재 인사정책에 대한 책임을 오롯이 떠맡고 있다.

На на́ших плеча́х лежи́т огро́мная отве́тственность, и нельзя́ допусти́ть хотя́ бы мале́йшую опло́шность.
우리에게는 큰 책임이 주어졌기에 작은 실수라도 용납할 수 없다.

2 (быть) как вы́жатый лимо́н 지쳐서 파김치가 되다

직역하면 '쥐어짜서 즙이 다 빠진 레몬'이란 뜻이며, '매우 지친 상태(чу́вствовать себя́ кра́йне уста́лым)'를 의미합니다.

예문

По́сле се́ссии я всегда́ **как вы́жатый лимо́н**.
나는 항상 시험 기간이 끝나면 체력이 방전돼 버린다.

К концу́ неде́ли я никако́й*, **как вы́жатый лимо́н**.
한 주가 끝날 무렵 난 완전히 녹초가 되어버린다.

***Я никако́й (никака́я)** 매우 지치다

1 한국어 해석을 보고 빈칸에 알맞은 전치사를 넣어보세요.

❶ Я ча́сто пу́таюсь ( ) похо́жих слова́х.
나는 비슷한 단어들을 자주 헷갈려.

❷ Я рассчи́тываю ( ) ва́шу по́мощь.
여러분들이 도와주시길 바랍니다.

❸ Роди́тели всегда́ меня́ хвали́ли ( ) хоро́шее поведе́ние.
부모님은 항상 내 행동이 바르다고 칭찬하신다.

2 다음 문장에서 틀린 부분을 고쳐보세요.

❶ Во вре́мя пандеми́и мно́гие компа́нии провели́ свои́х сотру́дников на удалёнку.

❷ Де́лать поку́пки в Интерне́те про́сто, чем самому́ (само́й / сами́м) ходи́ть по магази́нам.

❸ В на́шей рабо́те без конца́ возника́ют таки́е и́ли други́е пробле́мы, но мы операти́вно их реша́ем.

3 다음 문장을 러시아어로 번역해 보세요.

❶ 나는 시험에서 마지막 문제를 끝끝내 풀지 못했다.

❷ 결혼식 준비는 많은 시간과 힘이 든다.

❸ 나는 종종 세일할 때 옷을 산다.

❹ 나는 외국어 습득이 빠르다.

❺ 나는 영어 공부를 할 시간이 나지 않는다.

❻ 나는 종일 정리하고, 청소기를 돌리고, 바닥을 닦고, 빨래하고, 다림질하고, 요리하고, 설거지를 했다.

4 괄호 안의 설명을 참고하여 다음 보기에서 알맞은 관용구를 골라 빈칸에 넣으세요.

пашу́ как ло́шадь   е́сли че́стно   как э́то "нет" без фанати́зма   де́ло говорю́   как ска́жешь   вот уви́дишь тоска́ зелёная   ру́ки не дохо́дят   с ума́ сойду́ вы́жатый лимо́н   и то нет   да, есть тако́е, не спо́рю

❶ Мы три ме́сяца уда́рно рабо́тали над о́чень ва́жным прое́ктом, вчера́, наконе́ц, его́ зако́нчили, и сейча́с я как ____________________.
И колле́ги то́же.

힌트 я о́чень и о́чень уста́л

❷ Де́вушка: Зна́ешь, мне чего́-то не хо́чется сего́дня в клуб идти́. Дава́й про́сто в кино́ схо́дим.

Па́рень: Хорошо́, ____________________ .

힌트 я принима́ю любо́е твоё реше́ние; я согла́сен с любы́м твои́м предложе́нием

❸ А: Приве́т! Как жизнь, как дела́? Как на рабо́те?

Б: ________________, вот и все дела́.

힌트 Я о́чень мно́го и тяжело́ рабо́таю

❹ Но́мер ужа́сный: тёмный, гря́зный, холоди́льника ______________!

힌트 отсу́тствует да́же холоди́льник

❺ С ме́сяц наза́д я обеща́л написа́ть статью́ для одного́ мо́дного журна́ла, но всё ____________________.

힌트 я не могу́ найти́ для э́того вре́мени и возмо́жности

❻ А: Извини́ за открове́нность, но ты у нас челове́к эгоисти́чный, себялюби́вый.

Б: ________________________________ . Ну и что?

힌트 да, тако́й факт существу́ет, я не отрица́ю существова́ние тако́го фа́кта

❼ Мари́на, прошу́, умоля́ю: выходи́ за меня́ за́муж! Со мной ты бу́дешь сча́стлива! Ты ни о чём не пожале́ешь – ________________!

힌트 в бу́дущем ты убеди́шься, что я прав

❽ Муж: Мы с друзья́ми в суббо́ту хоти́м в футбо́л поигра́ть.

Жена: Я не про́тив, дорого́й. То́лько, пожа́луйста, ________________.
Не забыва́й, что тебе́ уже́ 45.

힌트 игра́я в футбо́л, ты не до́лжен "сли́шком, сверх ме́ры стара́ться"

❾ Кри́зис, инфля́ция, це́ны сумасше́дшие – мне ка́жется, я ско́ро от всего́ э́того ________________!

힌트 у меня́ бу́дет "кра́йне негати́вное" психологи́ческое состоя́ние

❿ Нача́льник: Вы вы́полнили моё поруче́ние?

Сотру́дник: К сожале́нию, нет.

Нача́льник: ______________?! Безобра́зие! Чем вы всю неде́лю занима́лись?!

힌트 Мне категори́чески не нра́вится ваш отве́т!

⓫ Начальник во время совещания: Колле́ги, вы почему́ меня́ не слу́шаете? Я, ме́жду про́чим, ________________.

힌트 мои́ слова́, моё выступле́ние – э́то ва́жно; я говорю́ пра́вильные и ва́жные ве́щи

⓬ Па́рень: Почему́ ты меня́ в после́днее вре́мя избега́ешь?

Де́вушка: Зна́ешь, ________________, мне с тобо́й ску́чно. То́ есть
вообще́ ________________. Вот и избега́ю, как ты говори́шь.
Извини́.

힌트 я говорю́ открове́нно, говорю́ то, я что я ду́маю

힌트 у меня́ "о́чень больша́я" ску́ка и угнетённое психологи́ческое состоя́ние

TEMA

05

SNS

Социа́льные се́ти

핵심 패턴

□ ~이 없는 …을 상상조차 할 수 없다	невозмо́жно предста́вить *что* + *без чего*
□ 휴대폰을 하면서 시간을 보내다	сиде́ть в телефо́не
□ 빠지다, 중독되다	подсе́сть *на что*
□ 공유하다	(по)дели́ться *чем* + *с кем*

주요 단어

□ SNS	социа́льные се́ти (со́цсе́ти)
□ 휴대폰을 하다	сиде́ть в телефо́не
□ (사진, 글 등) 올리다	выкла́дывать-вы́ложить, выве́шивать-вы́весить, размеща́ть-размести́ть *что*
□ 글을 올리다, 포스팅을 하다	по́стить, выкла́дывать по́сты
□ 휴대폰으로 사진을 찍다	снима́ть-снять, (с)фотографи́ровать, (с)фо́ткать *что* на телефо́н
□ 영상, 비디오	ви́део, ви́деоро́лик
□ 계정	акка́унт, страни́ца (страни́чка)
□ 댓글	коммента́рий, ко́ммент
□ '좋아요'를 누르다	(по)ста́вить лайк, ла́йкать-ла́йкнуть
□ 팔로잉 하다, 구독하다	подписа́ться *на что*
□ 팔로워, 구독자	подпи́счик / фолло́вер
□ 친구 추가를 하다	добавля́ть-доба́вить *кого* в друзья́

주제 읽기 05-1

Текст

Сейча́с на́шу жизнь уже́ **невозмо́жно предста́вить без** социа́льных сете́й. Вот, наприме́р, у меня́ есть оди́н прия́тель. Он **су́тки напролёт сиди́т в телефо́не**. Вся его́ жизнь там, в смартфо́не. **Ска́жем**, пришли́ мы с ним в кафе́. Так он сра́зу же начина́ет фо́ткать еду́ и выкла́дывает всё в своём "Инстагра́ме". И ка́ждые пять мину́т смо́трит, ско́лько ла́йков ему́ поста́вили.

Я ра́ньше ду́мал, что он немно́жко **больно́й на го́лову**. А пото́м и сам ка́к-то незаме́тно **подсе́л на** со́цсе́ти. И мой прия́тель уже́ не ка́жется мне таки́м **повёрнутым**.

오늘날 SNS가 없는 우리의 삶은 상상할 수조차 없다. 내 친구 한 명을 예로 들어보겠다. 이 친구는 온종일 휴대폰만 끼고 앉아 있다. 모든 생활이 휴대폰 안에서 이루어진다. 가령, 같이 식당에 가면 곧바로 음식 사진을 찍어서 전부 인스타그램에 업로드한다. 그리고 5분마다 '좋아요' 수를 체크한다.

예전에는 이런 친구를 보고 머리가 어떻게 된 게 아닌가라는 생각이 들었다. 그런데 나 역시 나도 모르게 SNS에 빠지기 시작했다. 지금은 이 친구가 그렇게 심각한 SNS 중독이라는 생각은 들지 않는다.

невозмо́жно 불가능하다

представля́ть-предста́вить (себе́) *что* (무엇을) 상상하다

прия́тель 친구

су́тки 24시간

напролёт 내내, 계속, 쉬지 않고

주제 읽기

Текст

Сейча́с, если я попа́л в како́е-то интере́сное ме́сто, то мне хо́чется **подели́ться** э́тим **с** друзья́ми и знако́мыми. Тепе́рь я то́же всё фо́ткаю и выве́шиваю у себя́ на страни́чке. И хочу́ сказа́ть: тако́й кайф по́сле всех дел бли́же к но́чи уле́чься в посте́ль и просма́тривать страни́чки друзе́й, отвеча́ть на ко́мменты, ста́вить ла́йки и самому́ счита́ть, ско́лько раз меня́ "ла́йкнули". Так в обни́мку со смартфо́ном и засыпа́ю.

나는 요즘 재밌는 장소에 가면 친구, 지인들과 이것을 공유하고 싶은 생각이 든다. 나도 이제는 사진을 다 찍어서 내 계정에 올린다. 내가 제일 행복할 때는 일을 다 마치고 거의 한밤중에 이불 속에 들어가 친구들의 SNS 페이지를 보면서 댓글에 답하기도 하고, '좋아요'를 누르기도 하고, 몇 명이나 나한테 '좋아요'를 눌러줬는지 세어보기도 하는 시간이다. 나는 이렇게 스마트폰을 껴안고 잠이 든다.

кайф сленг 행복, 기쁨, 재미

укла́дываться-уле́чься 드러눕다

посте́ль 침구, 잠자리

просма́тривать-просмотре́ть *что* 훑어보다

в обни́мку *с чем* ~을 껴안고

засыпа́ть-засну́ть 잠들다

Невозмо́жно предста́вить *что* + без *чего*
~이 없는 ...을 상상조차 할 수 없다

представля́ть-предста́вить는 '소개하다, 대표하다, 제출하다' 등 다양한 의미를 가진 필수 동사입니다. 여기서는 '생각하다, 상상하다'라는 뜻으로 쓰였습니다.

На́шу жизнь уже́ **невозмо́жно предста́вить без** Интерне́та, социа́льных сете́й и моби́льных телефо́нов.
인터넷과 SNS, 휴대폰이 없는 우리의 삶은 이제 상상할 수 없다.

Италья́нский стол **невозмо́жно предста́вить без** вина́.
와인이 없는 이탈리아의 식사를 상상할 수 없다.

Невозмо́жно предста́вить Но́вый год **без** ёлки.
트리가 없는 신년 연휴는 상상도 할 수 없다.

Сиде́ть в телефо́не
휴대폰을 하며 시간을 보내다

сиде́ть는 기본적으로 '앉아 있다'라는 뜻이지만, 그 이외에도 아래와 같이 숙어처럼 사용됩니다.

참고
сиде́ть за компью́тером 컴퓨터를 하다 **сиде́ть за пиани́но** 피아노를 치다
сиде́ть за рулём 운전하다 **сиде́ть на дие́те** 식이요법을 하다
сиде́ть на нарко́тиках / на игле́ 마약에 중독되다(의존하다)

Привы́чка постоя́нно **сиде́ть в телефо́не** со вре́менем мо́жет перерасти́ в боле́зненную зави́симость.
휴대폰만 붙들고 있는 습관은 시간이 갈수록 병적인 중독 현상으로 변할 수 있다.

Мно́гие роди́тели возмуща́ются, что де́ти постоя́нно **сидя́т в телефо́не** и занима́ются там вся́кой ерундо́й.
대다수 부모들은 자녀가 휴대폰만 붙들고 쓸데없는 것을 하는 게 못마땅하다.

Сыно́к, меня́ так беспоко́ит, что ты су́тки напролёт **сиди́шь в телефо́не**. Это же так вре́дно! И опа́сно!
아들, 난 네가 온종일 휴대폰만 붙들고 있는 게 너무 걱정돼! 아주 해롭고, 위험하다고!

Подсе́сть на *что* сленг 빠지다, 중독되다

'무언가 부정적인 것에 빠지고 중독되는 것'을 의미하는 표현입니다.

Моя́ сестра́ пло́тно* **подсе́ла на** коре́йские дора́мы.
우리 누나(언니, 여동생)는 한국 드라마에 완전히 빠져있어.

***пло́тно** 가득, 충만하게 (= си́льно)

Мой муж пло́тно **подсе́л на** видеои́гры, осо́бенно на стреля́лки*, пря́мо не зна́ю, что с ним де́лать.
우리 남편은 비디오게임, 특히 총싸움에 완전히 중독됐어. 어떻게 해야 할지 정말 모르겠어.

***стреля́лки** разг. 총싸움 게임

Рабо́та у меня́ не́рвная и в вы́сшей сте́пени напряжённая, и как-то незаме́тно для себя́ я **подсе́л на** энерге́тики*.
내 업무가 워낙 스트레스를 받는 일이다 보니, 나도 모르게 에너지음료에 중독돼 버렸어.

***энерге́тик** разг. 에너지 음료 (= энергети́ческий напи́ток)

(По)дели́ться *чем* **+ с** *кем* 공유하다

(по)дели́ть *что* + *на что*의 형식으로 사용되면 '~을 ...로 나누다'라는 뜻입니다. 여기서는 -ся가 붙은 재귀동사의 형태로 조격과 함께 사용되는 구문을 연습해 봅시다.

В свое́й статье́ изве́стный психо́лог реши́л **подели́ться с** чита́телями свои́ми размышле́ниями о бра́ке и семье́.
유명 심리학자는 논문을 통해 결혼생활과 가족에 대한 본인의 생각을 독자들과 공유하기로 했다.

У меня́ в со́цсетя́х со́тни друзе́й, лу́чше сказа́ть, фре́ндов, а вот **подели́ться** свои́ми серьёзными мы́слями, чу́вствами, пережива́ниями, скажу́ открове́нно, не́ **с** кем.
나는 SNS 친구만 수백 명이지만, 솔직히 진지한 생각과 감정, 고민을 나눌 사람이 한 명도 없다.

***фре́нды** разг. SNS상의 친구

Мне бы о́чень хоте́лось **подели́ться с** ва́ми впечатле́ниями от свое́й неда́вней пое́здки в Росси́ю.
저는 최근 러시아 방문을 통해 느낀 점을 여러분들께 꼭 말씀드리고 싶습니다.

대화문 05-2

Диалог

Оте́ц

До́ченька, извини́, но меня́ о́чень беспоко́ит, что ты сли́шком мно́го вре́мени прово́дишь в со́цсетя́х.

Дочь

А что тако́го? Сейча́с все так, все зависа́ют. **Прико́льно же!**

Оте́ц

Ну, во-пе́рвых, далеко́ не все. А во-вторы́х, все твои́ видо́сики и прико́лы – они́ же, извини́ меня́, ужа́сно глу́пые. И примити́вные! Ты когда́ их смо́тришь, то́лько как ду́рочка хихи́каешь, у тебя́ мы́слей никаки́х нет, ты вообще́ не ду́маешь - соверше́нно! И э́то пло́хо, о́чень пло́хо. А ведь ну́жно учи́ться пра́вильно ду́мать. Для э́того на́до кни́жки у́мные чита́ть, фи́льмы серьёзные смотре́ть. Если челове́к не уме́ет ду́мать, хоро́шего образова́ния он не полу́чит. А без образова́ния кому́ ты нужна́?

Дочь

Мо́жно и без образова́ния кла́ссно прожи́ть.

Оте́ц

Не говори́, пожа́луйста, глу́постей. Наде́юсь, ты меня́ услы́шала. Мы тебе́ с ма́мой то́лько добра́ жела́ем. Ты нам пото́м ещё спаси́бо ска́жешь.

Дочь

Ла́дно, па́почка, **не па́рься, я сама́ как-нибу́дь разберу́сь.**

대화문

Диалог

А 우리 딸, 미안한데, SNS를 너무 많이 하는 것 같아서 걱정이네.

Б 그게 어때서? 요즘 다 그렇게 해. 다들 많이 한다고. 쩔잖아!

А 음, 첫 번째로 모두가 다 그러는 건 아니야. 두 번째로 네가 보는 영상이나 웃긴 글은, 미안하지만, 너무 수준이 낮아. 유치하다고. 바보같이 키득거리면서 생각 없이 보잖아. 생각이란 걸 아예 하질 않으면서! 정말 안 좋은 일이야. 생각을 하고, 올바르게 사고하는 걸 배워야 하는 데 말이야. 그러려면 양질의 책을 읽고, 진지한 영화를 봐야지. 인간이 생각하는 법을 익히지 않으면, 좋은 교육도 받을 수 없어. 못 배운 우리 딸을 누가 필요로 하겠어?

Б 그래도 사는 데는 지장이 없을 것 같은데.

А 그런 말도 안 되는 소리 하지 마. 아빠 말을 잘 들었으면 좋겠어. 엄마랑 아빠가 다 너 잘되라고 그러는 거야. 나중에는 고마워하게 될걸.

Б 됐어, 아빠. 걱정 붙들어 매. 내가 알아서 할게.

어휘 구문

□ беспоко́ить *кого* — 걱정을 끼치다

□ зависа́ть-зави́снуть — 버벅이다, 멈추다; 죽치고 있다, 많은 시간을 보내다

예문

Блин, Ине́т (= Интерне́т) без конца́ зависа́ет. 에이, 인터넷이 계속 끊기네.

Мы с друзья́ми ка́ждую пя́тницу и суббо́ту в э́том клубе́шнике (= ночно́м клу́бе) зависа́ем. 난 친구들과 금요일, 토요일마다 이 클럽에 죽치고 있어.

□ во-пе́рвых, во-вторы́х, в-тре́тьих... — 첫 번째로, 두 번째로, 세 번째로…

□ далеко́ не все́ — 모두가 ~ 하는 것은 아니다 (부분 부정)

□ видо́сик — 동영상 (ви́деоро́лик의 구어 표현인 видо́с의 지소형)

□ прико́л — 우스개 (что́-то оригина́льное, необы́чное, смешно́е)

□ ужа́сно — 몹시, 대단히; 무섭다, 끔찍하다

□ примити́вный — 유치한, 조잡한, 1차원적인

□ хихи́кать — 낄낄거리다, 키득거리다

□ образова́ние — 교육

□ ла́дно — 그래, 알았어; 그러든지, 됐어

회화에서 자주 등장하는 표현이며, 맥락에 따라 다양한 의미로 사용되니 대화문에서 등장할 때마다 유심히 살펴보세요.

□ разбира́ться-разобра́ться — 처리하다, 해결하다

대화문 Диалог

관용구

☐ А что тако́го? — 그게 뭐 어때서?

“На мой взгляд, я не де́лаю ничего́ плохо́го, всё норма́льно, всё хорошо́.” 라는 의미로 더 구어적인 표현으로는 “А чё тако́ва?”라고 말하기도 합니다.

☐ Прико́льно же! сленг — 쩐다, 대박이다(= Это оригина́льно, интере́сно, увлека́тельно, необы́чно)

☐ Не говори́, пожа́луйста, глу́постей — 쓸데없는 말 좀 하지 마, 헛소리 그만해

☐ Наде́юсь, ты меня́ услы́шал(-а) — 내 말을 들으면 좋겠어 (뭔 말인지 알아들었지? 내 말대로 해)

☐ Мы тебе́ то́лько добра́ жела́ем — 다 너 잘되라고 그러는 거야

☐ Ты нам пото́м ещё спаси́бо ска́жешь — 나중에는 우리한테 고맙다고 할걸

☐ Я сам (сама́) как-нибу́дь разберу́сь — 내가 알아서 할게

☐ Не па́рься сленг — па́риться의 명령형. 걱정 붙들어 매 (не волну́йся, не беспоко́йся)

1 Ска́жем 가령, 예를 들어

본문

Ска́жем, пришли́ мы с ним в кафе́.

여기서 ска́жем은 '가령, 가정해 보자'라는 의미의 단어입니다. 같은 의미의 표현으로는 допу́стим, наприме́р, к приме́ру 등이 있습니다.

예문

Допу́стим, вы соверше́нно недово́льны свое́й зарпла́той. Ва́ши де́йствия в э́том слу́чае?
만일 당신이 본인 급여에 전혀 만족 못 한다고 칩시다. 그럴 경우 당신은 어떻게 할 겁니까?

2 Больно́й на (всю) го́лову сленг

직역하면 '머리가 아픈 사람'이라는 뜻으로 '정신 나간 사람'(сумасше́дший)이라는 속어 표현입니다.

예문

Не свя́зывайся с ним, он **больно́й на (всю) го́лову**.
그 사람이랑 엮이지 마. 정신 나간 사람이야. *всю는 더 강조하고자 할 때 사용

3 Повёрнутый *на чём* сленг

'무언가에 중독되어 있다'는 뜻의 속어 표현으로, 한 가지에 꽂혀서 그것만 생각하는 것을 말합니다.

예문

Он буква́льно **повёрнут на** та́чках*. 그는 말 그대로 차에 미쳐있어.
***та́чка** сленг 자동차
Сейча́с почти́ все **на** ба́бках* **повёрнутые**. 요새는 사람들은 거의 다 돈에 미쳐있어.
***ба́бки** сленг 돈

4 Напролёт

<시간 + напролёт>은 '그 시간 내내, 계속해서' 라는 표현입니다. 본문의 су́тки напролёт은 '24시간 내내' 라는 뜻입니다.

- 밤을 새워서 всю ночь напролёт
- 온종일 весь день напролёт
- 밤낮으로 дни и но́чи напролёт

쉬어가기

인생은 달콤? 씁쓸?

Он весь (Она́ вся́) в шокола́де

직역하면 '그 사람은 초콜릿 안에 있다'라는 뜻으로 '꿀 같은 삶, 훌륭하고 좋은 인생을 누리는 것'을 의미합니다.

- Из всех мои́х бы́вших однокла́ссников Пе́тька Орло́в са́мый успе́шный. К 35-ти́ (К тридцати́ пяти́) года́м уже́ **весь в шокола́де**! Рабо́тает в "Газпро́ме", получа́ет огро́мные де́ньги, е́здит на "БМВ", неда́вно пентха́уз себе́ купи́л.
- 내 동창 중 제일 성공한 사람은 표트르 오를로프야. 서른다섯 살에 이미 다 가졌거든! 가스프롬에서 엄청난 연봉을 벌면서 BMW를 끄는 데다, 최근에는 펜트하우스까지 샀다더라고.

И ве́чный бой! Поко́й нам то́лько сни́тся

알렉산드르 블로크(1880~1921)의 연작시 '쿨리코보 들판에서(На по́ле Кулико́вом)'의 구절입니다. 직역하면 '영원한 전투! 평안은 꿈속에만 있다'라는 뜻으로 고달픈 걱정과 일이 끊임없이 이어지는 상황을 표현하며 주로 두 번째 문장이 관용구로 사용됩니다.

А: На рабо́те жуть сплошна́я! Дедла́йны, штурмовщи́на, авра́лы, сверхуро́чные, нервотрёпка ди́кая!

Б: Не говори́. У меня́ то́ же са́мое. **Поко́й нам то́лько сни́тся.**

A: 회사 다니는 거 완전 끔찍해! 마감에 쫓겨서 일은 벼락치기로 해대고, 급하게 전 직원이 들러붙고, 야근까지. 진짜 짜증 나!

B: 말해 뭐해. 나도 똑같아. 꿈속에서나 쉬는 거지.

TEMA

06

사랑 - 연애와 이별

Любо́вь: встре́чи и расстава́ния

핵심 패턴

- ☐ 운이 따르다 — повезло́ / везёт / повезёт
- ☐ 일이 잘되다 — получи́лось / получа́ется / полу́чится
- ☐ 잘 모르다, 감이 없다 — разбира́ться-разобра́ться *в ком-чём*
- ☐ (어쩔 수 없이) 해야 한다 — пришло́сь / прихо́дится / придётся

주요 단어

- ☐ 여자친구 / 남자친구 — де́вушка / па́рень, молодо́й челове́к
- ☐ 데이트 — свида́ние
  - ☐ 소개팅, 블라인드 데이트 — свида́ние вслепу́ю
- ☐ 만나다, 교제하다 — встреча́ться *с кем*
- ☐ 헤어지다, 관계를 끝내다 — бо́льше не встреча́ться
  расстава́ться-расста́ться *с кем*
  порва́ть *с кем*
  прерва́ть отноше́ния *с кем*
- ☐ 말다툼하다 — (по)ссо́риться *с кем*
- ☐ 바람둥이 — ба́бник
- ☐ 수시로 상대를 바꿔 사귀다 — меня́ть де́вушек (парне́й), как перча́тки
- ☐ 연인이 바람 피는 현장을 잡다 — засту́кать своего́ ненагля́дного (свою́ ненагля́дную)

주제 읽기 06-1

Текст

Не так давно́ я порвала́ со свои́м па́рнем. Перед э́тим **мы с ним** ча́сто ссо́рились. А когда́ на́ши отноше́ния с ним ещё то́лько начина́лись, **меня́ предупрежда́ли**, что челове́к он ско́льзкий и лжи́вый, а ещё ба́бник, меня́ет де́вушек, как перча́тки. Вот и я, мо́жно сказа́ть, ста́ла его́ очередно́й же́ртвой.

И когда́ я случа́йно уви́дела его́ в кафе́ с друго́й де́вушкой – в таки́х слу́чаях говоря́т, засту́кала своего́ ненагля́дного, – то мне **пришло́сь** сде́лать непросто́й вы́бор: оста́ться с ним и́ли уйти́? В конце́ концо́в я реши́ла бо́льше с ним не встреча́ться.

최근에 난 남자친구와 헤어졌다. 헤어지기 전 우리는 자주 말다툼을 했다. 내가 그 사람과 만나기 시작했을 때, 주변에서는 그 사람이 못 미덥고 거짓말도 잘하며, 애인을 수시로 바꿔 사귀는 바람둥이라고 경고했었다. 이제 보니 내가 그다음 희생양이 된 셈이다.

남자친구가 다른 여자와 카페에 있는 것을 우연히 발견하고 나서, 다시 말해, 흔히 말하는 바람의 증거를 잡고 난 후, 그와 헤어질지 말지 어려운 결정을 할 수밖에 없었다. 결국에는 이 관계를 완전히 끝내기로 결심했다.

отноше́ния 복 관계
ско́льзкий 못 미더운, 얍삽한
лжи́вый 거짓말을 잘하는
очередно́й 다음의
засту́кать *кого* 현장에서 붙잡다
ненагля́дный(-ая) 애인
(с)де́лать вы́бор 선택하다
в конце́ концо́в 마침내

주제 읽기

Текст

Коне́чно, мне бы́ло о́чень оби́дно и бо́льно. Я всё вре́мя **себя́ спра́шивала**: ну почему́ мне так не **везёт с** парня́ми? **Что со мной не так**? И сама́ же себе́ отвеча́ла: наве́рное, я пло́хо **разбира́юсь в** лю́дях, **в** парня́х осо́бенно.

Но где́-то с ме́сяц наза́д я в Интерне́те познако́милась с о́чень прия́тным молоды́м челове́ком. Он весёлый и симпати́чный, кро́ме того́, из состоя́тельной семьи́. Тепе́рь **мы с ним** мно́го вре́мени прово́дим вме́сте. Я о́чень наде́юсь, что у нас с ним всё **полу́чится**, что с ним я, наконе́ц, бу́ду сча́стлива. Так хо́чется вновь обрести́ ве́ру в любо́вь и забы́ть все про́шлые неуда́чные отноше́ния, как стра́шный сон.

물론 나도 너무 화가 나고 마음이 아팠다. 난 왜 이렇게 남자 복이 없을까 계속해서 스스로 되물었다. 내가 뭐가 문제지? 그리고는 스스로 답을 내렸다. 난 아마 사람을 보는 눈이 아예 없는 것 같다. 특히 남자는 더더욱.

그래도 한 달 전쯤 인터넷에서 괜찮은 남자를 하나 알게 됐는데, 성격도 밝고 매력 있는 데다 유복한 가정에서 자란 것 같다. 이제 우리는 많은 시간을 함께 보내고 있다. 이번에는 다 잘되기를, 새 남친과는 행복하기를 간절히 빈다. 다시 한번 사랑을 믿고 싶고, 악몽 같던 실패한 지난 연애는 다 잊고 싶다.

оби́дно 화가 나다
всё вре́мя 계속해서
состоя́тельный 부유한
вновь 다시
обрета́ть-обрести́ *что* 얻다
ве́ра 믿음, 신뢰
неуда́чный 실패한, 운 나쁜
забы́ть, как стра́шный сон
모든 나쁜 기억을 말끔히 잊다

Кому **везёт в** *чём* / **с** *чем* 운이 따르다

무인칭문이므로 동사의 형태는 항상 중성형으로 사용합니다.

▶повезло́ (과거) / везёт (현재) / повезёт (미래)

참고 운이 좋은 사람 **везу́чий челове́к, везу́нчик** разг., **счастли́вчик, счастли́вец (-вица)**
복을 타고 나다 **роди́ться в соро́чке / в руба́шке**

Ты у нас счастли́вчик. Тебе́ всегда́ и **во** всём **везёт**!
넌 진짜 운이 좋은 사람이야. 항상 매사 운이 따라줘!

Ну почему́ мне никогда́ и ни **в** чём не **везёт**? За что мне тако́е наказа́ние?
왜 나는 늘 모든 게 운이 안 따르지? 왜 이런 벌을 받는 걸까?

Счастли́вая ты, Мари́нка! И роди́тели у тебя́ замеча́тельные, и у́чишься на “отли́чно”, и **в** ли́чной жи́зни тебе́ **везёт** не зна́ю как*! Па́рни оди́н друго́го лу́чше!
마리나, 넌 참 복도 많아! 부모님도 훌륭하시고, 너는 성적도 최고인데다 인생도 술술 잘 풀리잖아! 남친도 사귀는 사람마다 다 좋고!

***везёт не зна́ю как** 굉장히 운이 좋다

Получи́лось / полу́чится
(결과가) 나오다, 되다, 이루어지다

회화에서 매우 빈번하게 사용하는 표현입니다. 말 그대로 '어떠한 성과나 결과가 얻어지다 '라는 의미입니다. 아래 예문을 통해 사용하는 맥락을 잘 파악해 봅시다.

Я мно́го раз пыта́лся бро́сить кури́ть, но у меня́ так ничего́ и не **получи́лось**.
담배 끊으려고 여러 번 시도했는데, 결국 실패했어.

Я над бу́дущим серьёзно не заду́мываюсь. По́сле униве́ра бу́ду рабо́тать где **полу́чится**.
나는 미래에 대해 진지하게 생각 안 해. 대학 졸업하면 그냥 되는 데서 일할 거야.

Твёрдо обеща́ть, что прие́ду, не могу́. **Полу́чится** – прие́ду, не **полу́чится** – извини́те.
간다고 확실히 말하긴 어려워요. 되면 가고, 안 되면 죄송하지만 못 가요.

Разбира́ться-разобра́ться в *ком-чём*
잘 알다, 파악하다

разбира́ться-разобра́ться는 '(어떠한 일을) 처리하다'라는 의미로도 사용되며, '어떠한 것을 상세히 알다'라는 의미일 때는 *в чём*과 함께 쓴다는 점 기억하세요.

Я совсе́м не **разбира́юсь в** лю́дях. Из-за э́того у меня́ так мно́го пробле́м в отноше́ниях.
난 정말 사람 볼 줄 몰라. 그래서 인간관계에서 문제가 엄청 많지.

Макси́м прекра́сно **разбира́ется в** компью́терах и информацио́нных техноло́гиях.
막심은 컴퓨터랑 IT에 대한 건 아주 빠삭해.

Я непло́хо **разбира́юсь в** те́хнике, а вот **в** гуманита́рных вопро́сах я по́лный профа́н.
난 기술적인 건 좀 아는데, 인문학적인 문제는 아예 문외한이야.

Кому **пришло́сь** *инф*.
(어쩔 수 없이) 해야 했다

무인칭문이므로 동사의 형태는 항상 중성형으로 사용합니다.
▶пришло́сь (과거) / прихо́дится (현재) / придётся (미래)

Ме́сяц наза́д меня́ бро́сила де́вушка. Тепе́рь она́ встреча́ется с мои́м лу́чшим дру́гом. Мне **пришло́сь** смири́ться с э́тим.
한 달 전 난 여자친구에게 차였다. 지금 그녀는 나의 가장 친한 친구와 사귄다. 난 이 일을 그저 받아들일 수밖에 없었다.

Метро́ уже́ бы́ло закры́то, де́нег на такси́ у меня́ не́ было, домо́й **пришло́сь** идти́ пешко́м.
지하철도 끊기고 택시 탈 돈도 없어서 결국 난 집에 걸어가야만 했다.

Из-за́ коро́навиру́са пое́здку в Евро́пу **пришло́сь** отме́нить.
코로나19 때문에 유럽 일정을 취소할 수밖에 없었다.

대화문 06-2

Диалог

А

Слу́шай, я вчера́ на свида́ние вслепу́ю ходи́ла!

Б

Да ты что!

А

Причём не с одни́м па́рнем, а сра́зу с тремя́!

Б

Ну ты даёшь! А как э́то?

А

Зна́чит, смотри́. Есть специа́льный сайт. Там регистри́руешься и в назна́ченное вре́мя прихо́дишь в кафе́. И кто хо́чет познако́миться, те то́же прихо́дят. Наприме́р, вчера́ бы́ло три па́рня и три де́вушки. Полчаса́ обща́ешься с одни́м па́рнем, полчаса́ с други́м и пото́м ещё с тре́тьим. Если тебе́ кто понра́вился, мо́жно дать ему́ но́мер телефо́на и́ли пря́мо договори́ться ещё о свида́нии.

Б

Ну, и как, кто-нибу́дь понра́вился? Расска́зывай! **Не томи́!**

А

Коро́че, пе́рвый бота́ник како́й-то му́тный. Второ́й – ма́менькин сыно́к, типи́чный. Заче́м они́ мне таки́е нужны́? А вот тре́тий...

Б

Ну, что? Како́й он?

А

Тако́й, зна́ешь, высо́кий, симпати́чный, спорти́вный. И ещё весёлый. Все полчаса́ меня́ смеши́л. Коро́че, я ему́ то́же понра́вилась. За́втра встреча́емся, он меня́ в рестора́н пригласи́л.

대화문

Диалог

Б

Да, кру́то, ты молоде́ц! **Умничка**!

A 있잖아, 나 어제 소개팅했다!

Б 오, 진짜?

A 근데 1명이 아니고, 3명을 연달아 봤어!

Б 말도 안 돼! 어땠는데?

A 한번 들어 봐봐. 사이트가 하나 있는데, 거기서 가입하고 정해진 시간에 카페에 가는 거야. 그럼 소개팅하고 싶은 사람들이 와 있어. 어제 같은 경우에는 남자 셋, 여자 셋이 왔어. 남자 한 명이랑 30분 얘기하고, 그다음 사람이랑 또 30분, 그다음엔 세 번째 사람이랑 얘기하는 거지. 거기서 맘에 드는 사람이 있으면 번호를 주거나 바로 애프터를 잡는 거야.

Б 그래서 어떻게 됐어? 맘에 드는 사람은 있었어? 얼른 얘기해봐!

A 간단히 말하면, 첫 번째 남자는 너드 스타일에 좀 이해가 안 되는 사람이었고, 두 번째 남자는 전형적인 마마보이야. 내가 뭐 때문에 이런 남자들을 만나겠어. 그런데 세 번째는…

Б 응, 세 번째는? 그 사람은 어땠는데?

A 어떠냐면, 키도 크고 호감형에 운동도 좀 한 듯하더라고. 그리고 유쾌해. 30분 내내 그 사람 덕분에 웃었어. 그래서 결론은 그 사람도 내가 마음에 든다는 거야. 내일 만나기로 했어. 그 사람이 레스토랑에서 보자네.

Б 그래, 잘됐다! 대박이네! 아주 잘했어!

대화문

Диалог

어휘 구문

- □ свида́ние вслепу́ю — 소개팅 (blind date)
- □ причём — 그런데, 게다가
- □ (за)регистри́роваться — 등록하다, 가입하다
- □ в назна́ченное вре́мя — 약속 시간에, 정해진 시간에
- □ (по)обща́ться *с кем* — 얘기를 나누다, 놀다
- □ му́тный сленг — 이상한, 이해 안 되는
- □ ма́менькин сыно́к — 마마보이

  파파걸은 **па́пина до́чка**라고 합니다.

- □ бота́ник сленг — 너드(똑똑한 찐따), 지능은 높지만 사회성이 떨어지는 사람

  남성에 대해 사용하는 단어이며, 여성은 **си́ний чуло́к, де́вушка-бота́ник**을 사용합니다

- □ (на)смеши́ть *кого* — 웃게 하다
- □ кру́то — 대박이다, 멋지다

관용구

- □ Да ты что! — 와, 진짜? 정말이야? (예상치 못한 놀라운 이야기에 대한 반응)
- □ Ну ты даёшь! — 말도 안 돼! (놀람, 감탄)
- □ Зна́чит, смотри́. — 자, 들어봐 (이야기를 시작할 때 쓰는 표현)
- □ Не томи́! — 뜸 들이지 마! (Расска́зывай как мо́жно быстре́е, я не могу́ ждать, я не могу́ терпе́ть, потому́ что те́ма необыкнове́нно интере́сная)

  томи́ть는 '지치게 만들다, 고통스럽게 만들다'라는 뜻입니다. '궁금해서 못 견디게 만들다'라고 할 때도 이 동사를 사용합니다. 따라서 **не томи́**는 '궁금해 죽겠으니 어서 말해줘'라는 의미로 쓰였습니다.

- □ Умничка! — 잘했어!

  у́мница (**у́мный челове́к**)의 지소형입니다. 여기서는 똑똑한 사람이라는 의미가 아니라 '잘했어'(**молоде́ц**)라는 의미로 사용되었습니다.

더 알아보기

1 헷갈리는 격지배를 갖는 동사

Спрáшивать-спроси́ть *кого* 묻다

'묻다, 질문하다'라는 뜻의 спрáшивать-спроси́ть는 기초 어휘이지만, 우리말의 문장구조와 차이가 있어서 격을 자주 틀리는 동사입니다. 우리말은 '~에게 묻다'이지만, 러시아어는 кому가 아닌 кого / у кого를 목적어로 취합니다.

본문

Я всё врéмя себя́ спрáшивала: ну почемý мне так не везёт с парня́ми?

예문

Я прочитáл нéсколько произведéний Льва Толстóго и тепéрь всё врéмя **спрáшиваю себя́**: прáвильно ли я живý? Дóбрый ли, хорóший ли я человéк? Как мне стать лýчше и добрéе к лю́дям?

나는 레프 톨스토이의 작품 몇몇을 읽은 후 스스로에게 늘 다음과 같이 묻는다. 내가 올바르게 살고 있는 걸까? 나는 선하고 좋은 사람인가? 어떻게 하면 내가 더 나은 사람이 되고, 사람들을 더 선하게 대할 수 있을까?

Предупреждáть-предупреди́ть *кого* 미리 말하다

이 동사 역시 우리말은 '~에게 미리 말하다, 경고하다, 예고하다' 이지만, 러시아어는 кому가 아닌 кого를 씁니다.

본문

Меня́ предупреждáли, что человéк он скóльзкий и лжи́вый.

예문

А: Алексéй Петрóвич, **вас предупреди́ли**, что совещáние перенесли́ на 16:00? (на шестнáдцать нóль-нóль)

Б: Нет, вы знáете, **меня́** никтó не **предупреждáл**, пéрвый раз слы́шу, спаси́бо.

А: 알렉세이 페트로비치 씨, 회의가 16시로 미뤄졌는데, 연락받으셨나요?

Б: 아니요. 아무도 안 알려주던데요. 처음 들어요. 감사합니다.

2 Мы с ним 나와 그 사람

본문

> Перед э́тим мы с ним ча́сто ссо́рились.
> Тепе́рь мы с ним мно́го вре́мени прово́дим вме́сте.

본문에서 나와 남자친구(я + он)를 가리킬 때, *я с ним이 아니라, 1인칭 복수형을 활용해 мы с ним 이라는 표현을 사용합니다. 즉, '~와 함께'라는 표현을 사용할 때, 해당 인칭의 복수형을 사용해야 합니다.

연습문제

❶ я + ты →

❷ он + де́ти →

❷ ты + подру́га →

정답 ❶ мы с тобо́й ❷ они́ с детьми́ ❸ вы с подру́гой

3 Что со мной не так? 내가 뭐가 문제지?

이 표현은 'what's wrong with me?'라는 뜻으로 '나 뭐가 문제지, 나 왜 이러지'라는 뜻입니다. так은 '그렇게(so)'라는 뜻이며, не так은 '괜찮지 않다, 부적절하다, 문제가 있다'라는 뜻입니다. 추가 예문 을 통해 연습해 봅시다.

예문

Если хо́чешь, могу́ объясни́ть, что с тобо́й не так. То́лько не обижа́йся.
원한다면 네가 뭐가 문제인지 알려줄게. 대신 화내지마.

Мне ка́жется, с э́тим де́лом что́-то не так.
나는 이 일에 뭔가 문제가 있는 것 같아.

В после́днее вре́мя опя́ть у меня́ со здоро́вьем что́-то не так.
요즘 또다시 건강에 문제가 생긴 것 같아.

ТЕМА

07

식습관

Пра́вильно ли мы пита́емся?

핵심 패턴

□ (무엇) 없이는 하루도 살 수 없다	не мо́чь прожи́ть и дня *без кого-чего*
□ 시간이 지남에 따라 (어떻게) 되다	со вре́менем стать *инф.*
□ 포기하다, 중단하다	отка́зываться-отказа́ться *от чего*
□ (무엇) 없이 지내다	обходи́ться-обойти́сь *без чего*

주요 단어

□ 식단, 식사; 영양	пита́ние
□ 건강한 식단	здоро́вое пита́ние
□ 균형잡힌 식단	сбаланси́рованное пита́ние
□ 건강하지 못한 식단	нездоро́вое пита́ние
□ 섭취하다	употребля́ть-употреби́ть *что*
□ 식습관, 식사규칙	режи́м пита́ния
□ 식습관을 지키다(양질의 식단을 제때 적당량 챙겨먹다)	соблюда́ть режи́м пита́ния
□ 먹는 것으로 스트레스를 풀다	заеда́ть стресс
□ 스트레스를 풀다	снима́ть стресс

주제 읽기 07-1

Текст

Сказа́ть открове́нно, я больша́я люби́тельница всего́ о́строго и солёного, да и сла́дкого то́же. И ра́ньше часте́нько быва́ло так: снача́ла я могла́ пое́сть **чего́-нибу́дь о́стренького и́ли солёненького**, а пото́м, без па́узы, за оди́н присе́ст употреби́ть ку́чу сла́дкого, наприме́р, не́сколько пиро́жных и́ли две-три по́рции моро́женого. Мне каза́лось, что так я заеда́ю стресс.

Я **и дня не могла́ прожи́ть без** конфе́т и шокола́да, ча́сто пропуска́ла за́втраки и́ли обе́ды. Так года́м к двадцати́ у меня́ сложи́лась соверше́нно нездоро́вая, мо́жно сказа́ть, поро́чная систе́ма пита́ния.

솔직히 나는 맵고 짜고 단 음식을 아주 좋아한다. 예전에는 주로 맵거나 짠 걸 먹고 나면 곧바로 케이크 몇 조각이나 아이스크림 2~3인분 가량의 달달한 후식을 한꺼번에 잔뜩 먹어 치우곤 했다. 전에는 이렇게 먹으면서 스트레스를 풀었던 것 같다.

나는 초콜릿 없이는 하루도 살 수 가 없었고, 아침이나 점심을 자주 걸렀다. 이렇게 20대에 나는 건강하지 않은, 말하자면, 아주 엉망인 식습관을 가지게 되었다.

люби́тель/люби́тельница
(무언가를) 좋아하는 사람, 애호가; 아마추어

часте́нько 꽤 자주

да и 게다가

без па́узы 곧바로, 쉬지 않고

за оди́н присе́ст 한번에, 단숨에, 아주 빨리

ку́ча *чего* 다량, 다수

по́рция 1인분

(по)каза́ться ~인 것 같다, ~라고 생각된다

пропуска́ть-пропусти́ть *что* 거르다, 빼먹다

мо́жно сказа́ть 말하자면, 이를테면

скла́дываться-сложи́ться
이루어지다, 형성되다, 지어지다

поро́чный 나쁜, 잘못된, 결함이 있는

систе́ма 체계, 제도, 방식, 습관

주제 읽기

Текст

Но **со вре́менем** я, наконе́ц, **ста́ла** понима́ть, наско́лько э́то ва́жно – пра́вильное пита́ние. Я **отказа́лась от** газиро́вки и вме́сто неё ста́ла пить то́лько во́ду и вообще́ забо́титься о том, что́бы пита́ние бы́ло разу́мным, сбаланси́рованным.

Тепе́рь вме́сто вре́дной еды́ я стара́юсь употребля́ть в пи́щу побо́льше све́жих овоще́й и фру́ктов, йо́гуртов со зла́ками; соблюда́ю режи́м пита́ния. Но, коне́чно, не заци́кливаюсь на дие́тах и жёстко себя́ не ограни́чиваю. И е́сли иногда́ о́чень хо́чется чего́-то о́стренького и́ли сла́денького, то позволя́ю себе́ съесть немно́го. **Обхожу́сь**, как ви́дите, **без** фанати́зма.

그런데 시간이 지나면서 이제는 올바른 식단이 얼마나 중요한지 점차 깨닫게 되었다. 탄산음료를 끊고 물을 마시기 시작했고, 합리적이고 균형적인 식단에 신경 쓰기 시작했다.

지금은 건강에 안 좋은 음식 대신, 신선한 과일과 채소, 곡물 시리얼을 곁들인 요거트를 더 많이 먹으려고 노력하고, 끼니는 제때 챙겨 먹는다. 그렇지만 식사량을 줄이는 데 집착하거나 엄격하게 스스로를 제한하지는 않는다. 가끔 맵거나 단 게 당길 때는 조금씩 먹는 것도 허용한다. 이렇듯 (식단관리에) 너무 맹목적으로 매달리지는 않는다.

со вре́менем 시간이 지남에 따라
вме́сто *чего* 대신에
забо́титься *о ком-чём* 신경쓰다, 보살피다
употребля́ть-употреби́ть в пи́щу 섭취하다
злак 곡류, 시리얼
заци́кливаться *на чём* 집착하다
дие́та 식이요법, 다이어트
ограни́чивать-ограни́чить *что* 제한하다, 제약하다
позволя́ть-позво́лить *кому* **+** *инф.* 허용하다, 가능케 하다
фанати́зм 맹목, 광기

Не мо́чь прожи́ть и дня без *кого-чего*
~ 없이는 하루도 못 산다

и는 주로 '그리고'라는 의미로 사용되지만, '~도, 심지어' 등 강조의 의미로도 사용됩니다.

Настоя́щий коре́ец **не мо́жет прожи́ть и дня без** кимчи́.
진짜 한국인은 김치 없이 하루도 못 산다.

Без но́вых "ла́йков" я **не могу́ прожи́ть** не то что* **дня** – десяти́ мину́т!
난 '좋아요' 없이는 하루는커녕 10분도 못 산다. ***не то что** ~은커녕, ~은 고사하고

Он **и дня не мо́жет прожи́ть без** того́, что́бы не узна́ть чего́-то но́вого и интере́сного.
그는 새롭고 흥미로운 것을 알아가는 경험 없이는 하루도 살 수가 없다.

Со вре́менем ста́ть *инф*.
시간이 가면서 점차 ...하게 되다

со вре́менем은 '시간이 지남에 따라'라는 뜻입니다. 여기서 전치사 с는 어떠한 시기의 도래를 의미합니다. 유사한 표현으로는 с во́зрастом (나이가 듦에 따라), с года́ми (시간이 지남에 따라) 등이 있습니다. 불완료상 동사인 станови́ться를 사용하는 경우, 동사원형 대신 조격 명사 또는 형용사를 씁니다.

Со вре́менем мы, когда́-то неразлу́чные друзья́, **ста́ли** всё бо́льше отдаля́ться друг от дру́га.
한때는 꼭 붙어 다니던 친구였던 우리는 시간이 지나면서 점점 멀어졌다.

Не́которые супру́ги **со вре́менем стано́вятся** похо́жими друг на дру́га, как брат и сестра́.
어떤 부부들은 시간이 가면서 형제자매처럼 점점 닮아간다.

Со вре́менем ста́ло преде́льно я́сно, каку́ю ужа́сную оши́бку мы соверши́ли.
시간이 지나면서 우리가 저지른 실수가 얼마나 끔찍한 것인지 점점 더 확실해졌다.

Отка́зываться-отказа́ться от *чего*
거절하다, 포기하다, 중단하다

참고
отка́зывать-отказа́ть кому + в чём 거절하다
Мне отказа́ли в приёме на рабо́ту. 나는 채용에서 탈락했다.

Я до сих пор жале́ю, что **отказа́лся от** предложе́ния перейти́ на рабо́ту в э́ту компа́нию.
난 이 회사의 이직 제안을 거절한 것이 지금까지 후회된다.

Сего́дня – небыва́лый слу́чай! – я **отказа́лась от** у́треннего ко́фе в по́льзу* зелёного ча́я!
오늘은 해가 서쪽에서 뜰 일이야! 내가 모닝커피를 안 마시고 녹차를 마셨거든.

***в по́льзу** *кого-чего* ~을 위해, ~에 유리하게

Быва́ют таки́е предложе́ния, **от** кото́рых невозмо́жно **отказа́ться**.
때로는 거부할 수 없는 제안들이 있다.

Обходи́ться-обойти́сь без *чего*
~ 없이 지내다

обходи́ть-обойти́는 '우회해 가다, 둘레를 돌아가다, 추월하다' 등의 뜻을 가진 동사입니다. 이번에 배우는 구문에 쓰인 동사는 -ся가 붙은 재귀동사라는 점 주의하세요.

Я ем всего́ два ра́за в день. Иногда́ **обхожу́сь без** за́втрака, иногда́ **без** у́жина.
저는 하루에 두 끼만 먹어요. 아침 식사를 안 하거나 때로는 저녁을 걸러요.

Я могу́ **обойти́сь без** мно́гих веще́й. Но без ко́фе и смартфо́на – никогда́!
난 없어도 살 수 있겠다 싶은 물건이 참 많은데, 그래도 커피랑 스마트폰은 꼭 있어야 돼!

Бою́сь, что **без** ва́шего сове́та мне в э́той непросто́й ситуа́ции не **обойти́сь**.
당신의 조언 없이는 이 어려운 상황을 타개할 수 없을 것 같아 걱정입니다.

대화문 07-2

Диалог

А

Га́мбургер?! Пи́цца?! И ещё запива́ешь "Ко́ка-Ко́лой"?! Ты с ума́ сошёл?! Как ты мо́жешь есть и пить таку́ю га́дость?! Это же ме́дленное самоуби́йство!

Б

Не по́нял. Блин, **а что тако́го? Что хочу́, то и** ем!

А

Ну как же ты не понима́ешь?! Это всё вре́дные проду́кты!

Б

Да кака́я ра́зница?! Я есть хочу́! Тем бо́лее, я абсолю́тно здоро́вый челове́к.

А

Послу́шай меня́, пожа́луйста, здоро́вый челове́к. Пока́ челове́к молодо́й, он, действи́тельно, мо́жет есть всё что уго́дно. Но е́сли постоя́нно пита́ться, вот как ты сейча́с, то все э́ти вре́дные вещества́ нака́пливаются в органи́зме, и уже́ по́сле 30-ти (тридцати́) мо́гут нача́ться серьёзные пробле́мы со здоро́вьем.

Б

Слу́шай, не грузи́, **дай пое́сть споко́йно**. – Хотя́, да, я, е́сли че́стно, **что́-то тако́е слы́шал**. Но ка́к-то серьёзно не относи́лся. **Не до** того́ бы́ло. – Так **э́то са́мое**, каки́е проду́кты поле́зные, каки́е вре́дные?

А

Коро́че, я тебя́ сейча́с грузи́ть не бу́ду. Я соста́влю спи́сочек и ски́ну тебе́ на страни́цу. Доеда́й пока́ свой га́мбургер.

Б

Спаси́бочки, ты настоя́щий друг!

대화문 Диалог

А 햄버거에, 피자?! 거기다가 콜라까지 마신다고?! 미쳤다 진짜! 넌 어떻게 이런 저질 음식을 먹고 마시는 거야?! 서서히 너 자신을 죽이는 거라고!

Б 무슨 소리야. 아니, 뭐가 어때서 그래? 내가 먹고 싶은 대로 먹을 거야!

А 아니, 무슨 말인지 모르겠다니?! 이거 다 몸에 해로운 음식이잖아!

Б 무슨 상관이야?! 먹고 싶은데! 그리고 나 완전 건강한데.

А 내 말 좀 들어봐, 건강체질씨. 사실 젊을 때는 뭐든 먹을 수 있지. 그런데 네가 먹는 것처럼 그렇게 계속 먹으면, 해로운 물질이 몸에 쌓여서 30대 이후부터는 건강에 심각한 문제가 생길 수 있어.

Б 아이, 그만 잔소리해. 나 좀 편안히 먹게 놔둬. 하긴, 그래. 솔직히 그런 말을 듣긴 했는데, 그렇게 심각하게 생각하지 않았어. 거기까지는 신경을 안 썼지. 그럼 어떤 음식이 몸에 좋고, 어떤 게 나쁜데?

А 정리하자면, 이제 너한테 듣기 싫은 소리는 그만하고, 내가 목록을 만들어서 네 SNS 페이지로 보내 줄게. 그동안 햄버거나 먹고 있어.

Б 고마워. 너야말로 진짜 친구야!

어휘 구문

□ запива́ть-запи́ть *что* + *чем*	(что을 먹은 뒤에 바로 чем을) 마시다
□ га́дость	불쾌한 것, 하찮은 것, 나쁜 것; 비열한 짓
□ с ума́ сойти́	미치다
□ самоуби́йство	자살
□ блин	젠장, 제길 (부정적 감정을 표현)
□ грузи́ть сленг	쓸데없는 말을 많이 하다, 듣기 싫은 말을 하다
□ действи́тельно	정말, 진짜, 실제로
□ пита́ться *чем*	먹다; 양분을 얻다, 생계를 이어가다
□ веществó	물질, 성분
□ нака́пливаться-накопи́ться	축적되다
□ органи́зм	유기체; 육체, 몸
□ относи́ться-отнести́сь *к чему*	대하다; 태도를 갖다, 생각하다

대화문 Диалог

□ составля́ть-соста́вить *что* 작성하다; 구성하다

□ ски́дывать-ски́нуть *что* разг. (메시지, 사진, 동영상, 링크) 보내다, 발송하다

□ доеда́ть-дое́сть 끝까지 먹다

관용구

□ Не по́нял (поняла́) 무슨 소리야, 뭐라고 하는지 모르겠네

"Я не понима́ю, почему́ ты сейча́с так говори́шь". 라는 의미로 단순히 말 자체의 뜻을 이해하지 못했다는 의미가 아니라 상대방이 왜 그렇게 말을 하는지 이해할 수 없다는 뉘앙스로 쓰입니다.

□ Что тако́го? 이게 뭐 어때서?

"На мой взгляд, я не де́лаю ничего́ плохо́го, всё норма́льно, всё хорошо́."라는 의미로 더 구어적인 표현으로는 "А чё tако́ва?"라고 말하기도 합니다.

□ Что хочу́, то и ...! 하고 싶은 대로 ~을 할 거야!

예문

Что хочу́, то и пью! 내가 마시고 싶은 거 마실 거야!

Что хочу́, то и смотрю́! 내가 보고 싶은 거 볼 거야!

С кем хочу́, с тем и встреча́юсь! 내가 원하는 사람 만날 거야!

□ Ну как же ты не понима́ешь?! 무슨 말인지 모르겠다니?! (이런 당연한 걸 어떻게 모를 수 있어)

□ Кака́я ра́зница? 무슨 상관이야, 상관없어 (직역: 무슨 차이야?)

□ Дай *инф.* споко́йно ~하도록 좀 내버려 둬

예문

Дай футбо́л споко́йно посмотре́ть. 축구 좀 보게 내버려 둬

Дай отдохну́ть споко́йно. 좀 쉬게 내버려 둬

□ Что́-то тако́е слы́шал(-а) 전에 그런 얘길 들어본 적이 있어

□ Не до того́ бы́ло 그것까지 신경 쓸 겨를이 없었어

не до *чего*는 '~까지 신경 쓸 여력이 없다'는 뜻입니다.

예문

Мне сейча́с не до любви́. 나는 지금 연애할 여력이 없어

□ Это са́мое 음, 있잖아

'음, 있잖아, 저기'처럼 말 중간에 별 의미 없이 끼워 넣는 추임새(сло́во-парази́т)입니다.

1 Поéсть чегó-нибýдь óстрого 부분생격

본문에 사용된 동사 поéсть는 대격을 목적어로 취하는 동사입니다. 하지만 여기서는 목적어 자리에 생격 형태가 쓰였습니다. 부분격으로서 대상의 일부(조금, 약간)를 나타낼 때 쓰입니다. 다시 말해, 대상의 수량과 관련이 있을 때 사용합니다. 그리고 일부 남성 명사는 -у/-ю를 어미로 취하기도 합니다(чáю, сáхару 등).

예문

Воды́! Скорée **воды́**! И таблéтки! Дéдушке плóхо!
물 좀 주세요! 빨리 물 좀! 그리고 약도요! 할아버지가 안 좋으셔요!

▶ 물 전체가 아니라 약간의 물을 가리키며, 양과 관련이 있으므로 생격

Чтóбы желýдок нормáльно рабóтал, нáдо пить **вóду**, а не газúровки.
위장 활동이 원활하게 이뤄지도록 하려면 탄산이 아닌 물을 마셔야 한다.

▶ '물'이라는 하나의 유형을 나타내는 총칭 표현이며, 양과 관련이 없으므로 대격

연습문제 다음 빈칸에 вóдка를 알맞은 형태로 넣어보세요.

❶ Я ___________ не пью, тóлько пúво и конья́к.

저는 보드카는 안 마시고, 맥주랑 코냑만 마셔요.

❷ На ýлице бы́ло ужáсно хóлодно, я стрáшно замёрз и, придя́ домóй, вы́пил ___________, чтóбы согрéться.

혹한에 몸이 꽁꽁 얼어버린 나는 집으로 돌아와 몸을 데우기 위해 보드카를 좀 마셨다.

정답 ❶ вóдку ❷ вóдки

2 Года́м к двадцати́ 대략적인 수량

본문

Так года́м к двадцати́ у меня́ сложи́лась соверше́нно нездоро́вая, мо́жно сказа́ть, поро́чная систе́ма пита́ния.

본문에서는 일반적인 어순인 к двадцати́ года́м이 도치되어 있습니다. 수사와 단위의 순서를 바꾸어 대략적인 수량을 나타내는 것입니다.
전치사가 있는 경우는 단위 + 전치사 + 수사 순서가 됩니다.

5년	пять лет	5년쯤	лет пять
5년 후에	че́рез пять лет	5년쯤 후에	лет че́рез пять

연습문제 다음의 빈칸을 채워 넣어 러시아어 문장을 완성해 보세요. 전치사가 필요한 경우, 전치사도 넣어주세요.

❶ Мы не ви́делись, наве́рное, __________, е́сли не бо́льше.
우리가 못 본 지 한 20년도 더 된 것 같아.

❷ Интере́сно, что бу́дет с на́шей страно́й и вообще́ с ми́ром __________?
30년쯤 후에는 우리나라와 전 세계에 어떤 일이 일어날지 궁금하다.

❸ А: Ско́лько вре́мени вам ну́жно? 다 하려면 시간이 얼마나 걸려요?
Б: Ду́маю, __________ упра́влюсь. 3시간 정도면 다 처리할 것 같아요.

❹ А: Когда́ за́втра в ба́ре встреча́емся? 내일 바에서 언제 볼까?
Б: Подходи́ __________. 7시쯤까지 와.

❺ А: Интере́сно, ско́лько така́я кварти́ра сто́ит? 이런 아파트는 얼마나 해?
Б: __________, не ме́ньше. 500~550만 루블 이상일걸.

정답 ❶ лет два́дцать ❷ лет че́рез три́дцать ❸ часа́ за́ три
❹ часа́м (ча́сикам) к семи́ ❺ Миллио́нов пять-пять с полови́ной

3 음식 관련 어휘

음식과 관련된 다양한 어휘를 예문을 통해 익히고, 어휘 간 차이를 파악해 봅시다.

едá 1) 요리된 음식, 먹을 수 있게 차려진 음식 (구체적) 2) 식사 (구어체)	Мóйте рýки пéред **едóй**. 식사 전에 손을 씻으세요. ▶ 먹을 수 있게 차려진 구체적 음식 Если мы полетúм тóлько зáвтра вéчером, то сейчáс всё для нас должнó быть бесплáтно: и **едá**, и гостúница, и автóбусы! Мы ничегó вам платúть не бýдем! 내일 저녁 때나 되야 비행기가 뜰 수 있다고 하면, 밥, 호텔, 버스까지 지금 다 공짜로 해줘야죠! 우리는 한 푼도 못 내요! ▶ 구어체
пúща 1) 음식 (추상적) 2) 마음의 양식	Без **пúщи** человéк мóжет прожúть нéсколько недéль, а без воды́ – всегó два úли три дня. 사람은 음식 없이는 몇 주를 살 수 있지만, 물이 없으면 겨우 2~3일 밖에 버티지 못한다. ▶ 추상적 음식 관용구 **употреблять в пúщу** 먹다, 섭취하다 Старáйтесь **употреблять в пúщу** бóльше овощéй и фрýктов. 채소와 과일을 더 섭취하려고 노력하세요. **пúща для размышлéний** 마음의 양식 Книга даёт богáтую **пúщу для размышлéний**. 책은 풍부한 마음의 양식이다.
питáние 1) 음식, 식단; 영양 2) 식사 (문어체)	продýкты **питáния** 식품 (óвощи, фрýкты, мя́со, птúца 등 요리되지 않은 식재료) При задéржке рéйса пассажúр имéет прáво на бесплáтное **питáние**, проживáние и трансфéр. 항공편 지연 시, 승객은 식사, 숙박, 교통편을 무상으로 제공받을 권리가 있다. ▶문어체, ***еда*** 보다 격식있는 표현
блю́до 요리	식재료(продýкты питáния)를 가지고 조리한 결과물. суп, борщ, мясны́е блю́да, ры́бные блю́да 등.
диéта 식이요법, 다이어트	Больнóму нýжно соблюдáть стрóгую **диéту**. 환자는 철저히 식이요법을 지켜야 한다.
пóрция 1인분, 1회 제공량	**Едá** здесь óчень вкýсная, а вот **пóрции** маловáты! 여긴 음식은 맛있는데 양이 적어.

쉬어가기

러시아의 모든 것, 시인 푸시킨

Пу́шкин – э́то на́ше всё!

시인이자 문학비평가인 아폴론 그리고리예프(1822~1864)가 남긴 말입니다. 우리나라에서는 '삶이 그대를 속일지라도'라는 시로 유명한 푸시킨은 러시아 문학을 크게 발전시키고 현대 러시아어의 토대를 다진 러시아의 국민 작가입니다. '푸시킨은 우리의 전부이다'라고 할 만큼 러시아의 정신, 문화, 정체성의 핵심인 것이죠.

이 표현에서 '푸시킨' 대신에 다양한 단어를 넣어 '아주 중요하고 의미 있다'는 뜻을 전달할 수 있습니다.

Нефть и газ – **э́то на́ше всё**! 석유와 가스는 우리의 전부이다!

Бале́т – **э́то на́ше всё**! 발레는 우리의 전부이다!

Кимчи́ – **э́то на́ше всё**! 김치는 우리의 전부이다!

Кей-по́п и дора́мы – **э́то на́ше всё**! 케이팝과 드라마는 우리의 전부이다!

Пу́шкин отдыха́ет!

이 표현을 직역하자면 '푸시킨이 쉬고 있다'는 뜻으로 '푸시킨에게 버금간다, 푸시킨도 울고 갈 정도다' 정도의 의미로 이해할 수 있습니다. 뛰어남을 익살스럽게 표현하는 말입니다. '푸시킨' 대신 다른 위인이나 명소를 넣을 수도 있습니다.

Преподава́тель: Ну что ж, Анастаси́я, вы написа́ли прекра́сный текст. **Пу́шкин отдыха́ет**!

강사: 오, 아나스타시야, 글이 멋진걸요. 푸시킨도 울고 갈 정도예요.

Режиссёр: Ну, как тебе́ мой фильме́ц? Понра́вился?

Кинокри́тик: Гениа́льно! **Голливу́д отдыха́ет**!

감독: 내 영화 어땠어요? 마음에 들어요?

영화 평론가: 대단하던데! 할리우드 저리 가라야!

TEMA

08

반려동물

Домáшние питóмцы

핵심 패턴

- ☐ 결정을 내리다 — принимáть-принять решéние *инф./о чём*
- ☐ 적응하다 — привыкáть-привы́кнуть *к чему*
- ☐ 최소 — как ми́нимум
- ☐ 넘쳐나다 — нéкуда девáть

주요 단어

- ☐ 반려동물 — домáшние питóмцы
- ☐ 동물 보호소 — приют для живóтных
- ☐ 개를 데려오다, 입양하다 — взять собáчку
- ☐ 털 색 — окрáс
- ☐ 개 (수컷) — пёсик
- ☐ 개짖는 소리 — лай
- ☐ 산책시키다 — выгу́ливать-вы́гулять *кого*
- ☐ 난장판을 만들다 — переворáчивать-перевернýть всё вверх дном
- ☐ 쓰다듬다 — (по)глáдить *кого*

주제 읽기 08-1

Текст

Мы до́лго ду́мали и, наконе́ц, **при́няли** на семе́йном сове́те **реше́ние** взять соба́чку из прию́та для живо́тных. Ей нет ещё и го́да, у неё о́чень симпати́чный жёлтый окра́с, поэ́тому мы назва́ли её Ма́нго.

Хотя́ на са́мом де́ле э́то он, пёсик. В пе́рвые дни, **как** мы его́ взя́ли, бы́ло ви́дно, что ему́ у нас неую́тно, но пото́м он бы́стро **привы́к к** но́вому до́му и тепе́рь с ра́достным ла́ем **но́сится** по всем ко́мнатам.

우리는 심사숙고 끝에 가족회의를 거쳐 동물 보호소에서 강아지 한 마리를 입양하기로 결정했다. 나이는 1살이 채 안 되었고, 노란 털이 귀여워서 이름을 망고라고 지었다.

사실 망고는 수컷이다. 처음 집에 데려 왔을 때는 어색해 하는 모습이었지만, 곧 새집에 적응해서 지금은 신나게 짖으며 온 집안을 휘젓고 다닌다.

семе́йный сове́т 가족회의
называ́ть-назва́ть ***кого + кем / кто*** 이름을 붙이다
прию́т 보호소, 보호시설
на са́мом де́ле 사실
ви́дно ~처럼 보인다, ~이 분명하다
носи́ться-нести́сь 질주하다, 빠르게 달리다
неую́тно 불편하게, 아늑하지 않게
ра́достный 기쁜, 즐거운

주제 읽기

Текст

Ма́нго пёсик о́чень акти́вный, непосе́дливый, выгу́ливать его́ на́до **как ми́нимум** два ра́за в день. Ина́че ему́ **не́куда дева́ть** эне́ргию, и тогда́ он начина́ет грызть дома́шние та́почки, таска́ть поду́шки с дива́на, коро́че, **перевора́чивает всё вверх дном**.

А когда́ мы его́ руга́ем, он смо́трит **таки́ми** жа́лобными глаза́ми, **что** мы бо́льше не мо́жем на него́ серди́ться, а начина́ем ти́скать да гла́дить.

이렇게 망고는 아주 활발하고 가만히 앉아 있질 못하는 녀석이라 하루에 최소 두 번은 산책을 꼭 시켜줘야 한다. 산책을 안 시켜준 날에는 에너지를 주체하지 못해 슬리퍼를 물어뜯고, 소파에서 쿠션을 끌고 내려가곤 한다. 한 마디로 집을 엉망으로 만들어 놓는다.

우리가 혼을 낼 때면 불쌍한 눈으로 쳐다봐서 더 이상 화를 내지 못하고 꼭 끌어안고 쓰다듬어 줄 뿐이다.

непосе́дливый 가만히 못 있는
дева́ть-деть *что + куда* 놓다, 두다
(раз)грызть *что* 갉아먹다, 깨물다
та́почки 슬리퍼
таска́ть-тащи́ть *что*
끌고 다니다, 나르다, 가져오다
жа́лобный 불쌍한, 애처로운
серди́ться *на кого* 화내다
ти́скать 꼭 껴안다
да 그리고 (= и)

Принима́ть-приня́ть реше́ние *инф.*
결정을 내리다

реша́ть-реши́ть *инф.* 과 같은 뜻이지만, 이보다 더 격식 있는 표현입니다.

Де́сять раз поду́майте, пре́жде чем **приня́ть реше́ние** поменя́ть ме́сто рабо́ты. Не факт, что там вам бу́дет лу́чше.
이직을 결정하기 전에 10번은 생각하세요. 거기가 더 낫다는 보장이 없습니다.

Мы до́лго, о́чень до́лго ду́мали и в конце́ концо́в на семе́йном сове́те **при́няли реше́ние** перее́хать на ПМЖ в Кана́ду.
우리는 고심 끝에 가족회의를 거쳐 캐나다 이민을 결정했다.

Колле́ги, нам предстои́т **приня́ть** непросто́е **реше́ние**: и́ли увольне́ние десяти́ сотру́дников, и́ли сокраще́ние зарпла́т – всем!
사원 여러분, 우리는 10명 해고 혹은 전원 급여 삭감이라는 어려운 결정을 내려야만 합니다.

Привыка́ть-привы́кнуть к *чему*
적응하다, 익숙해지다

к чему 대신 동사원형을 사용할 수도 있습니다.

반의어 **отвыка́ть-отвы́кнуть *от чего*** 습관이 없어지다

Ника́к не могу́ **привы́кнуть к** коре́йской ку́хне. Така́я о́страя!
한국 음식은 도저히 적응이 안 돼. 너무 매워!

В но́вой компа́нии я дово́льно бы́стро **привы́к** и **к** но́вому коллекти́ву, и **к** атмосфе́ре.
나는 새로운 회사의 동료들과 분위기에 꽤 빨리 적응했다.

Я на пе́нсии уже́ по́лго́да, но всё ника́к не могу́ **привы́кнуть к** тому́, что у́тром бо́льше не на́до собира́ться и идти́ на рабо́ту.
벌써 퇴직한 지 반년이 됐는데, 아침에 출근을 안 해도 된다는 게 아직도 전혀 적응이 안 돼.

Как ми́нимум 최소, 적어도

반의어 **как ма́ксимум** 최대, 많아야

Я должна́ **как ми́нимум** ра́за два-три в день вы́пить ча́шечку своего́ люби́мого капучи́но. Ина́че я не челове́к*.
난 카푸치노를 하루에 최소 2~3잔은 마셔줘야 한다. 안 그러면 살 수가 없다.

*не челове́к 컨디션이 매우 나쁘다

Моя́ рабо́та свя́зана с ча́стыми командиро́вками – **как ми́нимум**, раз в ме́сяц. Это так выма́тывает!
나의 업무는 최소 한 달에 한 번 수준으로 출장이 잦다. 정말 너무 지친다!

Врачи́ наста́ивают: по́сле 40-ка (сорока́) лет вы должны́ **как ми́нимум** раз в год проходи́ть ко́мплексное медици́нское обсле́дование.
의사들은 40세부터는 적어도 매년 1번씩 종합건강검진을 받아야 한다고 말한다.

Не́куда дева́ть *что* разг.

넘치다, 남아돌다

дева́ть는 '감춰 두다, 숨겨 두다'라는 뜻입니다. 따라서 이 표현을 직역하자면 '~을 감출 곳이 없다'는 뜻이며, '무언가가 (감출만한 데가 없을 정도로) 매우 많다'고 말할 때 사용합니다. 이 구문은 무인칭문이므로, 의미상의 주어는 여격으로 써주어야 합니다.

Оде́жды и о́буви у нас уже́ сто́лько, что их **дева́ть не́куда**: все шкафы́ заби́ты.
옷과 신발이 하도 많아서 둘 데가 없다. 수납장이 전부 꽉 차버렸다.

В э́том году́ помидо́ров и огурцо́в у нас на да́че вы́росло сто́лько, что их уже́ **не́куда дева́ть.**
올해는 다차에 토마토와 오이가 아주 많이 자라서 둘 데가 없을 정도로 넘쳐난다.

Я уже́ на пе́нсии; свобо́дного вре́мени сто́лько, что его́ **не́куда дева́ть.**
퇴직하고 보니 시간이 남아돌 만큼 많다.

대화문 08-2 Диалог

А

Бо́же мой! Кака́я пре́лесть! Како́е чу́до! Отку́да э́то у тебя́!

Б

Представля́ешь, на рабо́те у одно́й же́нщины соба́чка до́ма щенко́в принесла́, одного́ мне предложи́ла, я и взяла́.

А

Како́й симпати́чный, како́й ми́ленький! А как **нас** зову́т?

Б

Мы Дже́рри. Дже́рри, скажи́: “Я Дже́рри”.

А

Дже́рри, Джерре́чка! **Дай я тебя́ погла́жу**! Ой, кака́я у тебя́ шёрстка – мя́гкая, шёлковая, волни́стая! А мо́рдочка кака́я! Како́й же ты краси́вый, Джерре́чка! Очарова́шка!

Б

Да, Дже́рри у нас краса́вчик. Пра́вда, Дже́рри?

А

Пра́вда, коне́чно, пра́вда! – А хлопо́т мно́го с ним?

Б

Нет, ну что ты! Каки́е хло́поты? Это же тако́е сча́стье, така́я ра́дость!

대화문 Диалог

А 어머나, 너무 귀엽다! 신기해 죽겠다! 어디에서 데려왔어?

Б 그게 어떻게 된 거냐면, 직장 동료네 강아지가 새끼를 낳은 거 있지. 한 마리 입양할 거냐고 물어봐서 내가 데려왔어.

А 정말 예쁘고, 귀엽다! 우리 강아지는 이름이 뭐야?

Б 저는 제리예요. 제리야, "저는 제리예요"라고 해봐.

А 제리야, 우리 제리! 내가 한번 쓰다듬어 줄게! 어머, 털 좀 봐. 실크같이 부드럽고 복슬복슬하네. 얼굴은 또 어떤지! 너무 예쁘다, 우리 제리! 귀염둥이!

Б 맞아, 우리 제리 예뻐요. 그렇지, 제리야?

А 맞아요, 당연하죠! 그런데 강아지 키우면 신경 쓸 일이 많지 않아?

Б 아니, 무슨 얘기야! 일이라니. 행복하고 즐겁기만 한걸.

어휘 구문

□ щенóк (복 щенки́)	강아지
□ принести́	낳다; 가져오다
□ Собáка принеслá щенкóв.	개가 새끼를 낳았다. (= У собáки родили́сь щенки́)
□ ми́ленький	귀여운 (ми́лый의 지소형)
□ шёрстка	털 (шерсть의 지소형)
□ шёлковый	비단, 실크 같은
□ волни́стый	곱슬곱슬, 구불구불한, 물결무늬의
□ мóрдочка	동물의 얼굴 (мóрда의 지소형)
□ очаровáшка	귀염둥이, 매력덩어리
□ красáвчик	미남, 훈남(красáвец)의 지소형
□ хлóпоты (복생 хлопóт)	수고로움, 걱정거리, 뒤치다꺼리

대화문에서는 강아지를 먹이고(корми́ть, пои́ть) 산책시키고(гуля́ть с ним) 돌보는 것(забóтиться о егó хорóшем самочу́вствии и т. д.)을 хлóпоты로 표현하고 있습니다.

대화문 Диалог

관용구

- □ бóже мой! 어머나 (oh my God!) (감탄)
- □ какáя прéлесть! 너무 귀엽다, 멋지다! (прéлесть 매력)
- □ представляéшь 있잖아, 얘기하자면 그래, 상황은 이러해 (상황을 설명하기에 앞서 관심을 환기하는 표현)
- □ А как нас зовýт? 이름이 뭐예요?
  Мы Джéрри 제 이름은 제리에요!

  여기서 нас, мы 를 사용한 것은 아이나 강아지를 대할 때 사용하는 부드러운 말투입니다. 러시아어로는 сюсю́канье라고 해요.

- □ Дай я тебя́ поглáжу! 쓰다듬어 줄게! 쓰다듬어도 될까? (= Разреши́ мне тебя́ поглáдить)

  동사 дать는 '~하도록 하다, ~을 허용하다 (let)'라는 의미도 있습니다. 여기서는 дать 동사의 명령형을 사용해 '~해줄게' 라는 의미로도 쓰였습니다.

  예문

  Дай я тебя́ поцелýю. 내가 뽀뽀해줄게.

  Дай я тебя́ обнимý. 한번 안아보자.

- □ Нет, ну что ты! 그게 무슨 말이야! 전혀 아니야!

1 Нести́сь-носи́ться 질주하다, 빠르게 달리다

본문

Соба́ка с ра́достным ла́ем но́сится по всем ко́мнатам.

идти́와 ходи́ть의 차이를 기억하시죠? 기초 문법에서 이동동사의 정태(한 방향)와 부정태(여러 방향) 개념을 배웠는데요. '질주하다 '라는 의미를 지닌 носи́ться(부정태)-нести́сь(정태)도 마찬가지입니다. 본문에서는 강아지가 방마다(по всем ко́мнатам) 뛰어다니는 모습을 묘사하기 위해 부정태 동사를 썼습니다.

연습문제 주어진 동사 중 알맞은 형태를 골라보세요.

❶ Де́ти как сумасше́дшие [несу́тся - но́сятся] по всему́ рестора́ну, а их роди́тели не обраща́ют на э́то никако́го внима́ния. Безобра́зие!
아이들이 미친 듯이 온 식당을 뛰어다니는데, 부모들은 신경도 안 써! 그게 무슨 꼴이야.

❷ И вдруг я уви́дела огро́мную чёрную соба́ку, кото́рая с гро́мким ла́ем [несла́сь - носи́лась] пря́мо на меня́. Я от стра́ха не могла́ пошевели́ться, засты́ла, как вко́панная.
갑자기 시커멓고 커다란 개가 나한테 막 짖으며 달려드는데, 너무 무서워서 움직이지도 못하고 그 자리에서 굳어버렸어.

❸ Шко́льники как сумасше́дшие [несу́тся - но́сятся] по двору́ во вре́мя переме́ны.
학생들은 쉬는 시간이 되자 운동장을 미친 듯이 뛰어다녔다.

❹ Ба́йкеры, це́лая коло́нна, как сумасше́дшие [несу́тся - но́сятся] по на́шему проспе́кту куда́-то в центр го́рода.
오토바이들이 대열을 이루며 어딘가 시내 중심을 향해 큰길을 따라 미친 듯 질주했다.

❺ А: Ты куда́ э́то как сумасше́дший [но́сишься - несёшься] ?
너 어디를 그렇게 미친 사람처럼 가는 거야?

Б: В са́дик, до́чку забра́ть на́до. Уже́ полседьмо́го, а там до 6-ти́ то́лько!
유치원에 딸 픽업가야 돼. 벌써 6시 반이야. 거기 6시까지인데!

정답 ❶ но́сятся ❷ несла́сь ❸ но́сятся ❹ несу́тся ❺ несёшься

2 Не́куда ~할 곳이 없다

кому + не́куда + *инф*.의 형태로 쓰입니다. не́куда뿐 아니라 아래 예문처럼 다양한 의문사와 결합하여 쓰이기도 합니다. что / кто는 동사에 따라 격변화를 하며, 전치사가 쓰이는 경우 전치사는 не와 кто / что 사이에 위치하게 됩니다. 예문 통해 쓰임을 익혀 보세요.

예문

не́когда ~할 시간이 없다

Мне **не́когда**! Пото́м разберёмся.
나 시간 없어! 나중에 알아보자.

не́где / не́куда ~할 곳이 없다

Не торопи́тесь! Нам спеши́ть **не́куда**. Вре́мени ещё полно́.
서두르지 마! 서둘러 갈 곳도 없는데. 아직 시간 많아.

Они́ реа́льно ни́щие: им **не́где и не́ на что** жить.
그들은 정말 가난해. 살 곳도 없고, 생계 수단도 없어.

(кто와 결합) не́кого / не́кому / не́ у кого / не́ с кем ~할 사람이 없다

Мне **не́кому** звони́ть в э́том го́роде, здесь у меня́ нет знако́мых.
난 이 도시에서 전화할 사람이 아무도 없어. 여긴 아는 사람이 없거든.

А: Ситуа́ция безвы́ходная: к кому́ обрати́ться, у кого́ проси́ть по́мощи?
상황이 절망적이야. 누굴 찾아가서 도움을 청해야 할까?

Б: **Не́ к кому́ и не́ у кого́**.
(그럴 사람이) 아무도 없어.

(что와 결합) не́чего / не́чем ~할 것이 없다 не́ на что ~할 돈, 수단이 없다

Мне **не́чем** есть: все зу́бы вы́пали, а вста́вить себе́ но́вые **не́ на что**.
난 먹을 수 있는 게 없어. 이는 다 빠졌는데, 새로 해 넣을 돈도 없어.

Я бы, коне́чно, хоте́л купи́ть себе́ маши́ну и́ли кварти́ру, но сейча́с про́сто **не́ на что**.
집과 차를 새로 사고 싶은 마음은 굴뚝같지만, 지금은 돈이 없어.

연습문제 한국어 문장을 보고 빈칸에 알맞은 러시아어 표현을 넣어보세요.

❶ Городóк мáленький, депрессúвный, все предприя́тия закры́ты, рабóтать ________.
이 작은 도시는 침체되어 있고, 모든 기업이 문을 닫아서, 일할 곳이 없어.

❷ Сейчáс нормáльных дéвушек нет, женúться ________.
요새는 괜찮은 여자가 없어. 결혼할 만한 사람이 없다고.

❸ Сейчáс нормáльных парнéй и мужчúн нет, выходúть зáмуж ________.
요새는 괜찮은 남자가 없어. 결혼할 만한 사람이 없다고.

❹ Я совершéнно одинóкий человéк, мне______ и ______ ходúть в гóсти и ______ пригласúть к себé, _____ звонúть, ______ поговорúть.
난 정말 외로워. 나는 갈 곳도, 손님으로 방문할 사람도, 초대할 사람도 없고, 전화할 사람도, 대화할 사람도 없어.

정답 ❶ нéгде ❷ нé на ком ❸ нé за кого
❹ нéкуда / нé к кому / нéкого / нéкому / нé с кем

3 Перевора́чивать всё вверх дном 난장판을 만들다

вверх(위로)와 дно(바닥, 밑)라는 단어가 합쳐진 구문인 вверх дном은 '아래가 위로 뒤집혀 있는 상태(upside down)', 즉, '난장판(беспоря́док, бардáк)'을 뜻합니다. 동사 перевора́чивать-переверну́ть는 '뒤집다'라는 뜻입니다.

예문

Вóры всё в доме **переверну́ли вверх дном**.
도둑들은 온 집안을 헤집어 놓았다.

Во врéмя óбыска полицéйские всё в дóме **переверну́ли вверх дном**.
경찰들은 가택수사를 하며 온 집안을 헤집어 놓았다.

4 Таќой ~, что ... 매우 ~해서 ...하다, ...할 정도로 ~하다

본문

Он смо́трит таки́ми жа́лобными глаза́ми, что мы бо́льше не мо́жем на него́ серди́ться.

'매우 ~해서 ...하다'라는 뜻으로 영어의 'so ~, that ...' 구문에 해당하는 구문입니다. тако́й는 당연히 수식하는 명사와 성수격을 같게 맞추어 주어야 합니다. 만약 명사가 아니라 부사나 동사가 뒤따라 나온다면, тако́й 대신 так을 써줍니다.

연습문제 다음 빈칸에 тако́й 또는 так을 알맞은 형태로 넣으세요.

❶ У нас сосе́д ________ у́мный, что уже́ в 30-ть (три́дцать) лет до́ктором нау́к и профе́ссором стал. Он ещё в шко́ле вундерки́ндом* был.
우리 옆집은 너무 똑똑해서 30살에 이미 박사를 마치고 교수가 됐어. 학창 시절부터 신동이었거든.

*вундерки́нд 신동 (= чу́до-ребёнок)

❷ Настрое́ние у меня́ бы́ло ________ хоро́шее, что да́же ужа́сная пого́да – снег с дождём – не могла́ его́ испо́ртить.
기분이 너무 좋아서 눈비가 내리는 악천후라도 내 기분을 망칠 수 없다.

❸ Мы ________ привы́кли к джи́нсам и брю́кам, что почти́ разучи́лись носи́ть пла́тья.
우리는 바지와 청바지의 편함에 너무 익숙해져서 이제 치마 입는 방법을 까먹었다.

❹ У них семья́ ________ бога́тая, что в год по три-четы́ре ра́за на Мальди́вы и Бага́мы отдыха́ть е́здят.
그는 가족이 너무 부자라서 일 년에 3~4번은 몰디브와 바하마로 휴가를 간다.

❺ Они́ бы́ли ________ талантли́выми, что вта́йне им все зави́довали.
그들은 재능이 매우 뛰어나서, 모두들 남몰래 그들을 부러워했다.

정답 ❶ тако́й ❷ тако́е ❸ так ❹ така́я ❺ таки́ми

1 한국어 해석을 보고 다음 빈칸에 알맞은 전치사를 넣어보세요.

❶ Мне сейча́с не ( ) теа́тра.
나는 지금 극장에 갈 여력이 없어.

❷ Мы постара́емся обойти́сь ( ) ва́шей по́мощи и свои́ми си́лами реши́ть э́ту пробле́му.
우리는 여러분의 도움 없이 이 문제를 스스로 해결하고자 노력할 것입니다.

❸ Я до сих пор жале́ю, что отказа́лся ( ) предложе́ния перейти́ на рабо́ту в э́ту компа́нию.
나는 이 회사가 한 이직 제안을 거절한 것이 지금까지도 후회스럽다.

2 다음 빈칸에 들어갈 동사를 알맞게 나열한 것을 고르시오.

а ( ) отдохну́ть споко́йно.
б Сейча́с на́шу жизнь уже́ невозмо́жно ( ) без социа́льных сете́й.
в На вчера́шнем заседа́нии Прави́тельство РФ ( ) реше́ние о повыше́нии МРОТ*. ***Минима́льный разме́р опла́ты труда́** 최저임금
г В любо́м прое́кте есть подво́дные ка́мни*. Но е́сли у нас всё бы́стро и хорошо́ ( ), то э́то бу́дет огро́мный успе́х. ***подво́дные ка́мни** 암초, 난관

① Принима́й – предоста́вить – да́ло – полу́чится

② Принима́й – предста́вить – при́няло – полу́чит

③ Дай – предста́вить – при́няло – полу́чит

④ Дай – предоста́вить – при́няло – полу́чит

⑤ Дай – предста́вить – при́няло – полу́чится

3 다음 문장을 러시아어로 번역해 보세요.

❶ 우리들 대다수가 이제 인터넷 없이는 하루도 살 수 없다.

❷ 나는 모든 걸 다 사진 찍어서 내 계정에 올린다.

❸ 나는 친구 복이 있다.

❹ 나는 쉽지 않은 결정을 내려야만 했다.

❺ 그들은 돈이 엄청나게 많다. (둘 곳이 없을 정도로 많다)

❻ 스베틀라나는 놀라운 여자애야, 고대 동양철학과 문화를 아주 잘 알아.

4 괄호 안의 설명을 참고하여 다음 보기에서 알맞은 관용구를 골라 빈칸에 넣으세요.

нет, ну что вы а что такóго что со мной не так не томи ну ты даёшь не до того было не пáрься да ты что смотрú / знáчит, смотрú прикóльно бóже мой, какáя прéлесть что хочý, то и дéлаю дай покурúть спокóйно да какáя рáзница

❶ А: Я за э́тот мéсяц 150 тыщ* заработал.

Б: ___________________! Респéкт!

힌트 Ты большóй молодéц; э́то твой óчень большóй успéх; я óчень удивлён и дáже, возмóжно, восхищён

*тыщa разг. ты́сяча의 구어표현

❷ Женá: Слýшай, ужé давнó порá на вокзáл éхать! На пóезд опоздáем!

Муж: ____________________________. Успéем.

힌트 Я прошý о том, чтóбы у меня́ былá возмóжность без стрéсса и спéшки занимáться тем, чем я сейчáс занимáюсь

❸ А: Смотрú, видóсик какóй клáссный!

Б: Агá, ___________________!

힌트 Это интерéсно, необы́чно, оригинáльно

❹ А: Мужчи́на, не кури́те здесь! Это же де́тская площа́дка! Как вам не сты́дно?!

Б: ________________? Это пить тут нельзя́, а кури́ть мо́жно.

힌트 Я не де́лаю ничего́ плохо́го, ужа́сного и́ли запрещённого

❺ Мать: Сыно́к, нас с отцо́м о́чень беспоко́ит твой о́браз жи́зни. Университе́т бро́сил, нигде́ не рабо́таешь. И всё вре́мя э́ти твои́ весёлые компа́нии.

Сын: ______________, ма́мочка! Всё под контро́лем!

힌트 Не волну́йся, не беспоко́йся

❻ Ну почему́ всех мои́х колле́г постоя́нно повыша́ют, а я так и рабо́таю мла́дшим кле́рком? Я ведь их ниче́м не ху́же! _________________?

힌트 Почему́, кака́я причи́на всего́ э́того нахо́дится “внутри́ меня́”?

❼ Роди́тели: Бо́же мой, до́ченька, ты заче́м э́ту ужа́сную татуиро́вку сде́лала?! Ты же себя́ изуро́довала!

Дочь: Вас э́то не каса́ется! ________________________!

힌트 Я соверше́нно самостоя́тельно определя́ю своё поведе́ние в жи́зни

❽ А: Вы, наве́рное, за вре́мя э́той ва́шей пое́здки по Ита́лии о́чень уста́ли? Всё-таки три неде́ли.

Б: __________________! Там так интере́сно, така́я атмосфе́ра! Никако́й уста́лости, то́лько восто́рг! А како́й ко́фе!

힌트 Вы говори́те соверше́нно непра́вильно

❾ А: Ой, я тебе́ сейча́с тако́е расскажу́!

Б: Ну дава́й, ____________!

А: Га́лку её па́рень бро́сил!

Б: ______________!

힌트 не заставля́й меня́ терпе́ть и ждать

힌트 Кака́я соверше́нно неожи́данная и удиви́тельная информа́ция!

❿ Жена́: Мне за́втра в го́сти како́е пла́тье наде́ть – голубо́е и́ли вот э́то, кра́сное?

Муж: ______________________? Ты и так са́мая краси́вая бу́дешь.

힌트 Я не ви́жу никаки́х отли́чий ме́жду э́тими двумя́ пла́тьями, для меня́ э́то одно́ и то же

⓫ Муж: Дорога́я, сего́дня годовщи́на на́шей сва́дьбы. Это тебе́ мой пода́рок. Вот, смотри́, коле́чко с бриллиа́нтиком. Ты у меня́ сокро́вище!

Жена́: _________________! Как же я с тобо́й сча́стлива, дорого́й!

힌트 Это вызыва́ет у меня́ удивле́ние, огро́мную ра́дость, восто́рг и т. д.

⓬ А: Вы, наве́рное, когда́ в Герма́нии учи́лись, всю Евро́пу посмотре́ли.

Б: Нет, вы зна́ете, ______________________. Гра́фик о́чень напряжённый был, и ещё я постоя́нно подраба́тывал.

힌트 У меня́ не́ было возмо́жности и большо́го жела́ния езди́ть, путеше́ствовать по Евро́пе

⓭ А: Где мы за́втра встреча́емся? Как я найду́?

Б: __________________, от метро́ е́дешь до остано́вки “Поликли́ника”, пото́м перехо́дишь доро́гу, спра́ва бу́дет магази́н “Проду́кты”, у магази́на я бу́ду тебя́ ждать.

힌트 Слу́шай меня́ внима́тельно

TEMA

09

여행

Поéздки, путешéствия

핵심 패턴

□ 모두 자신이 책임질 각오로	на свой страх и риск
□ 가장 인상 깊은 순간은 ...이었다	сáмым запоминáющимся момéнтом стáло / бы́ло *что*
□ 거의 ...할 뻔했다	чуть не
□ 잊지 못할 인상을 남기다	остáвить незабывáемые впечатлéния

주요 단어

□ 여행	путешéствие, поéздка
□ 해외여행	поéздка за грани́цу
□ 여객의	пассажи́рский
□ 철도의	желéзнодорóжный
□ 경로	маршрýт
□ 자유여행을 하다	путешéствовать дикарём
□ 여행사	турфи́рма (= туристи́ческая фи́рма)
□ 여행 패키지권	путёвка
□ 출발	отъéзд
□ 전날 밤, 전날	наканýне *чего*
□ 3일 체류	трёхднéвная останóвка
□ 인상, 감상	впечатлéние

주제 읽기 09-1

Текст

Моя́ пе́рвая пое́здка за грани́цу была́ в Росси́ю. Снача́ла я долете́л до Владивосто́ка, а там пересе́л на по́езд Владивосто́к – Москва́. Это, ме́жду про́чим, са́мый дли́нный пассажи́рский желе́знодоро́жный маршру́т в ми́ре – бо́льше 9-ти (девяти́) ты́сяч киломе́тров! **Путеше́ствовал** я, мо́жно сказа́ть, **дикарём, на свой страх и риск**, ни в каки́е турфи́рмы не **обраща́лся**.

В по́езде у меня́ появи́лись ру́сские друзья́. **Са́мым запомина́ющимся моме́нтом была́** трёхдне́вная остано́вка в Ирку́тске у них на да́че и пое́здка на о́зеро Байка́л. Меня́ порази́ла бескра́йняя тайга́ и фантасти́ческой красоты́ о́зеро, бо́льше похо́жее на мо́ре.

내 생애 첫 해외 여행지는 러시아였다. 우선 블라디보스토크까지 비행기를 타고 간 다음, 거기서 블라디보스토크와 모스크바 사이를 운행하는 열차로 갈아탔다. 참고로 이 구간은 9천 킬로미터 이상으로 세계에서 가장 긴 여객 열차 노선이다! 나는 흔히들 말하는 자유여행을 했다. 모든 일정을 다 내가 알아서 정했고, 여행사의 도움은 받지 않았다.

기차에서는 러시아인 친구들을 사귀게 됐는데, 같이 이르쿠츠크에서 내려서 2박 3일간 친구들의 다차에서 머물며 바이칼 호수를 구경한 것이 가장 기억에 남는다. 끝없는 자작나무 숲과 바다라고 해도 믿을 것 같은, 환상적으로 아름다운 호수에 압도당했다.

переса́живаться-пересе́сть 갈아타다, 환승하다
ме́жду про́чим 그런데, 말이 나왔으니 말인데, 여담이지만
мо́жно сказа́ть 이를테면, 말하자면
трёхдне́вный 3일의
остано́вка 정차; 체재, 숙박
поража́ть-порази́ть *кого-что* 놀라게 하다
бескра́йний 무한한, 끝없는
тайга́ 타이가, 냉대 침엽수림
похо́жий *на кого-что* 닮다

주제 읽기

Текст

Та́кже ча́сто вспомина́ю, как ве́чером накану́не отъе́зда мы ве́село выпива́ли с друзья́ми, а **на сле́дующий день** я с похме́лья **чуть не** опозда́л на по́езд. Если бы опозда́л, то с удово́льствием оста́лся бы там ещё на не́сколько дней. И пото́м ещё пять дней до Москвы́ **в по́езде оста́вили незабыва́емые впечатле́ния**.

Но э́то бы́ло давно́, в студе́нческие го́ды. Тепе́рь я “**о́фисный планкто́н**”. И периоди́чески возника́ет жела́ние **взять и сорва́ться с ме́ста**, уе́хать **куда́ глаза́ глядя́т** – хотя́ бы на неде́льку и́ли две – пода́льше от всей э́той рути́ны, дедла́йнов и де́спотов нача́льников.

Но э́то всё мечты́, фанта́зии. А е́сли реа́льно, то в сле́дующий раз я сно́ва собира́юсь в Росси́ю: ужа́сно хо́чется уви́деть се́верное сия́ние.

그리고 떠나기 전날 저녁에 친구들과 신나게 술을 마셔대는 바람에 다음날 숙취로 기차를 놓칠 뻔했던 일이 기억에 많이 남는다. 그때 기차를 놓쳤더라면, 기분 좋게 이르쿠츠크에 며칠 더 머물렀을 텐데 말이다. 이어서 기차를 타고 모스크바까지 갔던 닷새라는 시간도 잊지 못할 추억을 남겼다.

그런데 이것도 다 오래전, 대학 시절 일이다. 지금 나는 봉급쟁이일 뿐이다. 가끔씩 1~2주만이라도 이 쳇바퀴 같은 생활과 마감기한, 폭군 같은 상사들에게서 벗어나 어디든 눈길 닿는 대로 즉흥적으로 여행을 떠나고 싶다.

그러나 다 꿈이고 환상일 뿐이다. 현실적으로 보면, 다음번에도 러시아에 또 가보려고 한다. 오로라를 너무도 보고 싶다.

выпива́ть разг. 술을 많이 마시다
похме́лье 숙취
незабыва́емый 잊히지 않는
периоди́чески 주기적으로, 정기적으로
неде́лька 일주일 (**неде́ля**의 지소형)
рути́на 일상, 규칙, 루틴, 관습
дедла́йн 마감기한, 데드라인
де́спот 폭군
нача́льник 상사
фанта́зия 환상
реа́льный 현실의, 현실적인
сно́ва 또다시
се́верное сия́ние 오로라

На свой страх и риск 모두 자신이 책임질 각오로

위 표현을 직역하면 '두려움과 위험을 무릅쓴다'는 뜻입니다.

Я лет с 16-ти (шестна́дцати) живу́ самостоя́тельно и привы́к де́йствовать **на свой страх и риск**. И ничего́, обы́чно всё непло́хо получа́ется.
나는 16살 때 독립해서 산 뒤로 스스로 책임질 각오로 행동하는 것에 익숙해졌다. 그건 별일이 아니었고, 보통은 전부 괜찮게 해결됐다.

Дежу́рный врач куда́-то отлучи́лся, и тогда́ медсестра́ **на свой страх и риск** оказа́ла пе́рвую по́мощь больно́му с при́знаками инсу́льта, доста́вленному "Ско́рой по́мощью".
당직의사는 어디론가 자리를 비웠고, 간호사는 구급차에 실려 온 뇌졸중 의심환자에게 책임을 무릅쓰고 응급조치를 취했다.

Ситуа́ция тре́бовала неме́дленной реа́кции. Шеф был недосту́пен. И тогда́ я **на свой страх и риск** приняла́ отве́тственное реше́ние. Сла́ва бо́гу, оно́ оказа́лось ве́рным.
상황상 즉각적인 대응이 필요했지만, 상사는 연락이 되지 않았다. 그래서 당시 나는 책임을 무릅쓰고 중대 결정을 내렸는데, 다행히 옳은 판단이었다.

Са́мым запомина́ющимся моме́нтом ста́ло / бы́ло *что* 가장 인상적인 것은 ~이었다.

запомина́ющийся는 동사 запомина́ться-запо́мниться (기억에 남다)에서 만들어진 형동사입니다. моме́нт는 '순간'이라는 뜻과 함께 '측면, 요소'라는 뜻도 있습니다. 참고로 이 표현에서는 бы́ло 보다 ста́ло를 더 자주 사용합니다.

Что **ста́ло са́мым запомина́ющимся моме́нтом** во вре́мя твое́й пое́здки в Росси́ю?
러시아 여행 중에 어떤 게 제일 기억에 남아?

Са́мым запомина́ющимся моме́нтом на́шего пребыва́ния в Петербу́рге **ста́ло** посеще́ние Эрмита́жа и Ру́сского музе́я.
우리가 페테르부르크에 갔을 때 제일 인상 깊었던 곳은 에르미타시와 러시아 미술관이었어.

Са́мым запомина́ющимся моме́нтом пра́здника **был** грандио́зный фейерве́рк, продолжа́вшийся це́лых 20-ть (два́дцать) мину́т.
축제에서 제일 인상 깊었던 것은 20분간이나 진행된 대규모 불꽃놀이였다.

Чуть не 거의 ~할 뻔하다

чуть не는 구어체 표현이며, 같은 뜻인 едвá не는 문어체 표현입니다.

Ой, я вчерá **чуть** под маши́ну **не** попáла – у́жас!
아니, 저 어제 거의 차에 치일 뻔했잖아요. 완전 소름이에요!

У меня́ аллерги́я на орéхи. Однáжды я съéла кусóк тóрта и **чуть не** умерлá: в егó состáв входи́ла орéховая пáста.
나는 견과류 알레르기가 있다. 어느 날 케이크 한 조각을 먹고 거의 죽을 뻔한 적이 있다. 케이크에 견과류 버터가 들어갔던 것이다.

А: Ну всё, лáдно, давáй, покá! Ой, **чуть не** забы́ла: вчерá по телеви́зору сказáли, что сáхар дорожáть бу́дет.
Б: Да ты что?! Нáдо срóчно бежáть покупáть.
A: 그래, 안녕. 들어가! 아 맞다, 까먹을 뻔했네. 어제 TV에서 설탕값이 오른다고 하던데.
Б: 아, 진짜? 당장 가서 사야겠네!

Остáвить незабывáемое впечатлéние
잊지 못할(강렬한) 인상을 남기다

이 표현에서 문법상의 주어는 인상 깊은 사건이나 사물이 되며 '~에게 인상을 남기다'라고 표현하고 싶을 때는 у кого를 사용합니다. 아래에는 자주 사용되는 유사표현입니다.

유사표현 **производи́ть-произвести́ впечатлéние** (*на кого*)

Сéверное сия́ние **остáвило у** всех нас **незабывáемое впечатлéние** (= произвелó на всех нас незабывáемое впечатлéние).
오로라는 우리 모두에게 잊지 못할 강렬한 인상을 남겼다.

Посещéние Кремля́ и егó музéев **остáвило у** нас **незабывáемое впечатлéние.**
크렘린과 내부 박물관은 우리에게 잊을 수 없는 강한 인상을 남겼다.

Балéт “Щелку́нчик” в исполнéнии арти́стов Большóго теáтра **остáвил у** всех зри́телей **незабывáемое впечатлéние.**
볼쇼이 극단의 발레 '호두까기 인형'은 모든 관객에게 잊을 수 없는 인상을 심어주었다.

대화문 09-2 Диалог

А
Така́я в Ита́лию шика́рная поéздка была́ – до сих пор вспомина́ю! Год прошёл, а всё как бу́дто вчера́ бы́ло!

Б
А где в Ита́лии бы́ли?

А
Рим, Вене́ция, Флоре́нция – две неде́ли. **Каки́е** дворцы́, каки́е музе́и – мечта́, ска́зка!

Б
Да, Ита́лия – **э́то что́-то**! Никогда́ не́ был, но о́чень хоте́л бы пое́хать.

А
Не пожале́ете! А мы тепе́рь хоти́м во Фра́нцию. Причём так, целенапра́вленно. Тур “За́мки Луа́ры” называ́ется. Там така́я ро́скошь, тако́е великоле́пие – не переда́ть!

Б
Вы с му́жем молодцы́. Таки́е пра́здники себе́ устра́иваете.

А
Так **ведь жи́знь-то одна́**. А так хо́чется везде́ побыва́ть, всё посмотре́ть!

대화문 Диалог

А 이탈리아 여행이 얼마나 굉장했는지 아직까지도 잊히지가 않아요! 일 년이 지났는데도 어제 일 같이 생생해요!

Б 이탈리아에서 어디 어디 가봤는데요?

А 로마랑 베네치아, 피렌체에 2주간 있었어요. 궁전이랑 박물관들이 얼마나 멋졌는지 동화 속에 있는 듯 환상적이었어요.

Б 맞아요, 이탈리아 진짜 멋지죠! 전 한번도 가본 적이 없지만, 꼭 가보고 싶어요.

А 절대 후회하지 않을 거예요! 저희는 이번에는 프랑스를 한번 가보고 싶어요. 실은 가보고 싶은 데가 있거든요 (직역: 분명한 여행 목적이 있거든요). 루아르성 투어라는 게 있는데, 얼마나 화려하고 멋진 지 말로는 다 표현할 수가 없어요!

Б 남편분도 그렇고 참 대단하셔요. 그렇게 즐겁게 여행도 다니고 말이에요 (직역: 그런 축제를 벌이고 말이에요).

А 단 한 번뿐인 인생이잖아요. 여기저기 다 가보고 싶고, 보고 싶은 것도 너무 많아요!

어휘 구문

- □ до сих пор — 지금까지
- □ как бýдто — 마치 ~처럼
- □ (по)жалéть — 후회하다; 가여워하다; 아까워하다
- □ причём — 게다가, 더구나, 더욱이
- □ целенапрáвленный — 목적성이 있는, 목적이 분명한
- □ передавáть-передáть — 전달하다; 표현하다

  이 대화문에서는 '묘사하다, 표현하다'라는 의미로 사용되었습니다. **не / нельзя́ + СВ**는 불가능의 의미를 가지므로 **Не передáть**는 '형용할 수 없다, 표현할 수 없다'는 의미가 됩니다.
- □ устрáивать-устрóить *что* — 마련하다, 준비하다
- □ прáздник — 명절, 축일, 축제

대화문 Диалог

관용구

- □ Это что́-то! 굉장해, 멋져, 놀라워 (= Это что́-то прекра́сное, великоле́пное, замеча́тельное)
- □ Ведь жи́знь-то одна́. 한 번 사는 인생이잖아, 인생은 한 번뿐이잖아

더 알아보기

대화문에서는 “Каки́е дворцы́, каки́е музе́и”라는 대사가 등장합니다. 여기서 '놀라운/대단한/훌륭한 궁전과 박물관들'이라는 의미로 사용되었습니다. 이처럼 како́й는 어떠한 것이 지닌 속성에 대해 놀라움을 표할 때 사용할 수 있습니다. 이 대화문에서처럼 긍정적인 의미로만 사용되지는 않으며, 맥락에 따라 부정적인 의미를 가질 수 있습니다. (추가 예문은 부록 p. 244 참고)

Како́й спекта́кль замеча́тельный!
(긍정적) 공연이 너무 훌륭한걸?

Како́е там замеча́тельный?! Убо́жество!
(부정적) 뭐가 훌륭하다는 거야?! 별로던데!

1 Обраща́ться-обрати́ться *куда / к кому*

본문

Путеше́ствовал я, мо́жно сказа́ть, дикарём, на свой страх и риск, ни в каки́е турфи́рмы не обраща́лся.

본문에 나온 동사 обраща́ться-обрати́ться는 '~로 향하다, ~에게 말을 걸다'라는 의미입니다. идти́-ходи́ть와 같은 이동동사와 마찬가지로 동사 뒤에 장소가 나올 때는 *куда*를, 사람이 나올 때는 *к кому* 형태를 사용합니다.

예문

На твоём ме́сте я бы всё-таки́ обрати́лся **к психо́логу** и́ли **пси́хотерапе́вту**.
내가 너라면 그래도 심리 상담사나 정신과 의사를 찾아갈 거야.

이 동사는 아래의 전치사와 함께 활용할 수도 있습니다.

с чем (~을 가지고)		за чем (~을 얻기 위해)	
с вопро́сом	질문하다	за сове́том	조언을 구하다
с жа́лобой	클레임을 걸다	за по́мощью	도움을 청하다
с предложе́нием	제안하다	за подде́ржкой	지지를 구하다
с про́сьбой	부탁하다		
с тре́бованием	요구하다		

예문

Извини́те, Андре́й Кири́ллович, нельзя́ ли обрати́ться **к Вам с** одно́й **про́сьбой**?
안드레이 키릴로비치 씨, 죄송하지만 부탁 하나 드리면 안 되겠습니까?

Мой дорого́й дя́дя – э́то **челове́к, к кото́рому** я всегда́ могу́ **обрати́ться за по́мощью** и́ли **сове́том**.
삼촌은 내가 언제든 도움을 청하거나 조언을 구할 수 있는 사람이다.

2 전치사 B vs HA

본문

В по́езде у меня́ появи́лись ру́сские друзья́.

이동수단을 나타날 때는 *на чём*을 썼습니다. 예를 들어, '버스를 타고 가다'라고 말할 때는 е́хать на авто́бусе라고 합니다. 그러나 본문에서 이동수단으로서의 기차가 아니라 장소, 공간으로서의 기차를 의미하므로 *в чём*을 썼습니다.

본문

А на сле́дующий день я с похме́лья чуть не опозда́л на по́езд.

보통 '어떤 요일이나 어떤 날에'라고 말할 때는 전치사 в를 씁니다. в понеде́льник, в э́тот день이라고 말하죠. 그렇지만 '특정 날을 기준'으로 한 다음날 또는 몇 번째 날을 의미할 때는 본문에서처럼 на를 사용합니다.

연습문제 빈칸에 в와 на 중 알맞은 전치사를 넣어보세요.

❶ Я ненави́жу, когда́ __ метро́ кто́-то сиди́т ря́дом со мной и без конца́ загля́дывает в мой телефо́н.
난 지하철에서 누가 옆에 앉아서 계속 내 휴대폰을 들여다볼 때가 너무 싫다.

❷ Что́бы добра́ться от рабо́ты до до́ма, мне ну́жно снача́ла е́хать __ метро́, а зате́м __ авто́бусе.
직장에서 집까지 가려면 우선 지하철을 탄 다음 버스로 갈아타고 가야 한다.

❸ Обы́чно молодожёны __ сле́дующий день по́сле сва́дьбы отправля́ются в сва́дебное путеше́ствие.
신혼부부들은 보통 결혼식 다음 날에 신혼여행을 떠난다.

❹ Хоро́шей приме́той счита́ется дождь __ день отъе́зда.
출발 날 비가 오면 좋은 징조이다.

정답 ❶ в ❷ на / на ❸ на ❹ в

3 Взять и 갑자기, 별안간 ~하다

본문

И периоди́чески возника́ет жела́ние взять и сорва́ться с ме́ста.

взять и, взять да, взять да и의 형태로 쓰이며, взять와 그다음에 나오는 동사는 모두 СВ 동사를 씁니다. 예측 불가능한 상황을 강조하기 위해 주로 вдруг(갑자기)와 함께 씁니다.

예문

Гали́на всё вре́мя споко́йно сиде́ла и улыба́лась, а пото́м **вдруг взяла́ и** распла́калась. Все бы́ли в шо́ке.
줄곧 평온하게 앉아 미소를 짓던 갈리나는 별안간 울음을 터뜨렸다. 사람들이 모두 깜짝 놀랐다.

Анато́лий о́чень краси́во уха́живал за Ольгой, наконе́ц, доби́лся её согла́сия вы́йти за него́ за́муж, а за́ день до сва́дьбы **вдруг взял и** исче́з – бессле́дно!
아나톨리는 올가를 애지중지 아끼며 결혼 승낙을 받아놓고, 결혼식 하루 전날 감쪽같이 종적을 감췄다.

4 Путеше́ствовать (путеше́ствие) дикарём 자유여행

이 표현은 여행사를 통하지 않고 자유여행을 하는 것(путеше́ствовать самостоя́тельно, без обраще́ния к услу́гам турфи́рм)을 가리킵니다. 다양한 형태의 여행을 러시아어로 알아봅시다.

путеше́ствовать

- автосто́пом 히치하이킹 여행
- с гру́ппой 단체관광
- по путёвке 패키지 여행
- свои́м хо́дом 도보여행
- налегке́ 배낭 여행
- с ночёвкой 1박 이상 숙박 여행
- в одино́чку 나홀로 여행
- ночева́ть под откры́тым не́бом 캠핑여행

5 Офисный планктóн 봉급쟁이

이 표현은 직역하면 '사무실의 플랑크톤'입니다. 물속을 떠다니는 수많은 플랑크톤은 너무 작아 눈에 잘 띄지 않죠. 이러한 플랑크톤처럼 특출나지 않고 모두 고만고만한 하위 직급의 회사원들을 가리킬 때 이 표현을 씁니다. 일에 대한 열의가 적어 은퇴까지 적당한 직급에서 적당한 일만 하는 일반 사원들을 말해요.

예문

Офисный планктóн обожáет в рабóчее врéмя “зависáть” в сóцсетя́х, веб-сёрфить и руби́ться в компью́терные и́гры.
그저 그런 봉급쟁이들은 업무시간에 SNS, 웹 서핑, 컴퓨터 게임을 하는 것만 열렬히 좋아한다.

6 Сорвáться с мéста 자리를 박차고 떠나다

동사 сорвáться는 원래 ‘~로부터 분리되다, 떨어지다’라는 뜻입니다. 따라서 이 표현은 ‘빠르게 자리를 박차고 떠나는 것’을 의미합니다.

예문

Уви́дев Дéда Морóза и Снегу́рочку, дéти **сорвали́сь с мéста** и с кри́ками “Урá!” побежáли к ним за подáрками.
산타 할아버지와 스네구로치카를 발견한 아이들은 ‘만세!’를 외치면서 자리를 박차고 일어나 선물을 받으러 뛰어갔다.

7 Кудá глазá глядя́т 발길 닿는 대로

이 표현은 직역하면 '눈길이 닿는 곳으로'라는 뜻으로, 충격을 받았거나 매우 깊은 생각에 빠지는 등 다양한 이유로 목적이나 방향 없이 움직이는 경우에 사용합니다.

예문

Когдá на послéднем вступи́тельном экзáмене в университéт я получи́ла “двóйку”, то, пóмню, вы́шла на у́лицу и пошлá **кудá глазá глядя́т**. Для меня́ э́то былá катастрóфа.
마지막 대학 입학시험에서 낙제점(2점)을 받은 적이 있는데, 그때 밖에서 정처 없이 걸었던 기억이 나. 나한테는 정말 재앙 같은 사건이었거든.

TEMA

10

영화와 드라마

Фи́льмы и сериа́лы

핵심 패턴

- ☐ 매우 ~해서 …하다 — насто́лько ~, что ...
- ☐ 기반으로 하다 — в осно́ве лежи́т *что*
- ☐ 전혀 후회하지 않는다 — ни ка́пельки не (по)жале́ть
- ☐ 마음을 사로잡았다 — *что* запа́ло *кому* в ду́шу

주요 단어

- ☐ 영화 — фильм
- ☐ 드라마 — сериа́л
- ☐ 개봉, 초연 — премье́ра
- ☐ 관객 — зри́тель
- ☐ 장르 — жанр
- ☐ 사건 / (연극) 막 — де́йствие
- ☐ 연출 — режиссу́ра
- ☐ 연기 — актёрская игра́
- ☐ 장면 — сце́на, карти́на
- ☐ 주인공 — гла́вный геро́й
- ☐ 영화평론가 — кинокри́тик
- ☐ 국제영화제 — междунаро́дный ки́нофестива́ль

주제 읽기 10-1

Текст

На про́шлых выходны́х мы с друзья́ми ходи́ли в кинотеа́тр в райо́не Канна́м на но́вый фильм. Говоря́т, что всего́ за две неде́ли по́сле премье́ры фильм посмотре́ло бо́лее 5-ти (пяти́) миллио́нов зри́телей. Неудиви́тельно: кро́ме рекла́мы акти́вно рабо́тает ещё и совреме́нное **сарафа́нное ра́дио** – все в со́цсетя́х его́ хва́лят и сове́туют посмотре́ть.

Сходи́в на фильм, я по́нял, почему́ вокру́г него́ тако́й ажиота́ж. По жа́нру э́то ирони́ческий боеви́к; сюже́т у него́ **насто́лько** захва́тывающий, ли́хо закру́ченный, **что** я не заме́тил, как пролете́ло вре́мя. Ещё **плюс** фи́льма **в том, что в осно́ве** его́ **лежа́т** реа́льные собы́тия.

지난 주말에 친구들과 새로 개봉한 영화를 보러 강남에 있는 영화관에 다녀왔다. 개봉한 지 2주밖에 안 된 영화인데 벌써 5백만 관객을 돌파했다고 한다. 그리 놀라운 일은 아니다. 일반 홍보뿐 아니라 SNS에서 모두들 호평하며 보라고 추천하는 등 입소문을 타고 있기 때문이다.

영화를 보고 나니 왜 이렇게 이 영화가 핫한지 알 것 같았다. 장르는 코미디 액션인데 줄거리가 뻔하지 않고 예측불허라 시간 가는 줄 모르고 봤다. 게다가 실화를 바탕으로 한 영화라 그런지 더 좋았다.

всего́ 모두 합쳐, 총계; 겨우
рекла́ма 광고
совреме́нный 현대의
ажиота́ж 야단법석, 떠들썩함
ирони́ческий 반어적, 풍자적
боеви́к 액션영화
сюже́т 플롯; 주제, 소재
захва́тывающий 흥미진진한, 숨막히는
ли́хо закру́ченный сюже́т 예측불허의 스토리, 반전이 있는 스토리
пролете́ть 시간이 빠르게 지나가다
плюс 장점
осно́ва 기반
реа́льный 현실의, 실제의

주제 읽기

Текст

Я ни ка́пельки не пожале́л, что сходи́л на него́. Он да́же **превзошёл мои́ ожида́ния**. И кинокри́тики та́кже отмеча́ют оригина́льную иде́ю, увлека́тельное де́йствие, профессиона́льную режиссу́ру, прекра́сную актёрскую игру́.

Осо́бенно **мне запа́ла в ду́шу** сце́на, где гла́вный геро́й, защища́я люби́мого челове́ка, закрыва́ет его́ собо́й от пу́ли. (Да, хотя́ основна́я интона́ция фи́льма – ирони́ческая, но есть в нём и серьёзные сце́ны). Мне ка́жется, что фильм вполне́ мо́жет претендова́ть на награ́ду како́го-нибу́дь междунаро́дного ки́нофестива́ля.

푯값이 전혀 아깝지 않았고(영화를 본 것이 전혀 후회가 되지 않았고), 오히려 기대 이상이었다. 영화평론가들도 신선한 아이디어와 숨 막히는 사건 전개, 매끄러운 연출, 뛰어난 배우들의 연기를 호평했다.

주인공이 사랑하는 사람을 지키기 위해 대신 총을 맞는 장면이 특히 감동적이었다. (물론 영화의 주요한 분위기는 코미디였지만 진지한 장면들도 있었다) 이 영화는 국제영화제에서 충분히 상을 받을 수 있을 것 같다.

превосходи́ть-превзойти́ *кого-что* 넘어서다
ожида́ние 기대
оригина́льный 독창적인
защища́ть-защити́ть *кого + от чего* 보호하다
закрыва́ть-закры́ть *кого-что* 닫다; 가리다, 막다
пу́ля 총알
вполне́ 충분히
претендова́ть *на что*
~을 노리다, ~에 대한 권리를 요구하다
награ́да 상

Насто́лько ~, что ...
매우 ~해서 …하다, ...할 정도로 ~하다

영어의 <so ~, that...> 구문에 해당하는 러시아어 표현입니다. 위 표현 대신 <так ~, что ...>를 사용할 수도 있습니다. <так ~, что ...>가 더 구어적인 표현입니다.

К ве́черу я **насто́лько** уста́л, **что** не́ было сил да́же поу́жинать. Пришёл домо́й и упа́л.
저녁 무렵 나는 너무 지쳐서 저녁밥을 먹을 힘도 없었다. 집에 가자마자 쓰러지듯 누웠다.

Это кафе́ **насто́лько** популя́рно, **что** посети́тели занима́ют о́чередь за час до его́ откры́тия.
이 카페는 인기가 너무 많아서 오픈 1시간 전부터 사람들이 줄을 선다.

Этот челове́к **насто́лько** бога́т, **что** су́мма в миллио́н до́лларов - э́то для него́ ме́лочь.
이 사람은 너무 돈이 많아서 백만 불도 그에게는 푼돈이다.

В осно́ве *чего* лежи́т *что*
~을 기반으로 한다

직역하면 '(무엇의) 기반에 (무엇이) 놓여있다'라는 뜻입니다.

В осно́ве э́того рома́на **лежа́т** истори́ческие собы́тия.
이 소설은 역사적 사실을 바탕으로 한다.

Обы́чно **в осно́ве** конфли́ктов **лежа́т** противоре́чия интере́сов.
일반적으로 갈등의 기저에는 이해의 충돌이 있다.

Пожа́луй, **в осно́ве** любо́го вели́кого нау́чного откры́тия **лежи́т** пре́жде всего́ стремле́ние к и́стине.
모든 위대한 과학적 발견은 무엇보다도 진리 추구로부터 비롯된다고 할 수 있을 것이다.

Ни ка́пельки не (по)жале́ть, что .../о *чём*
전혀 후회하지 않는다

ни ка́пельки не는 '전혀 ~하지 않는다'라는 뜻이며, жале́ть는 '후회하다; 아까워하다; 가여워하다' 등 뜻이 다양합니다. 예를 들면 아래와 같이 사용할 수도 있습니다.

참고
Я всегда́ жале́ю бездо́мных живо́тных. 나는 집 없는 동물들이 불쌍하다
Я не жале́ю де́нег на кни́ги. 나는 책 사는 데 쓰는 돈은 안 아까워.

여기서는 이 단어가 '후회하다'라는 의미로 사용된 예문을 연습해 봅시다.

Я **ни ка́пельки не пожале́л о** своём реше́нии.
나는 내 결정을 전혀 후회하지 않았다.

Я **ни ка́пельки не пожале́л, что** купи́л и́менно э́ту маши́ну.
나는 이 차를 산 것을 전혀 후회하지 않았다.

Я **ни ка́пельки не пожале́ла, что** когда́-то вы́шла за́муж и́менно за э́того челове́ка.
난 이 사람과 결혼한 것을 전혀 후회하지 않았다.

Что **запа́ло** *кому* **в ду́шу**
마음을 사로잡았다, 깊은 인상을 남겼다

유사표현 ***что* оста́вило *у кого* неизглади́мое впечатле́ние**
что* произвело́ неизглади́мое впечатле́ние *на кого

Эта двухнеде́льная пое́здка по Росси́и осо́бенно **запа́ла** мне **в ду́шу.**
2주간의 이번 러시아 여행은 특히 더 감동적이었다.

Встре́ча и обще́ние с э́тим удиви́тельным челове́ком надо́лго **запа́ли** мне в **ду́шу**.
이 놀라운 사람과 만난 것이 내게는 오래도록 기억에 남았다.

Это произведе́ние так **запа́ло** мне **в ду́шу**, что я пото́м прочита́ла все кни́ги э́того писа́теля.
나는 이 작품에 깊은 인상을 받은 나머지, 작가의 다른 책도 전부 다 읽게 되었다.

대화문 10-2

Диалог

А

Сейча́с сто́лько сериа́лов кла́ссных! Я в свобо́дное вре́мя то́лько и смотрю́. Америка́нские, англи́йские. Коре́йские дора́мы то́же су́пер. Таки́е актри́ски симпати́чные!

Б

Дружи́ще, а тебе́ не ка́жется, что ты на свои́ сериа́лы ту́по подсе́л?

А

Да ла́дно! Я сто́лько всего́ из них узнаю́! Там, психоло́гия, понима́ние люде́й, жи́зни, ещё что. Да и про́сто о́тдых!

Б

Всё ве́рно. Но ты сам не замеча́ешь, как всё бо́льше и бо́льше в э́то де́ло втя́гиваешься. А от реа́льной жи́зни ты всё да́льше и да́льше.

А

Это тебе́ так ка́жется.

Б

Зна́ешь, не ка́жется. **Со стороны́ видне́е**. Нет, э́то поня́тно: там си́льные, сме́лые лю́ди, я́ркие эмо́ции, пережива́ния и всё тако́е. Всё, чего́ нет и́ли так ма́ло в на́шей жи́зни.

А

Пра́вильно мы́слишь!

Б

Спаси́бочки, стара́юсь. Но э́то больша́я оши́бка – уходи́ть из реа́льной жи́зни в э́тот иллюзо́рный мир. **Это мо́жет пло́хо ко́нчиться**.

А

Ла́дно, **не ка́ркай**! **Хотя́ что́-то в твои́х слова́х есть**. Ты у нас ти́па у́мный.

대화문

Диалог

А 요즘 재밌는 드라마가 진짜 많아! 시간이 나기만 하면, 드라마밖에 안 봐. 미드랑 영드. 한국 드라마도 진짜 짱이야. 배우들도 다 멋지고!

Б 이 친구야, 너 드라마에 너무 빠져 있는 것 같지 않아?

А 무슨 말이야. 드라마를 보면서 얼마나 많은 걸 알게 되는데! 예를 들어서 말이야, 심리라든지, 삶과 사람에 대해 이해라든지 그런 것들 말이야. 그리고 그냥 힐링도 되고.

Б 다 맞는 말인데. 네가 점점 거기서 헤어나올 수 없게 빠져들고 있다는 걸 스스로 알아채지 못하는 것 같아. 점점 현실감을 잃어가고 있고.

А 그건 네 생각일 뿐이지.

Б 있잖아, 내 생각일 뿐인 게 아니고. 제삼자 입장에서 보면 (외부에서 보면) 더 잘 보이는 법이야. 그러니까, 이해는 가. 드라마에는 강하고 용감한 인물들이 나오고, 정서나 감정도 선명하게 드러나고, 이런 여러 가지가 있지. 그런데 이런 게 우리 실제 삶에서는 아예 없거나 드물잖아.

А 맞는 말이야!

Б 고마워, 그러려고 노력하고 있어. 그런데 현실의 삶에서 벗어나서 환상의 세계에 빠져드는 건 큰 실수야. 그 결과가 좋지 못할 거야.

А 그만 해, 말이 씨가 될라, 그만 해! 네 말이 아주 틀린 건 아니지만, 더 이상 입씨름하고 싶지 않아. 너 잘났다.

대화문 Диалог

어휘 구문

- □ сто́лько — 그만큼; 많은
- □ Я то́лько и смотрю́. = Я **то́лько и де́лаю, что** смотрю́ сериа́лы.
  드라마 보는 것밖에 안 한다 (то́лько и де́лаю, что … ~만 하다)
- □ дружи́ще — друг을 친근하게 부르는 호칭 (= мой дорого́й, мой большо́й друг)
- □ ту́по — 그냥, 단순히, 아주 (= про́сто, без вариа́нтов)
- □ там разг. — 예를 들어 (= наприме́р)
- □ ещё что / и всё тако́е разг. — 기타 등등
- □ да и разг. — 게다가
- □ втя́гиваться *во что* — 점차 빠져들다, 열중하다, 익숙해지다

관용구

- □ Да ла́дно! — 그럴 리가, 무슨 말이야
- □ Это тебе́ так ка́жется — 그건 네 생각일 뿐이야, 그렇게 느낄 수 있지 (상대방의 말이 틀렸다는 뉘앙스를 전달)
- □ Со стороны́ видне́е — 제삼자 입장에서 더 잘 보인다
- □ Пра́вильно мы́слишь! — 네 말이 맞아, 제대로 알고 있네 (= Ты всё пра́вильно понима́ешь)
- □ Спаси́бочки (Спаси́бо), стара́юсь — 고마워, 최선을 다하고 있어. (칭찬에 대한 장난스러운 대답)
- □ Это мо́жет пло́хо ко́нчиться — 결과가 좋지 못할 거야
- □ Не ка́ркай! — (말이 씨가 될라) 그런 말 하지 마, 그만 말해

  ка́ркать는 원래 까마귀가 까악거리며 우는 것을 뜻하는 단어이며, 여기에서 '불길한 징조를 보인다'는 뜻이 파생되었습니다.

  예문 **Воро́ны ка́ркают: Кар-р! Кар-р-р!** 까마귀가 깍깍 운다.

- □ Хотя́ что́-то в твои́х слова́х есть — 네 말이 아주 틀린 건 아니지만, 네 말에도 일말의 진실이 있지만
- □ Ты у нас ти́па у́мный — 너 참 똑똑해 보인다

  여기서 ти́па는 회화에서 자주 사용되는 표현입니다. 좀 더 교양 있는 표현으로 как бы를 많이 씁니다. 둘 다 '아마, 어쩌면, ~같은' 정도의 뜻으로 사용됩니다.

  예문 **Он сейча́с как бы / ти́па не рабо́тает.** 그는 지금 일을 안 하는 듯싶다.
  Они сейча́с как бы / ти́па разво́дятся. 그들은 이혼하려는 것 같다.

1 Сарафа́нное ра́дио 입소문

이 표현에 등장하는 сарафа́н은 러시아 여성들이 입던 소매가 없는 원피스 형태의 전통 복식입니다. 지금 같이 통신이 발달하지 않았던 시절, 최신 정보는 사라판을 입은 여성들을 통해 퍼져나갔습니다. 그래서 '입소문'을 이렇게 표현합니다.

예문

Во мно́гих слу́чаях **сарафа́нное ра́дио** рабо́тает куда́ лу́чше, чем всевозмо́жные рекла́мные аге́нтства.
입소문이 각종 광고회사보다 효율적일 때가 많다.

2 Ожида́ние 기대

본문

Он [фильм] да́же превзошёл мои́ ожида́ния.

본문에서는 превзойти́라는 동사를 사용해 '기대를 넘어서다, 기대 이상이다'라는 표현이 나왔습니다. 이 표현 이외에도 ожида́ние는 다음과 같은 동사와도 함께 활용할 수 있으니 잘 숙지해서 적재적소에 활용해 보세요.

- **оправда́ть ожида́ния** 기대에 부응하다, 기대를 충족하다
- **обману́ть ожида́ния** 기대에 어긋나다

예문

В своём но́вом рома́не а́втору в по́лной ме́ре удало́сь **оправда́ть ожида́ния** чита́телей.
작가는 이번 신작에서 독자들의 기대를 온전히 충족시켰다.

Результа́т ма́тча неприя́тно **обману́л ожида́ния** боле́льщиков.
경기 결과는 팬들의 기대를 저버렸다.

3 *Что* в том, что ... ~은 ...이다.

본문

Ещё плюс фи́льма в том, что в осно́ве его́ лежа́т реа́льные собы́тия.

본문의 문장을 직역하면 '... 장점은 ...에 있다'라는 의미입니다. де́ло (중요한 것, 요점), пробле́ма (문제), причи́на (원인), суть (핵심), секре́т (비밀), цель (목표) 등 다양한 단어와 함께 사용할 수 있습니다. 고급 러시아어를 구사하고 싶다면 반드시 익혀야 하는 표현입니다. 참고로 이 구문은 동사 заключа́ться 또는 состоя́ть와 함께 <*Что* заключа́ется / состои́т в том, что ...>의 형태로 자주 사용되며, 뜻은 동일하게 '~은 ...이다'라는 의미입니다. <в том, что ...>는 что 이하에 이미 현실로 이뤄진 사실이 나오고, <в том, что́бы ...>의 뒤에는 소망하는 것, 기대하는 것, 목표 등이 나옵니다.

예문

Мне ка́жется, основна́я **зада́ча** роди́телей при воспита́нии дете́й **заключа́ется / состои́т в том, что́бы** подгото́вить их, дете́й, ко взро́слой, самостоя́тельной жи́зни.
양육의 주목적은 자녀가 어른이 되어 독립적인 삶을 살 수 있도록 준비시키는 것이다.

На мой взгляд, **смысл** жи́зни **заключа́ется / состои́т в том, что́бы** нести́ добро́ лю́дям и быть счастли́вым.
나는 인생의 의미가 타인에게 선행을 베풀고 행복하게 사는 것에 있다고 생각한다.

Истори́ческая **заслу́га** импера́тора Алекса́ндра Второ́го **заключа́ется / состои́т в том**, что им в 1861-м году́ бы́ло отменено́ крепостно́е пра́во в Росси́и.
알렉산드르 2세의 역사적 업적은 1861년 농노해방이다.

Основна́я **пробле́ма** сфе́ры образова́ния **заключа́ется / состои́т в том, что** у госуда́рства хрони́чески не хвата́ет средств для её финанси́рования.
교육계의 주요 문제는 만성적인 국가 예산 부족이다.

Основна́я **сло́жность** в рабо́те ме́неджера по прода́жам **заключа́ется / состои́т в том, что** ему́ необходи́мо находи́ть о́бщий язы́к* с са́мыми ра́зными людьми́.
영업 담당자가 주로 업무상 겪는 고충은 온갖 사람들과 타협점을 찾아야 한다는 점이다.

***находи́ть о́бщий язы́к** 이해하다, 타협점을 찾다

TEMA

11

살 빼기

Борьба́ с ли́шним ве́сом

핵심 패턴

□ 주로	в основно́м
□ 기회가 있을 때마다	при любо́й возмо́жности
□ (어떠한) 순간이 자주 있었다	бы́ло мно́го моме́нтов, когда́ ...
□ 마침내 …을 해냈다	в конце́ концо́в *кому* удало́сь *инф.*

주요 단어

□ 살이 찌다	набира́ть-набра́ть вес поправля́ться-попра́виться
□ 살을 빼다	сбра́сывать-сбро́сить вес (по)худе́ть
□ 뱃살을 빼다	убира́ть-убра́ть живо́т / живо́тик
□ 과체중	ли́шний вес
□ 살 빼기, 살을 빼려는 노력	борьба́ с ли́шним ве́сом
□ 다이어트, 식이조절	дие́та
□ 식이조절을 하다	сиде́ть на дие́те
□ 식단관리를 하다	следи́ть за пита́нием
□ 잘 움직이지 않는 생활습관 ↔ 자주 움직이는 생활습관	сидя́чий / малоподви́жный о́браз жи́зни ↔ акти́вный / подви́жный о́браз жи́зни

주제 읽기 11-1

Текст

По́сле тридцати́ я ста́ла замеча́ть, что набира́ю вес. Схе́ма была́, как, наве́рное, у мно́гих: си́льный стресс (а их на рабо́те всегда́ хвата́ет) – прихо́дишь домо́й и начина́ешь есть всё подря́д, причём помно́гу. Кро́ме того́, о́браз жи́зни **в основно́м** сидя́чий, и е́сли себя́ не контроли́ровать, то **не успе́ешь огляну́ться**, как уже́ попра́вилась.

“Так, подру́га, – сказа́ла я сама́ себе́, – ну́жно сро́чно принима́ть ме́ры, ина́че сама́ понима́ешь”. Что́бы сбро́сить ли́шний вес, в пе́рвую о́чередь, убра́ть живо́тик, реши́ла како́е-то вре́мя посиде́ть на дие́те. И ещё начала́ бо́лее-ме́нее следи́ть за пита́нием: днём разреша́ла себе́ **что уго́дно**, а по́сле шести́ ве́чера стара́лась вообще́ ничего́ не есть.

30대가 되니까 몸무게가 느는 느낌이 든다. 대부분이 그러는 것처럼 패턴이 있는 듯하다. 심한 스트레스를 받고 나서(직장에서는 항상 스트레스 받을 일이 많다), 집에 오면 한꺼번에 엄청난 양을 먹기 시작한다. 그리고 주로 앉아 있는 직종이라 신경을 안 쓰면 살이 금방 찐다.

나는 스스로에게 말한다. “이봐, 이 친구야. 당장 조치를 취해야 해. 그렇지 않으면 어떻게 될지 스스로 잘 알겠지.” 살, 특히, 뱃살을 빼기 위해 나는 당분간 식이조절을 하기로 결정했다. 그리고 먹는 음식에도 좀 신경을 쓰기 시작했다. 낮에는 먹고 싶은 대로 먹고, 저녁 6시 이후에는 아무것도 안 먹으려고 노력했다.

замеча́ть-заме́тить *что* 알아채다, 인식하다
схе́ма 도식, 틀, 패턴
хвата́ть-хвати́ть *чего* 충분하다
подря́д 연달아; 모조리, 빼놓지 않고
помно́гу 다량으로, 많이
кро́ме того́ 그 외에도
контроли́ровать *что* 통제하다
сро́чно 당장, 긴급하게
в пе́рвую о́чередь 무엇보다도, 우선
принима́ть-приня́ть ме́ры 조치를 취하다
бо́лее-ме́нее 어느 정도, 다소
следи́ть *за чем* 주시하다; 보살피다, 신경 쓰다
ина́че 그렇지 않으면
вообще́ 아예

주제 읽기

Текст

Офис фи́рмы, где я рабо́таю, – в десяти́ остано́вках от моего́ до́ма. Тепе́рь е́зжу туда́ на велосипе́де. И **при любо́й возмо́жности** хожу́ пешко́м. Никаки́х сигве́ев и эле́ктросамока́тов!

Борьба́ с ли́шним ве́сом – де́ло нелёгкое. **Бы́ло мно́го моме́нтов, когда́** я была́ уже́ гото́ва отказа́ться от вся́ких дие́т и вообще́ **опусти́ть ру́ки**. Но **в конце́ концо́в** мне **удало́сь** за полго́да сбро́сить пять килогра́ммов.

Ита́к, мой о́пыт подтвержда́ет просту́ю и́стину: путь к стро́йной фигу́ре – э́то разу́мные ограниче́ния, движе́ние и самоконтро́ль.

내가 일하는 회사는 집에서 열 정거장 거리인데, 이제는 자전거를 타고 출근한다. 그리고 시간이 날 때마다 걸으려고 한다. 세그웨이나 전동 킥보드는 절대 타지 않는다!

살을 빼는 것은 쉬운 일이 아니다. 식단관리를 그만두고 다 포기하고 싶은 순간이 많았다. 그랬지만 결국 반년 만에 5kg 감량에 성공했다.

이 경험을 통해 멋진 몸매를 얻는 길은 적절한 조절과 운동, 자제뿐이라는 단순한 진실을 다시금 확인했다.

сигве́й 세그웨이
эле́ктросамока́т 전동 킥보드
борьба́ *с чем* (극복, 근절을 위한) 투쟁, 노력
гото́в (-а, -ы) ~할 준비가 되다, ~할 용의가 있다
отка́зываться-отказа́ться *от чего* 포기하다, 그만두다, 중단하다
ита́к 따라서, 그럼, 결국
о́пыт 경험
подтвержда́ть-подтверди́ть *что* 증명하다, 확인하다
стро́йный 늘씬한
разу́мный 합리적인, 이성적인
ограниче́ние 제한, 제약
движе́ние 움직임, 운동
самоконтро́ль 자기통제, 자제

В основно́м 주로

В основно́м ле́том мы отдыха́ем на да́че, на мо́ре выезжа́ем дово́льно ре́дко – раз в три-четы́ре го́да.
우리는 주로 여름에 다차에서 휴가를 보내고 바다에 가는 경우는 서너 번 정도로 드문 편이다.

На рабо́те я **в основно́м** занима́юсь тем, что пишу́ аналити́ческие спра́вки о состоя́нии фина́нсовых ры́нков.
내가 직장에서 하는 일은 주로 금융시장 현황에 관한 분석 리포트를 작성하는 것이다.

Среди́ покло́нников э́того певца́ **в основно́м** же́нщины в во́зрасте 50+ (пятьдеся́т плюс).
이 가수의 팬들은 주로 50세 이상의 여성이다.

При любо́й / ка́ждой возмо́жности
기회가 있을 때마다, 시간이 날 때마다

при возмо́жности 에서 при는 '~할 때, ~하는 경우에'라는 뜻입니다. 그래서 이 표현은 '기회가 있을 때마다, 시간이 날 때마다'라는 의미가 됩니다. 헷갈리는 표현으로는 по возмо́жности, по ме́ре возмо́жности (가능한 한 최대로)가 있습니다.

참고
В поли́ции я по возмо́жности подро́бно описа́л вчера́шнее происше́ствие.
나는 경찰서에서 어제 사건을 최대한 자세히 진술했다.

Я живу́ и рабо́таю в Москве́, но **при любо́й возмо́жности** стара́юсь навести́ть свои́х роди́телей на Ура́ле.
나는 모스크바에서 살면서 일하고 있지만, 시간이 날 때마다 우랄 지방에 사는 부모님을 찾아뵈려고 애쓴다.

Разгова́ривайте на ру́сском языке́ **при любо́й возмо́жности**, обща́йтесь с носи́телями языка́, не бо́йтесь де́лать оши́бки.
틈나는 대로 러시아어로 대화하고, 원어민과 교류하세요. 실수를 두려워하지 마세요.

При любо́й возмо́жности отправля́йтесь в путеше́ствие, открыва́йте для себя́ что́-то но́вое!
기회가 될 때마다 여행을 떠나고, 새로운 경험을 하세요!

Бы́ло мно́го моме́нтов, когда́ ...
~한 순간이 자주 있었다

Бы́ло мно́го моме́нтов, когда́ я был бли́зок (была́ близка́) к тому́, что́бы уво́литься.
나는 퇴사하려고 했던 적이 자주 있었다.

Бы́ло мно́го моме́нтов, когда́ мне стра́шно хоте́лось всё бро́сить и уе́хать из страны́.
나는 다 내팽개치고 해외로 떠나고 싶었던 적이 자주 있었다.

В его́ бу́рной жи́зни **бы́ло мно́го моме́нтов, когда́** каза́лось, что всё поте́ряно. Но вся́кий раз уда́ча ему́ улыба́лась*, и вы́ход находи́лся как бы сам собо́й**.
그는 파란만장한 삶에서 모든 것을 잃었다고 느낀 순간이 많았다. 그러나 매번 행운은 그의 편이었고, 해결책은 저절로 나왔다.

***уда́ча** *кому* **улыба́лась** 행운이 ~의 편이다 (직역: 행운이 ~에게 미소짓다)

****сам собо́й** 저절로

В конце́ концо́в *кому* удало́сь *инф*.
마침내 해냈다

의미상 주어는 여격으로 써주어야 하는 점 주의하세요.

В конце́ концо́в че́рез полго́да по́исков мне **удало́сь** найти́ хоро́шую рабо́ту.
나는 구직활동 반년 만에 마침내 취업에 성공했다.

В конце́ концо́в нам, хотя́ и с больши́м трудо́м, **удало́сь** реши́ть э́ту пробле́му.
우리는 힘겨웠으나 결국 이 문제를 해결하는 데 성공했다.

В конце́ концо́в мне **удало́сь** осуществи́ть свою́ мечту́: жить и рабо́тать в Ита́лии.
나는 마침내 이탈리아에서 살면서 직장을 잡고자 하는 꿈을 이뤘다.

대화문 11-2 Диалог

А

Я за э́ту зи́му ужа́сно растолсте́ла!

Б

Ну что́ ты, дорога́я, ты прия́тно пополне́ла!

А

Хва́тит издева́ться! Лу́чше скажи́, что де́лать.

Б

У меня́ для тебя́ плохи́е но́вости. Сни́зить вес мо́жно то́лько одни́м спо́собом. Это – "а" – пра́вильное пита́ние. И уме́ренное! Разу́мные ограниче́ния в пита́нии. И – "бэ" – регуля́рные, системати́ческие заня́тия спо́ртом. Хотя́ пра́вильнее сказа́ть, физкульту́рой. Всё! Всё остально́е – ложь и иллю́зии.

А

А мне вот подру́жки дие́ту посове́товали. Говоря́т, шика́рно помога́ет.

Б

Дорога́я, не занима́йся самообма́ном. Конча́ются дие́ты – и челове́к сно́ва набира́ет пре́жний вес, **а то и** бо́льше, е́сли игнори́рует пу́нкты "а" и "бэ".

А

Ла́дно, сама́ всё понима́ю. **Ты мне не помо́жешь?**

Б

О чём ты говори́шь? Коне́чно! Вме́сте бу́дем занима́ться. И ку́шать поме́ньше – то́же вме́сте. Всегда́ всё вме́сте!

А

Ты у меня́ про́сто зо́лото, дорого́й!

대화문 Диалог

А 이번 겨울에 살 엄청 쪘어!

Б 무슨 소리야, 통통하게 귀엽기만 한데!

А 그만 놀려! 차라리 해결책을 알려줘.

Б 좀 듣기 싫은 얘기일 수도 있지만, 살을 빼는 방법은 하나 밖에 없어. 첫째는 올바른 식습관. 적절한 식습관! 적당한 식이제한이지. 둘째는 규칙적이고 체계적인 운동. 더 정확히 말하면, 체력단련이지. 이게 전부야. 나머지는 다 거짓이고 환상일 뿐이지.

А 친구들이 나한테 식이요법 추천해 줬어. 엄청 효과가 있대.

Б 자기야, 스스로를 기만하지 마. 식이요법이 끝나고 나서 첫 번째와 두 번째 원칙을 지키지 않으면, 또다시 예전 몸무게로 돌아가거나 오히려 더 찌잖아.

А 그래, 나도 다 알아. 그럼 나 좀 도와주지 않을래?

Б 그걸 말이라고 해? 당연하지! 같이 운동하자. 식사량 줄이는 것도 같이해보고, 뭐든 같이하는 거야!

А 나한텐 정말 우리 자기가 최고야!

대화문 Диалог

어휘 구문

- □ издева́ться *над кем-чем* — 놀리다, 조롱하다
- □ спо́соб — 방법
- □ системати́ческий — 체계적; 지속적인
- □ ложь — 거짓
- □ иллю́зия — 환상, 망상
- □ шика́рно — 세련되게; 아주 훌륭하게
- □ пре́жний — 이전의
- □ самообма́н — 자기기만
- □ игнори́ровать *что* — 무시하다, 간과하다
- □ пункт — 항목

관용구

- □ Ну что ты! — 무슨 소리야! (상대방의 말이 틀렸다고 말할 때)
- □ хва́тит *инф.* — 그만 해
- □ У меня́ для тебя́ плохи́е но́вости — 안 좋은 이야기를 전해야겠어, 내가 하는 이야기가 마음에 안 들테지만 (직역: 너에게 나쁜 소식이야)
- □ а то и — 그렇지 않으면; 아마도 (= вполне́ возмо́жно)
- □ Ты мне не помо́жешь? — 도와주지 않을래?

  구어에서는 <не + 미래시제 동사>를 써서 요청의 의미를 나타냅니다.
- □ О чём ты говори́шь? — 물론이지, 당연하지, 그걸 말이라고 하니?
- □ Ты у меня́ про́сто зо́лото! — 네가 최고야!

1 의문사 + уго́дно ~든 상관없이

본문

Днём разреша́ла себе́ что уго́дно.

본문에서는 의문사 что와 уго́дно (~든 상관없이)가 함께 쓰여 '무엇이든 상관없이 모두'라는 의미로 사용되었습니다. уго́дно는 물론 다른 의문사와도 사용할 수 있습니다.

예문

А: У вас есть фа́кты, подтвержда́ющие ва́ше предположе́ние?
당신이 추측하는 내용을 증명할 수 있는 실제 증거가 있습니까?

Б: **Ско́лько уго́дно**!
얼마든지 있지요!

연습문제 한국어 문장의 뜻에 맞게 아래 빈칸에 알맞은 표현을 넣어 문장을 완성해 봅시다. 전치사가 필요한 경우, 전치사도 넣어주세요.

❶ Одна́ моя́ подру́га мо́жет часа́ми говори́ть (   ). Вот болту́шка!
내 친구 중 하나는 어떤 주제든 몇 시간씩 떠들 수 있어. 정말 수다쟁이라니까!

❷ Я за люби́мым челове́ком могу́ пое́хать (   ).
나는 사랑하는 사람을 따라서라면 어디든 갈 수 있어.

❸ У него́ осо́бый дар: он мо́жет убеди́ть (   ). Неудиви́тельно, что он ме́неджер по прода́жам.
그 사람은 누구든 설득할 수 있는 특별한 재능이 있어. 그가 영업부에서 근무한다는 게 전혀 놀랍지 않아.

❹ Како́й фильм вы гото́вы пересма́тривать (   ) раз?
몇 번이든 다시 보고 싶은 영화 중에는 어떤 것이 있나요?

정답

❶ о чём уго́дно ❷ куда́ уго́дно ❸ кого́ уго́дно ❹ ско́лько уго́дно

2 В двух шага́х от до́ма 거리 표현

본문

Офис фи́рмы, где я рабо́таю, – в десяти́ остано́вках от моего́ до́ма.

<в + 거리 от + 기준점>을 사용해 특정 장소로부터의 거리를 나타낼 수 있습니다. 그럼 예문을 통해 표현을 익혀봅시다.

예문

Этот небольшо́й го́род располо́жен **в тридцати́ киломе́трах от столи́цы**.
이 소도시는 수도에서 30km 떨어져 있다.

Шко́ла нахо́дится **в пяти́ мину́тах ходьбы́ от до́ма**.
학교는 집에서 도보로 5분 거리에 있다.

В двух шага́х* от на́шего до́ма стро́ится но́вый торго́вый центр.
우리 집 근처에 쇼핑센터를 새로 짓고 있다.

***в двух шага́х** *от чего* 가까운 거리에, 엎어지면 코 닿을 거리에 (직역: 두 걸음 거리에)

3 Опуска́ть-опусти́ть ру́ки 포기하다, 손놓다

본문

Я была́ уже́ гото́ва отказа́ться от вся́ких дие́т и вообще́ опусти́ть ру́ки.

опуска́ть-опусти́ть는 '내리다'라는 뜻입니다. 그래서 문자 그대로 보면 '손을 내려놓다'라는 뜻이며, '손놓다, 포기하다, 낙담하다'라는 의미로 쓰입니다.

예문

Я никогда́ не **опуска́ю ру́ки** и всегда́ добива́юсь своего́.
나는 결코 포기하는 법이 없고, 늘 목표를 달성한다.

Он три го́да боро́лся с онколо́гией, пото́м по́нял, что всё бесполе́зно и **опусти́л ру́ки**.
그는 3년간 암투병을 하였고, 이후 모든 것이 다 소용이 없다는 것을 깨닫고 낙담했다.

4 Не успе́ть огляну́ться, как ... 눈 깜짝할 사이에

본문

Не успе́ешь огляну́ться, как уже́ попра́вилась.

<Не успе́ть ~, как ...> 구문은 원래 '~하자마자 ...한다'라는 의미를 가지고 있으며, огляну́ться는 '뒤돌아보다'라는 뜻입니다. 이렇게 만들어진 이 구문은 '빠르게, 눈 깜짝할 사이에'라는 의미로 사용됩니다. 비슷한 표현으로는 не успе́ть а́хнуть가 있습니다.

예문

То́лько ле́то начнётся – **не успе́ешь огляну́ться**, как оно́ пролете́ло.
여름은 시작되자마자 눈 깜짝할 사이에 지나간다.

То́лько вста́нешь, начнёшь что́-то де́лать, **не успе́ешь огляну́ться** – а день прошёл.
일어나서 일을 시작하고 나면, 눈 깜짝할 사이에 하루가 다 간다.

Не успе́ешь а́хнуть, а ста́рость уже́ тут как тут*.
눈 깜짝할 사이에 나이를 먹고 노인이 된다.

***тут как тут** 금방, 갑자기 나타나다

Не успе́ла огляну́ться, как переста́ли огля́дываться.
눈 깜짝할 사이에 사람들이 뒤돌아보지 않게 되었다 (아름답던 시절이 순식간에 지나갔고, 이제는 사람들이 시선을 주지 않는다).

쉬어가기

영화 속 명대사 (1)

Бриллиа́нтовая рука́

영화에서 등장한 대사 중 유명해져 관용구처럼 사용되는 표현을 알아보겠습니다. 아래는 소련 코미디 영화 '다이아몬드 팔(Бриллиа́нтовая рука́)'(1969)에서 나온 대사입니다.

Я не трус, но я бою́сь

이 표현을 직역하면 '난 겁쟁이는 아니지만, 두려워'라는 뜻으로 모순적인 의미가 결합되어 있는 재미있는 표현입니다. 상대방의 말에 공감은 하나 두렵다는 의미로 사용됩니다.

А: Вопию́щий слу́чай! На́шего главбу́ха уво́лили соверше́нно незако́нно! А вы почему́ промолча́ли?! Почему́ не возмути́лись?

Б: Понима́ете, **я не трус, но я бою́сь**.

A: 큰일 났어요! 우리 경리부장님 부당해고 당했대요! 왜 가만히 있었어요?! 항의도 안 했어요?

B: 그게요, 용기가 안 났어요.

Если челове́к идио́т, то э́то надо́лго

'멍청한 것은 고칠 수 없다'는 의미입니다.

- Ско́лько раз я тебе́ объясня́ла, что и как на́до сде́лать?! А ты опя́ть всё ши́ворот-навы́ворот! Нет, пра́вильно говоря́т: **е́сли челове́к идио́т, то э́то надо́лго**!
- 내가 어떻게 해야 하는지 몇 번이나 설명을 해줬는데?! 또 엉망진창으로 했네! 멍청한 건 못 고친다는 말이 맞긴 맞나 봐!

TEMA

12

운동

Физкульту́ра и спорт

핵심 패턴

□ ~은 말할 것도 없고, 물론이고	не говоря́ уже́ *о ком-чём*
□ 상당히 많은 돈이 들다	*что* уда́рило по карма́ну
□ 시작하다	взя́ться *за что*
□ ~에 미쳐있다	поме́шан(-а, -ы) *на ком-чём*

주요 단어

□ 운동	спорт, физкульту́ра, физи́ческая нагру́зка
□ 헬스장	фи́тнес-клуб, фи́тнес-центр
□ 체조	заря́дка
□ 이용권	абонеме́нт
□ PT, 퍼스널 트레이닝	заня́тие с индивидуа́льным тре́нером
□ 수영장	бассе́йн
□ 조깅	бег
□ 조깅하다	бе́гать
□ 게으름	лень, ле́нь-ма́тушка

주제 읽기 12-1

Текст

Сказáть по прáвде, я ненави́жу спорт. Любóй! Конéчно, э́то всё моя́ лéнь-мáтушка. Инóй раз мне дáже неохóта встать с дивáна, **не говоря́ ужé о** физи́ческих нагру́зках.

А вот мой пáрень, наоборóт, **помéшан на** спóрте. По утрáм он кáждый день плáвает в бассéйне, а вéчером бéгает в пáрке чуть ли не **по** 10 (дéсять) киломéтров. И ещё фи́тнес-клуб три рáза в недéлю.

나는 솔직히 운동이 싫다. 무슨 운동이든지 다! 다 내 귀차니즘 때문이다. 난 운동은 말할 필요도 없고 가끔은 소파에서 일어나는 것조차 싫다.

그런데 내 남자친구는 나랑 반대로 운동에 미쳐있다. 아침마다 수영을 하고, 저녁에는 공원에서 조깅을 하는데 매번 거의 10km씩 뛴다. 거기에다 일주일에 세 번씩 헬스장에 간다.

сказáть по прáвде 솔직히 말하면 (= éсли чéстно)
ненави́деть *кого-что* 싫어하다
инóй раз 때때로, 가끔
неохóта *инф.* 하기 싫다, 마음이 내키지 않는다
наоборóт 반대로, 한편
чуть ли не 거의 (= едвá ли не, почти́)
по *что* 한 단위당 얼마씩

주제 읽기

Текст

Он без концá ворчи́т, чтóбы я, наконéц, **взялáсь за себя́** и началá хотя́ бы понемнóгу занимáться, напримéр, дéлать лёгкую заря́дку, от э́того ведь тóже бýдет пóльза.

Чегó не сдéлаешь рáди люби́мого человéка? Поэ́тому вчерá я купи́ла абонемéнт на три мéсяца для заня́тий в фи́тнес-цéнтре с индивидуáльным трéнером. Это, конéчно, си́льно **удáрило мне по кармáну**. Но есть и положи́тельная сторонá. Сýмма немáлая, э́то дисциплини́рует, от заня́тий отлы́нивать не бýду.

그러면서 나한테 마음을 다잡고 가벼운 체조 같은 운동을 조금이라도 시작하라고 툴툴댄다. 그렇게라도 하는 게 도움이 되기 때문이다.

좋아하는 사람을 위해서라면 뭔들 못하겠는가? 그래서 나는 어제 헬스장 3개월 치와 PT 수업을 끊었다. 물론 돈이 많이 깨졌다. 그래도 긍정적인 측면이 있다. 가격이 비싸서 억지로라도 마음을 다잡으니, 운동을 안 하려고 꾀를 부리는 일은 없을 것 같다.

ворчáть 툴툴대다, 불만스럽게 중얼거리다
взя́ться за себя́ 스스로를 다잡다
хотя́ бы 적어도, 하다못해 …라도
пóльза 유용함, 쓸모
рáди *чего* ~을 위해
положи́тельный 긍정적인
сторонá 면, 측면
дисциплини́ровать *кого-что*
단련하다, 규율을 지키게 하다
отлы́нивать *от чего*
~을 하지 않고 게으름을 피우다

Не говоря́ уже́ о *ком-чём*
~은 말할 것도 없고, 물론이고

Иногда́ да́же взро́слым хо́чется ве́рить в чудеса́, **не говоря́ уже́ о** де́тях.
아이는 말할 것도 없고, 어른들조차도 때로는 기적을 믿고 싶어 한다.

Заче́м вам этот дом, 300 киломе́тров от Москвы́? На бензи́не разори́тесь! **Не говоря́ уже́ о** расхо́дах на содержа́ние.
모스크바에서 300km 떨어진 집이 왜 필요해요? 기름값으로 돈 다 쓸걸요! 관리 비용은 둘째 치고.

Разлу́ка с люби́мым челове́ком – на́ день, на неде́лю, **не говоря́ уже о** ме́сяце и го́де – тяжеле́йшее испыта́ние.
사랑하는 사람과 이별은 한 달, 1년은 말할 것도 없이 하루 한 주가 지옥 같은 고통이다.

Что **уда́рило по карма́ну**
상당히 많은 돈이 들다

карма́н은 '주머니'라는 뜻입니다. 한국어에서도 '주머니가 텅텅 비다, 주머니 사정이 좋지 못하다'라고 많이 쓰는 것과 마찬가지로 러시아어에서도 이 단어를 활용해 돈과 관련된 표현을 할 수 있습니다. 본문의 표현 이외에도 не по карма́ну (주머니 사정에 맞지 않다, 매우 비싸다)라는 관용구가 있습니다.

참고

После́дние моде́ли смартфо́нов я́вно мне не по карма́ну.
최신 폰 모델들이 나한테는 확실히 너무 비싸.

Ремо́нт до́ма си́льно **уда́рил по карма́ну.**
집 리모델링을 하느라 돈이 너무 많이 깨졌어.

Сва́дьба сы́на стра́шно **уда́рила по карма́ну.**
아들 결혼식에 돈을 엄청나게 썼어.

Что́бы доро́га и о́тдых не сли́шком **уда́рили по карма́ну**, мно́гие зара́нее покупа́ют биле́ты и брони́руют номера́ в оте́лях.
휴가 경비에 너무 큰 돈이 깨지지 않도록 대부분 사람들은 티켓과 숙소를 미리미리 예약한다.

Взя́ться за *что* 시작하다

взя́ться *за что*는 기본적으로 '붙잡다'라는 뜻이 있습니다. 예를 들어, "взя́ться за ру́чку две́ри (문고리를 잡다)"라고 말할 수 있습니다. 그리고 여기서 의미가 확장되어 '시작하다; 다잡다'라는 의미를 가지기도 하며, 일부 표현은 관용구로 사용됩니다. 본문에서 나왔던 взя́ться за себя́ (스스로를 다잡다)라는 관용표현 이외에도 어떻게 다양하게 활용되는지 알아봅시다.

Мы всем отде́лом **взяли́сь за** подгото́вку презента́ции.
우리 부서 전체가 프레젠테이션 준비를 시작했다.

Нача́льник: Так, рабо́таем, работаем! Бы́стро все **взя́лись за** де́ло! Не спать! Шевели́тесь!
상사: 자, 일합시다, 일합시다! 얼른 일 시작해요! 가만히 있지 말고요. 적극적으로 임해요!

Дочь-подро́сток наконе́ц-то **взяла́сь за** ум* и начала́ серьёзно занима́ться, гото́виться к ЕГЭ**.
학생인 딸이 드디어 정신을 차리고, 열심히 공부하면서 수능 준비를 시작했다.

***взя́ться за ум** 정신을 차리다, 마음을 고쳐먹다

****ЕГЭ – Еди́ный госуда́рственный экза́мен** 국가통합시험 (대입시험)

Поме́шан (-а, -ы) на *ком-чём* разг
미쳐 있다

У нас почти́ весь класс **поме́шан на** япо́нских аниме́.
거의 우리 반 전체가 일본 애니메이션에 미쳐있어.

Сего́дня мно́гие – и молоды́е, и пожилы́е – про́сто **поме́шаны на** вне́шности: де́лают себе́ пла́стику, вка́лывают бо́токс и т. д.
요새 젊은 사람 나이 든 사람 할 것 없이 성형수술, 보톡스 등 외모관리에 미쳐있는 사람이 많다.

Не могу́ – физи́чески – жить без ко́фе. Друзья́ говоря́т, что я **на** нём про́сто **поме́шан**, а я и не спо́рю: так оно́ и есть*.
난 커피 없이는 못 살겠어. 친구들이 나보고 완전 커피에 미쳤대, 근데 나도 딱히 왈가왈부하진 않아. 진짜인데 뭐.

***так оно́ и есть** 실제로 그렇다 (= э́то действи́тельно так)

대화문 12-2

Диалог

А

Я смотрю́, ты у нас спортсме́н: бе́гаешь, пла́ваешь, зимо́й на лы́жах, фи́тнес кру́глый год. **Не пойму́: на фига́** тебе́ э́то на́до?

Б

Как э́то “**на фига́**”? Что́бы норма́льно себя́ чу́вствовать.

А

А, поня́тно: “**Кто не ку́рит и не пьёт, тот здоро́веньким умрёт**!” – Ха-ха-ха!

Б

Очень смешно́. – У меня́, **к твоему́ све́дению**, в жи́зни мно́го це́лей: ли́чностный рост, саморазви́тие, **та́ же** карье́ра. Здоро́вье не должно́ отвлека́ть. Да ту́по прожи́ть подо́льше – что, ра́зве пло́хо?

А

Не, **мы лю́ди просты́е: от судьбы́ не уйдёшь**. Приро́ду не обма́нешь. Ско́лько кому́ отпу́щено, тот сто́лько и проживёт. И прожи́ть на́до в кайф. А не му́чить себя́, как ты де́лаешь.

Б

У ка́ждого свой кайф. Посмо́трим го́диков че́рез де́сять, на кого́ ты со свои́м ка́йфом бу́дешь похо́ж.

대화문 Диалог

А 내가 보니까, 너 완전 운동선수야. 달리기에 수영도 하고, 겨울이면 스키도 타지. 그리고 일 년 내내 헬스장 다니고. 도대체 뭐 때문에 그렇게 하는 거야?

Б "뭐 때문에"라니? 건강하려고 하는 거지.

А 그렇구나. "담배도 술도 안 하는 사람은 건강하게 죽는다"고 하지. 아하하!

Б 그것참 재밌네. 네가 알았으면 하는데, 난 인생에서 이루고 싶은 게 많아. 개인적 성장이나 자기계발, 그리고 커리어까지.... 건강 문제가 방해가 되면 안 될 거 아니야. 그리고 그냥 오래 사는 것도 나쁘지 않잖아?

А 아니, 그냥 단순하게 살자. 운명에서 벗어날 순 없지. 타고난 걸 거스를 순 없어. 사람은 주어진 만큼 사는 거야. 그러니 즐기면서 살아야 해. 너처럼 스스로를 힘들게 할 필요는 없어.

Б 사람마다 즐거움을 느끼는 게 다르니까. 그렇게 즐기면서 사는 너의 10년 후 모습이 어떨지 한번 지켜보자고.

어휘 구문

- □ кру́глый год — 일 년 내내
- □ ли́чностный рост — 개인적 성장
- □ саморазви́тие — 자기계발
- □ отвлека́ть-отвле́чь *кого + от чего* — 주의를 분산시키다, 방해하다
- □ да — 그리고, 게다가 (= ещё)
- □ ту́по разг. — 단지, 그냥 (= про́сто)
- □ не разг. — = нет
- □ обма́нывать-обману́ть *кого-что* — 속이다, 어기다
- □ отпуска́ть-отпусти́ть *кому + что* — 놓아주다; 공급하다, 지급하다
- □ кайф разг. — 즐거움, 쾌락, 만족

관용구

- □ Я смотрю́ — 내가 보니까 (관찰하고 지켜본 결과)
- □ Не пойму́ — 이해할 수 없어, 이해가 안 돼 (= Не понима́ю)

  미래시제를 사용하고 있지만 미래의 행위를 의미하는 것은 아니며, Не понима́ю보다 더 구어적인 표현이에요.
- □ На фига́ разг. — 뭐 때문에 (= заче́м, для чего́, с како́й це́лью) (비속어 표현입니다)

대화문 Диалог

□ Кто не ку́рит и не пьёт, тот здоро́веньким умрёт. — 담배도 술도 안 하는 사람은 건강하게 죽는다 (건강을 위해 술, 담배 등의 즐거움을 포기하는 사람들에게 익살스럽게 사용하는 말)

□ Очень смешно́ — 그것참 웃기네, 재밌네 (실제로는 전혀 재밌지 않다는 반어적 표현)

□ К твоему́ све́дению — 네가 좀 알았으면 하는데 (= Я хочу́ тебе́ сообщи́ть)

□ тот (та, то, те) же — ~까지, ~도 빼놓을 수 없다

어떠한 것을 열거할 때 사용하는 표현으로, A와 Б만큼 중요한 것은 아니지만 В도 중요하다는 뜻으로 <A, Б, ... тот же В>의 형태로 쓰입니다. тот은 수식하는 명사 В와 성수격을 맞춰줍니다.

예문

1 **Норма́льное пита́ние, по ми́нимуму мо́дные тря́пки*, маши́на, о́тдых, те же хо́бби, увлече́ния – всё э́то тре́бует де́нег и ещё раз де́нег.**
좋은 식단, 철마다 트렌디한 옷, 차, 휴가, 그리고 취미 생활까지. 결국 이 모든 게 다 돈이야.

***мо́дные тря́пки** разг. 유행하는 옷, 트렌디한 옷

2 **Мне ка́жется, непра́вильно говори́ть, что са́мые больши́е алкого́лики – э́то ру́сские. Англича́не пьют не ме́ньше. Или те же фи́нны, приба́лты.**
최고의 술꾼을 러시아인이라고 하는 건 어폐가 있어. 영국인도 못지않고, 핀란드랑 발트 3국도 뒤지지 않아.

3 **Дела́ на рабо́те, отноше́ния с ро́дственниками, ситуа́ция в стране́ и ми́ре, та же пого́да – всё э́то влия́ет на настрое́ние и состоя́ние челове́ка.**
회사 일, 가족과 관계, 나라와 세계 상황, 그리고 날씨까지. 이 모든 것이 사람의 기분과 컨디션에 영향을 미친다.

□ Мы лю́ди просты́е — 단순하게 생각하자, 심플하게 살자

□ От судьбы́ не уйдёшь — 운명에서 벗어날 수 없다

□ Ско́лько кому́ отпу́щено, тот сто́лько и проживёт. — 운명으로 주어진 만큼 산다

□ Посмо́трим, на кого́ ты бу́дешь похо́ж(-а) — 나중에 어떻게 될지 보자고

예문

А: Я могу́ вы́пить ско́лько уго́дно и не опьяне́ть!

Б: Посмо́трим лет че́рез де́сять, на кого́ ты тако́й круто́й бу́дешь похо́ж.

А: 난 얼마든지 마셔도 안 취해.

Б: 10년 뒤에도 그렇게 멋진지 어디 한번 두고 볼까. (지금은 술 잘 마시는 걸 자랑스럽고 멋지다고 생각하겠지만 10년 뒤에는 어떻게 되는지 보자고)

더 알아보기

1 운동 관련 어휘

본문에서는 운동과 관련된 다양한 어휘가 등장합니다. 비슷해 보이는 어휘 간의 의미 차이를 알아봅시다.

спорт 스포츠, 체육

спорт는 주로 경쟁을 하는 경기와 관련된 운동을 뜻하며, 아래와 같이 두 종류로 나뉩니다.

- **профессиона́льный спорт** 엘리트 체육, 프로 스포츠
- **ма́ссовый спорт** 생활체육, 아마추어 스포츠

프로 선수와 아마추어 선수는 아래와 같이 표현합니다.

- **профессиона́льный спортсме́н** 프로 선수
- **спортсме́н-люби́тель** 아마추어 선수

физи́ческая культу́ра (= физкульту́ра)

1) 중고등학교의 체육 교과목
2) 일반인들이 건강을 위해 하는 규칙적 근력/유산소 운동 (헬스장, 홈트, 러닝 등)

физи́ческие нагру́зки 신체 활동, 신체에 가해지는 부담

нагру́зка는 '하중, 작업량, 부담' 등을 의미합니다. 모든 종류의 운동은 신체적 활동과 신체에 대한 부담을 동반한다고 할 수 있습니다.

- **лёгкие / небольши́е физи́ческие нагру́зки** 가벼운 신체 활동
- **тяжёлые / больши́е физи́ческие нагру́зки** 강도 높은 신체 활동

(у́тренняя) заря́дка 하루 활력을 깨우기 위해 아침에 10~15분 정도로 짧게 하는 운동

трениро́вка 훈련, 트레이닝

단독으로 하는 것이 아닌, **тре́нер** (트레이너, 코치)의 지도에 따라 하는 운동

- **инстру́ктор по фи́тнесу / фи́тнес-тре́нер** 헬스 트레이너
- **заня́тия с индивидуа́льным фи́тнес-тре́нером** 퍼스널 트레이닝 수업

2 По *что* / *чему* 한 단위당 얼마씩

전치사 по는 '각각 몇 개씩, 얼마씩'이라는 의미로도 사용됩니다. 이때 по 뒤에는 대격 또는 여격이 올 수 있습니다.

по + 대격 (оди́н을 제외한 수사)

По по́воду регла́мента. Предлага́ется дать ка́ждому выступа́ющему **по пятна́дцать** мину́т.
규정상 모든 발표자에게는 각각 15분이 주어집니다.

Сейча́с я пишу́ диссерта́цию. Что́бы успе́ть к сро́ку, стара́юсь выде́рживать гра́фик: **по две-три страни́цы** в день.
저는 지금 논문 작성 중인데, 기한에 맞추고자 하루에 2~3장씩 쓰는 일정을 지키려고 노력 중입니다.

по + 여격 (명사, оди́н)

Вы́пьем **по ча́шечке** ко́фе?
커피 한 잔씩 마실까?

Вход в кабине́т врача стро́го **по одному́ челове́ку**.
진료실에는 반드시 한 사람만 들어갈 수 있습니다.

Согла́сно завеща́нию, по́сле сме́рти изве́стного телеведу́щего ка́ждый из его́ насле́дников получи́л **по миллио́ну до́лларов**.
유명 MC가 죽자, 그의 유언에 따라 상속자들은 백만 달러씩을 받았다.

연습문제 괄호 안의 단어를 활용해 문장을 완성하세요.

❶ Сего́дня во мно́гих росси́йских се́мьях __________ . (маши́на)
현재 대다수의 러시아 가정은 차를 두 대씩 굴린다.

❷ Приду́майте __________ со слова́ми “спортсме́н”, “тре́нер” и “соревнова́ние”. (приме́р)
'운동선수', '트레이너', '경기'라는 단어로 1개씩 예문을 생각해 보세요.

❸ Жизнь сейча́с сло́жная, напряжённая, но я всё-таки стара́юсь найти́ вре́мя для чте́ния. Чита́ю __________ в день, получа́ется где-то ______ в ме́сяц. (страни́ца / рома́н)

난 요새 사는 게 힘들고 지치지만, 그래도 독서할 시간은 꼭 내려고 한다. 하루에 10~15쪽씩 읽다 보면 한 달에 대략 소설 한 권씩은 읽게 된다.

정답

❶ по две маши́ны ❷ по одно́му приме́ру
❸ по де́сять – пятна́дцать страни́ц / по рома́ну

3 전치사 ДЛЯ vs РАДИ

Чего́ не сде́лаешь ра́ди люби́мого челове́ка?

이 문장에서 사용된 ра́ди는 '~을 위해서'라는 뜻입니다. для와 유사하나 ра́ди는 목적을 위해 자발적으로 꽤 힘겨운 일을 하거나 무언가를 희생하는 경우에 사용할 수 있습니다. 그렇다면 для와 ра́ди 중 다음 예문에 알맞은 전치사를 넣어봅시다.

연습문제

❶ __________ дете́й лю́бящие роди́тели гото́вы на любы́е же́ртвы.

❷ __________ получе́ния води́тельских прав необходи́мо сдать экза́мен.

❸ __________ люби́мой же́нщины он оста́вил рабо́ту в министе́рстве и перее́хал в небольшо́й провинциа́льный городо́к.

정답 ❶ Ра́ди ❷ Для ❸ Ра́ди

1 한국어 해석을 보고 빈칸에 알맞은 전치사를 넣어보세요.

❶ (   ) осно́ве э́того рома́на лежа́т истори́ческие собы́тия.
이 소설은 역사적 사건을 기반으로 하고 있다.

❷ Сва́дьба до́чери стра́шно уда́рила (   ) карма́ну.
딸의 결혼식에 돈이 많이 깨졌다.

❸ Я начала́ следи́ть (   ) пита́нием.
나는 식단에 신경 쓰기 시작했다.

❹ Борьба́ (   ) ли́шним ве́сом – де́ло нелёгкое.
살을 빼는 것은 쉽지 않은 일이다.

2 다음 문장에서 틀린 부분을 고쳐보세요.

❶ Вход в кабине́т вра́ча стро́го по оди́н челове́к.

❷ Мы ско́лько привы́кли к социа́льным сетя́м и ме́ссенджерам, что по́лное их отсу́тствие да́же на не́сколько часо́в выбива́ет из колей*.

***выбива́ть из колей** 혼란스럽게 하다, 불안하게 하다

❸ Когда́ на после́днем вступи́тельном экза́мене в университе́т я получи́ла “дво́йку”, то, по́мню, вы́шла на у́лицу и пошла́ откуда́ глаза́ глядя́т. Для меня́ э́то была́ катастро́фа.

3 다음 문장을 러시아어로 번역해 보세요.

❶ 우리는 시간 계산을 안 하고 집에서 늦게 나가는 바람에 공항 가는 길에 차가 막혀 비행기를 거의 놓칠 뻔했다.

❷ 영화는 강한 인상을 남긴다.

❸ 영화는 심지어 내 기대를 뛰어넘었다 (기대 이상이었다).

❹ 휴가를 떠나고 나서 눈 깜짝할 사이에 휴가가 끝나버렸다.

❺ 가장 기억에 남는 것은 이르쿠츠크에서 머물렀던 사흘이었다.

❻ 저녁에 나는 공원에서 거의 5km씩 뛴다.

4 괄호 안의 설명을 참고하여 다음 보기에서 알맞은 관용구를 골라 빈칸에 넣으세요.

не ка́ркай	спаси́бочки, стара́юсь	не пойму́	это что́-то
ну что ты	да ла́дно	на свой страх и риск	запа́ла в ду́шу
от судьбы́ не уйдёшь	не успе́ешь огляну́ться	я смотрю́	
о́фисный планкто́н	на фига́	уда́рил нам по карма́ну	

❶ Го́споди, как вре́мя лети́т! ________________________, а жизнь прошла́!

힌트 вре́мя прохо́дит о́чень бы́стро; переме́ны в жи́зни происхо́дят о́чень бы́стро

❷ А: Мы неда́вно из пое́здки по ю́гу Фра́нции верну́лись и сейча́с в по́лном восто́рге.

Б: Да, я вас прекра́сно понима́ю. Лазу́рный бе́рег* – ______________!

힌트 э́то ме́сто "о́чень высо́кого ка́чества"

***Лазу́рный бе́рег** 코트다쥐르

❸ А: Ты где сейча́с и кем рабо́таешь?

Б: Так, в одно́й фи́рме, в рекла́мном отде́ле. ______________________, коро́че.

힌트 Я обы́чный сотру́дник; таки́х сотру́дников, как я, о́чень мно́го

❹ Наве́рное, в жи́зни у ка́ждого из нас ра́но и́ли по́здно наступа́ет моме́нт, когда́ прихо́дится де́йствовать ______________________.

힌트 де́йствовать самосто́ятельно и нести́ по́лную отве́тственность за свои́ реше́ния и де́йствия

❺ Коне́чно, ремо́нт си́льно ________________________, но мы не жале́ем: кварти́ра сейча́с как конфе́тка*.

힌트 на ремо́нт мы потра́тили о́чень мно́го де́нег

***как конфе́тка** 매우 좋다, 훌륭하다

❻ А: Блин, а е́сли меня́ уво́лят, что тогда́ де́лать бу́дем?

Б: ______________! Лу́чше стара́йся нача́льству бо́льше понра́виться.

힌트 Не говори́ таки́е слова́, потому́ что они́ мо́гут стать реа́льностью

❼ Жена́: Бо́же мой, как я ужа́сно сего́дня вы́гляжу! А всё потому́, что не вы́спалась!

Муж: ______________, дорога́я, ничего́ подо́бного! Ты прекра́сна, как у́тренняя заря́!

힌트 Нет, ты говори́шь соверше́нно непра́вильно, ты непра́ва

❽ А: Слу́шай, ты молоде́ц: так о жене́ и де́тях забо́тишься, роди́телям помога́ешь, по выходны́м ещё и волонтёришь.

Б: ______________.

힌트 Я благодарю́ тебя́ и прилага́ю больши́е уси́лия

❾ ______________, вы за после́днее вре́мя похуде́ли, так похороше́ли. Не откро́ете секре́т?

힌트 Я "анализи́рую" ваш вне́шний вид и де́лаю вы́вод

❿ Лет 10-ть (де́сять) наза́д на о́тдыхе в Со́чи я познако́мился с одно́й замеча́тельной же́нщиной. И так она́ мне глубоко́ ______________, что я её до сих пор забы́ть не могу́.

힌트 она́ произвела́ на меня́ огро́мное впечатле́ние, и я до сих пор о́чень хорошо́ её по́мню

⓫ А: Но́вость слы́шала? Ко́стя и Ма́шка разво́дятся.

Б: ________! Они́ же то́лько три ме́сяца, как пожени́лись.

А: Всё пра́вильно, снача́ла пожени́лись, а тепе́рь разво́дятся.

힌트 Не мо́жет тако́го быть, я не ве́рю твои́м слова́м

⓬ А: Приве́т, что но́вого?

Б: Да вот, в униве́р на химфа́к поступи́л.

А: _____________: ___________ тебе́ э́то на́до? У тебя́ уже́ два дипло́ма есть. Са́мым у́мным хо́чешь быть?

힌트 Я не могу́ объясни́ть себе́ твои́ де́йствия

힌트 заче́м

⓭ Мой дед, ско́лько ни стара́лся, так и не смог разбогате́ть. Оте́ц всю жизнь в бе́дности про́жил. И моя́ любо́вь к деньга́м оста́лась без отве́та. Ви́дно, _____________________.

힌트 Челове́к не мо́жет измени́ть свою́ жизнь так, как он хо́чет: вы́сшая си́ла э́тому препя́тствует

쉬어가기

영화 속 명대사 (2)

Двена́дцать сту́льев

일리야 일프와 예브게니 페트로프의 풍자소설을 원작으로 한 '열두 개의 의자(Двена́дцать сту́льев)'(1971, 1976)는 혁명 당시에 의자 안에 숨겨놓은 보석을 찾기 위해 주인공들이 러시아 방방곡곡 돌아다니며 모험을 하는 내용입니다.

Утром де́ньги – ве́чером сту́лья

이 대사는 한 극장에서 의자들을 발견하게 된 주인공이 극장 기술자와 협상을 하는 장면에서 등장하는 대사입니다. 돈을 먼저 주어야 의자를 내어줄 수 있다고 말하고 있는 것인데요. 선불로 지불할 것을 요구할 때 사용할 수 있는 표현입니다.

А: А вы не могли́ бы отгрузи́ть нам това́р без предопла́ты? Под на́ше гаранти́йное письмо́?

Б: Шу́тите, уважа́емый? **Утром де́ньги – ве́чером сту́лья**. Би́знес по-друго́му не де́лается.

A: 대금 선지급 없이 상품을 먼저 발송해 주실 수 있나요? 지급보증서 쓰고요.

B: 이봐요, 농담하세요? 돈을 먼저 주셔야 상품을 드리죠. 안 그러면 거래 안 해요.

Торг здесь неуме́стен!

주인공은 적은 금액으로 흥정을 시도하는 상대에게 위와 같이 말합니다. '흥정은 불가하다'라는 의미로 사용하며, 현재에는 'торг уме́стен(가격 조정 가능)'의 형태로도 많이 사용합니다.

Продаётся уча́сток, 10 (де́сять) со́ток, садо́вый до́мик, ба́ня, 3 миллио́на рубле́й, **торг уме́стен**.

부지 매물, 1000제곱미터, 오두막집, 샤워장, 3백만 루블, 가격 조정 가능.

TEMA

13

친구 만나기

Дру́жба, встре́чи с друзья́ми

핵심 패턴

- ☐ 각자 ~가 다르다 — у ка́ждого своё *что*
- ☐ 일정을 정하다 — назнача́ть *на что*
- ☐ 미루다, 연기하다 — переноси́ть-перенести́ *на что*
- ☐ (의견 등이) 서로 갈리다, 달라지다 — расходи́ться-разойти́сь

주요 단어

- ☐ 같은 반 친구, 동창 (초중고) — однокла́ссник
- ☐ 친구들끼리, 친구들과 함께 — в дру́жеской компа́нии
- ☐ 수다를 떨다 — (по)болта́ть
- ☐ 함께 모이다 — собира́ться-собра́ться вме́сте
- ☐ 약속을 잡다 — назнача́ть-назна́чить встре́чу
- ☐ 약속을 미루다 — перенести́-переноси́ть встре́чу
- ☐ 만나다 — ви́деться
- ☐ 본 모습이 나오다 — быть сами́м собо́й
- ☐ 걱정거리를 털어놓다 — (по)дели́ться наболе́вшим
- ☐ 마음을 털어놓다 — излива́ть-изли́ть ду́шу

주제 읽기 13-1

Текст

Мои́ лу́чшие друзья́ – бы́вшие одноклá́ссники. Когда́ мы встреча́емся (обы́чно в кафе́ и́ли в ресторáне), то не мелочи́мся, зака́зываем блю́да повкусне́е, болта́ем, смеёмся, прика́лываемся. Коне́чно, мо́жем поговори́ть и о серьёзном.

Когда́ я в дру́жеской компа́нии, то могу́ **быть сами́м собо́й**, говорю́ что ду́маю и чу́вствую, а то и делю́сь наболе́вшим, излива́ю, так сказа́ть, ду́шу. Если каки́е-то стре́ссы, то по́сле встре́чи с друзья́ми всё уже́ не ка́жется таки́м мра́чным. Наде́юсь, и мои́м друзья́м то́же. Получа́ется своего́ ро́да беспла́тная пси́хотерапи́я.

내 절친은 초중고 동창들이다. 우리는 (보통 카페나 식당에서 만나는데) 만나면 돈 아까워하지 않고, 평소보다 더 맛있는 걸 시켜 먹는다. 그리고 내내 웃고 떠들며 장난치기 바쁘다. 물론 진지한 얘기를 할 때도 있다.

친구들과 있으면 내 본연의 모습이 나오고, 내 생각과 감정을 그대로 말하게 된다. 가끔은 고민거리나 속 얘길 하곤 하는데, 스트레스를 받은 게 있어도 친구들과 놀고 나면 그렇게 우울한 것만은 아니구나 느낀다. 내 친구들도 나와 같은 마음이면 좋겠다. 무료 심리치료를 받은 느낌이랄까.

мелочи́ться разг.
돈을 아끼다, 쓸데없는 소비를 꺼리다

прика́лываться сленг 놀리다, 농담하다

дру́жеский 친구의, 친한

компа́ния 무리, 함께 있는 사람들

быть сами́м собо́й 본연의 모습이 나오다

а то и 가끔

мра́чный 암담한, 우울한

своего́ ро́да 일종의

пси́хотерапи́я 심리치료

주제 읽기

Текст

Проблéма в том, что с вóзрастом из-за нехвáтки врéмени нам всё труднéе собирáться вмéсте. Все, как мы шýтим, óфисный планктóн. **У кáждого свой** грáфик рабóты; чтóбы встрéтиться, прихóдится кáк-то их согласóвывать. **Назначáть** встрéчи **на** бýдни нереáльно, да и по выходны́м возникáют слóжности, осóбенно éсли у когó-то ужé семья́.

Напримéр, в прóшлый раз оди́н из нáшей компáнии сказáл, что бýдет рабóтать допозднá и на встрéчу прийти́ не смóжет. Пришлóсь **перенести́** её **на** слéдующий день. Жаль, конéчно, но в послéднее врéмя мы стáли рéже ви́деться. Нáши жи́зненные пути́ кáк-то **всё бóльше расхóдятся**.

문제는 나이를 먹으면서 시간이 없어 점점 모이기가 어렵다는 것이다. 다들 직장인인데 일하는 시간도 제각각이라, 약속을 잡으려면 각자 시간을 어떻게든 맞춰야 한다. 그러다 보니 주중에 만나기는 현실적으로 어렵고, 주말은 가정이 있는 애들이 나오기가 쉽지 않다.

일례로 지난번에는 우리 중에 누구 하나가 야근을 하게 되어 못 나온다고 해서 다음 날로 약속을 미뤄야 했다. 그러다 보니 최근에는 만나는 횟수가 줄어들어 아쉽다. 아무래도 사는 게 점점 제각기 달라지는 것 같다.

с вóзрастом 나이가 들면서
нехвáтка 부족, 결핍
óфисный планктóн 직장인
грáфик рабóты 근무일정, 근무시간
кáк-то 어떻게든
согласóвывать-согласовáть *что* 합의하다
да и 게다가
бýдни 평일, 주중
в прóшлый раз 지난번에
допозднá 늦게까지
так и не 결국에는
рéже 더 드물게 (рéдко의 비교급)

У ка́ждого своё *что* 각자 ~이 다르다

이 표현을 직역하면 '각자에게 자신만의 ~이 있다'는 뜻으로 '개인마다 ~이 다르다'라는 의미로 사용할 수 있습니다. свой (своя́, своё, свои́)는 주격 명사에 성과 수를 맞추어 줍니다.

Кто́-то лю́бит джаз, кто́-то кла́ссику, а кто́-то наро́дную му́зыку. **У ка́ждого свои́** вку́сы и предпочте́ния.
누구는 재즈를, 누구는 클래식을, 누구는 민속음악을 좋아하듯이 각자 취향과 선호도가 다르다.

Жена́ во всех бе́дах семьи́ обвиня́ет му́жа, муж – жену́. И **у ка́ждого** из них – **своя́** пра́вда.
아내는 가정의 온갖 불행을 남편에게 탓하고, 남편은 아내를 탓한다. 각자의 진실이 다른 것이다.

Каза́лось бы, бли́зкие лю́ди должны́ всегда́ и во всём понима́ть друг дру́га. Но **у ка́ждого** из них – **свои́** взгля́ды на жизнь, **свои́** вку́сы и **своё** мне́ние. И иногда́ быва́ет так тру́дно примири́ть их друг с дру́гом.
전에는 가까운 사람끼리 항상 모든 부분에서 서로를 이해해야 한다고 느꼈다. 하지만 사람은 각자 가치관, 취향, 의견이 다르기 때문에 가끔은 서로 의견을 맞추기가 너무 어려울 때가 있다.

Назнача́ть-назна́чить *что* + на *какое время*
일정을 정하다

назнача́ть-назна́чить는 '지정하다'라는 뜻입니다. 본문에서와 같이 일정을 정할 때 사용을 할 수도 있고, 사람을 어떠한 직위에 임명할 때도 사용할 수 있습니다.

참고 **в назна́ченное вре́мя** 약속 시간에 **в назна́ченный срок** 정해진 기한 내에
в назна́ченном ме́сте 약속 장소에서

Она́ **назна́чила** мне встре́чу **на** за́втра, **на** 7-мь (на семь) ве́чера, но пото́м неожи́данно позвони́ла и всё отмени́ла.
그녀는 내일 7시로 나와 약속을 잡아놓고, 갑자기 전화해서 전부 취소했다.

Опера́цию отцу́ **назна́чили на** по́слеза́втра. Дай бог, что́бы всё прошло́ хорошо́.
아버지 수술이 내일모레로 잡혔다. 제발 모든 게 괜찮기를!

Не могли́ бы вы **назна́чить** мне встре́чу в удо́бное для вас вре́мя?
혹시 편하신 시간에 제가 만나 뵐 수 있을까요?

Переноси́ть-перенести́ *что* **+ на** *какое время*
미루다, 연기하다

이 표현은 약속된 일정을 미룰 때 사용합니다. 약속을 아예 취소할 때는 отменя́ть-отмени́ть ***что***를 사용합니다.

Извини́те, всю э́ту неде́лю я ужа́сно за́нят. Дава́йте **перенесём** на́шу встре́чу **на** сле́дующую.
죄송하지만, 이번 주 내내 제가 너무 바빠요. 약속을 다음 주로 미룹시다.

Бу́дущая свекро́вь неожи́данно серьёзно заболе́ла, поэ́тому мы реши́ли **перенести́** сва́дьбу с сентября́ **на** весну́.
예비 시어머니가 갑자기 크게 편찮으셔서 우리는 결혼식을 9월에서 봄으로 미루기로 했다.

Аллочка, мы **перено́сим** совеща́ние **на** за́втра **на** 10-ть (на де́сять) утра́. Сообщи́те, пожа́луйста, об э́том руководи́телям всех отде́лов.
알라 씨, 회의를 내일 오전 10시로 미룰 겁니다. 모든 과장들한테 통보해주세요.

расходи́ться-разойти́сь в *чём* **/ с** *чем*
(의견 등이) 서로 갈리다, 달라지다

расходи́ться-разойти́сь는 '서로 다른 방향으로 흩어지다'라는 뜻으로 의견, 관점, 행보 등이 서로 다른 경우에도 사용합니다.

반의어 **сходи́ться-сойти́сь** 모이다, 일치하다

Мы с нача́льником **разошли́сь во** мне́ниях относи́тельно но́вого прое́кта компа́нии.
나와 상사는 회사의 신규프로젝트에 대한 의견이 서로 갈렸다.

Челове́к тем разу́мнее, чем ме́ньше его́ ожида́ния **расхо́дятся с** действи́тельностью.
사람이 합리적일수록 기대와 현실의 괴리가 적다.

А: Отчего́ вы развели́сь?
Б: **Разошли́сь во** взгля́дах на воспита́ние дете́й.
A: 왜 이혼하게 되셨나요?
Б: 저희는 육아에 대한 관점이 달랐어요.

대화문 13-2 Диалог

А
Слу́шай, мы в пя́тницу с пацана́ми пивка́ реши́ли попи́ть. Ты как?

Б
Ты зна́ешь, **я всегда́ "за"**, но...

А
Что "но"?

Б
В пя́тницу к нам тёща приезжа́ет.

А
И что? Соску́чился?

Б
Издева́ешься? **Бо́же упаси́!** У, **мы́мра**! Но е́сли меня́ ве́чером не бу́дет, моя́ меня́ сожрёт.

А
А ты приду́май что́-нибудь. Отма́зку каку́ю. Ти́па на рабо́те зава́л и́ли ещё что. Да что я тебя́ учу́? Ты что, ма́ленький?

Б
Ла́дно, я что́-нибудь приду́маю. Постара́юсь. Я позвоню́.

А
Дава́й! В пя́тницу ждём.

대화문 Диалог

A 있잖아, 우리 금요일에 맥주 마시러 갈 건데 너도 갈래?

Б 뭐, 나야 늘 좋지. 근데 말이야...

A '근데'라니?

Б 금요일에 장모님이 우리 집에 오신다는데.

A 그게 왜? 장모님 보고 싶어서?

Б 놀리냐? 아이고, 그럴 리가. 우리 장모님 완전 무뚝뚝하고 재미없어. 근데 내가 저녁에 나간다고 하면, 와이프가 가만 안 둘걸.

A 머리를 좀 써봐. 그럴듯한 이유로다가. 회사에 일이 엄청 많다든가. 그나저나 도대체 이런 것까지 가르쳐줘야겠냐? 네가 어린애도 아니고.

Б 알았어. 생각해 봐야지. 노력해보고, 전화할게.

A 그래! 그럼 금요일날 보자. (기다리고 있을게)

어휘 구문

- □ пацáн (복 пацаны́) разг. — 남자애; 친구
- □ пивкó — 맥주 (пи́во의 지소형)
- □ соскýчиться *по кому* — 그리워하다, 보고 싶어 하다
- □ (со)жрать — 타박하다 (= си́льно ругáть)
- □ отмáзка сленг — 그럴싸하게 지어낸 이유
- □ завáл — 흙더미; разг. 산더미 같이 쌓인 일
- □ ти́па разг. — 예를 들어 (= напримéр)

관용구

□ Я всегдá "за" — 난 언제나 찬성이야

'나는 반대야'라고 말하고 싶을 때는 Я "прóтив"라고 말할 수 있습니다.

□ Бóже упаси́! — 그럴 리가, 결코 그렇지 않다, 가당치도 않다

Бóже упаси́라는 표현은 직역하면 '신이시여, 보살피소서'라는 뜻으로 '어떠한 일이 절대 일어나지 않도록 신에게 요청하다', 즉, '결코 그렇지 않다'고 말할 때 사용합니다.

□ Мы́мра разг. — 무뚝뚝하고 음침한 여자

1977년 작 소련 영화인 "Служéбный ромáн" (사내연애)에서 유명해진 표현으로, 고학력에 똑똑하지만 매력 없는 여자, 엄격한 상사 류드밀라의 별명이었습니다.

□ Я чтó-нибудь придýмаю — (해결 방법을) 어떻게든 생각해보겠다

더 알아보기

1 -то, -нибудь, кóе-

의문사와 소사 -то, -нибудь, кóе-을 결합하여 사용하는 경우를 많이 보았습니다. 이번 과에서 정리해 보도록 합시다.

-то 특정 대상의 존재나 사건의 발생 자체를 화자가 알고 있으나, 이에 대해 구체적으로는 모르는 경우.
(ктó-то 누군가 / чтó-то 무언가 / гдé-то 어딘가 / когдá-то 언젠가 / кудá-то 어디론가 / почемý-то 왠지 등등)

Ктó-то зóнтик забы́л.
누군가 우산을 잊어버리고 갔네. ▶ 누구인지 모름

Я ýтром у тебя́ хотéла **чтó-то** вáжное спроси́ть. А сейчáс ужé не пóмню. Лáдно, к вéчеру вспóмню.
아침에 너한테 뭔가 중요한 걸 물어보려고 했는데, 까먹었어. 저녁쯤 생각나겠지 뭐. ▶ 물어보려고 했던 것이 무엇인지 모름

-нибудь 여러 선택지 가운데 어느 것이든 상관없는 경우. 질문이나 명령형 문장에서 주로 사용.
(ктó-нибудь 누구든지 / чтó-нибудь 뭐든지 / гдé-нибудь 어디든지 / когдá-нибýдь 언제든지 등등)

Вы **когдá-нибýдь** бы́ли в Пари́же? А в Ри́ме, Лóндоне?
파리에 가보신 적 있으세요? 로마나 런던은요? ▶ 언제인지가 중요한 것이 아니라 가본 적이 있는지 여부가 중요

Ктó-нибудь, помоги́те! Мýжу плóхо! **Ктó-нибудь**, вы́зовите “Скóрую”!
아무나, 누구든 도와주세요! 남편이 아파요! 누구든 119 좀 불러줘요! ▶ 누구인지는 전혀 중요하지 않음

кóе- 화자가 무엇인지 알고 있으나, 청자에게 그것이 무엇인지 말해주지 않는 경우.
нéкоторые의 의미로 사용하는 경우도 있음. (кóе-ктó 누구 좀 / кóе-чтó 뭐 좀 / кóе-гдé 어디 좀 등등).

Мне нáдо тебé **кóе-чтó** сказáть.
너한테 할 말이 있어. ▶ 하고자 하는 말이 무엇인지 상대방에게 곧바로 말하지 않는 경우

Зáвтра днём мне нáдо **кóе с кем** встрéтиться, а потóм я свобóден.
내일 점심에 나 누구 좀 만나야 돼. 그 이후에는 일정 없어. ▶ 본인은 알고 있지만, 상대방에게 혹은 굳이 자세히 말하고 싶지 않은 경우

참고 전치사와 함께 사용하는 경우, кóе와 의문사 사이에 전치사가 위치하게 됩니다.

연습문제 괄호 안의 의문사에 -то / -нибудь / кóе- 중 알맞은 소사를 더해 문장을 완성해 보세요.

❶ (Когó) вы мне напоминáете, а вот когó и́менно – не могу́ сказáть. Арти́ста (какóго). 누구를 닮으셨는데, 누군지는 말을 못하겠어요. 배우 누군데.

❷ Вы (что) об э́том слы́шали, знáете? 여기에 대해 들어보신 게 있나요? 아시나요?

❸ Мне нáдо тебя́ (о чём) спроси́ть. 너한테 물어볼 게 있어.

❹ Зáвтра днём мне нáдо (кудá) заéхать, а потóм я свобóден.
내일 점심에 어디 좀 들러야 해. 그다음에는 일정 없어.

정답 ❶ Когó-то / какóго-то ❷ чтó-нибудь ❸ кóе о чём ❹ кóе-кудá

2 Быть сами́м собóй 본연의 모습을 보여주다

이 표현을 직역하자면 '자기 자신이 되다'라는 뜻이며, '본래의 자연스러운 모습을 보이다'라는 의미로 사용합니다. сами́м собóй는 각각 '자기 자신'을 뜻하는 сам과 себя́의 조격 형태입니다. 주어가 <u>여성</u>인 경우에는 주로 <быть такóй, какáя я есть>라는 표현을 씁니다.

본문

Когдá я в дру́жеской компáнии, то могу́ быть сами́м собóй. (남성)

예문

В кругу́ друзéй я могу́ **быть такóй, какáя я есть**.
친구들 사이에 있으면 난(여성) 내 본연의 모습이 나와.

연습문제

❶ Иногдá мне кáжется, что сáмое слóжное в жи́зни – э́то вопреки́ давлéнию внéшних обстоя́тельств быть, оставáться ________________.
난(남성) 살면서 가장 어려운 것이 외부 상황의 압박에도 자기 본연의 모습을 잃지 않는 것이라고 생각하곤 해.

❷ Люби́те меня́ ________________, а не тот идеáльный óбраз, какóй вы себé приду́мали!
당신이 생각한 이상형의 모습이 아닌, 나(여성)를 있는 그대로 사랑해 주세요.

정답 ❶ сами́м собóй / таки́м, какóй я есть ❷ такóй, какáя я есть

쉬어가기

영화 속 명대사 (3) 듣기 싫은 소리는 그만!

Не учи́(те) меня́ жить, лу́чше помоги́(те) материа́льно

1981년 오스카 최우수 외국어영화상을 받은 '모스크바는 눈물을 믿지 않는다(Москва́ слеза́м не ве́рит)'(1979)에서 시골에서 상경한 주인공 중 한 명인 류드밀라의 대사입니다. 상대방이 듣기 싫은 조언이나 훈계를 할 때 사용합니다.

Мать: До́ченька, нас с отцо́м о́чень беспоко́ит, что ты так мно́го вре́мени в свои́х весёлых компа́ниях прово́дишь. А учёбу совсе́м забро́сила.

Дочь: Зна́ешь, ма́мочка, **не учи́ меня́ жить, лу́чше помоги́ материа́льно**.

엄마: 엄마랑 아빠는 우리 딸이 친구들이랑 놀러만 다니고, 공부는 아예 하질 않으니 걱정이야.

딸: 아이, 엄마, 이래라저래라 훈계하지 말고 그냥 돈이나 줘요.

Коро́че, Склифосо́вский (Склихасо́вский)!

코미디 영화 '캅카스의 포로(Кавка́зская пле́нница)'(1967)에 등장하는 대사로 상대방의 말이 너무 장황하고 지루하여 중간에 끊고자 할 때 사용합니다. 영화의 등장하는 악당 중 한 명이 전염병에 대해 장황하게 설명하는 주인공의 조력자에게 설명을 '그만두라'며 이 표현을 말하는데요. 이 표현에 등장하는 Н. В. Склифосо́вский는 실존했던 유명 의사의 이름이며, 교양이 없는 모습으로 그려지는 극중 인물은 이 이름을 Склихасо́вский라고 잘못 발음하여 이와 같은 표현이 굳어졌습니다.

А: Тепе́рь тако́й ва́жный моме́нт, как финанси́рование прое́кта. Здесь необходи́мо учéсть це́лый ко́мплекс обстоя́тельств. Пре́жде всего́, ...

Б: **Коро́че, Склихасо́вский**! Ско́лько ну́жно?

A: 자, 이제 사업 자금 조달이라는 중요한 문제가 있는데. 이와 관련해서 상황을 종합적으로 고려해야 합니다. 무엇보다도...

B: 쓸데없는 얘기는 그만하고! 그래서 얼마나 필요합니까?

TEMA

14

결혼과 비혼

Брак и незаму́жняя (холостя́цкая) жизнь

핵심 패턴

□ ~하고 싶다, 끌리다	*кого* тя́нет *к кому-чему / инф.*
□ 만족스럽다	*что* устра́ивает *кого*
□ ~하려고 한다	собира́ться-собра́ться *инф.*
□ 영향을 미치다	ска́зываться-сказа́ться *на чём*

주요 단어

□ 결혼, 결혼생활	брак
□ 기혼이다	состоя́ть в бра́ке
□ 독신생활(남/녀)	холостя́цкая / незаму́жняя жизнь
□ 가정을 꾸리다	созда́ть семью́
□ 부부	супру́жеская па́ра / супру́ги
□ 임신	бере́менность
□ 아이를 갖다	заводи́ть-завести́ дете́й / име́ть дете́й
□ 출산	рожде́ние ребёнка
□ 출산하다	рожа́ть-роди́ть *кого*
□ 경력을 단절시키다	прерыва́ть-прерва́ть карье́ру

주제 읽기 14-1

Текст

Ра́ньше я мечта́ла поскоре́е вы́йти за́муж и счита́ла, что брак для же́нщины – э́то обяза́тельно. Но где́-то по́сле 30-ти́ (тридцати́), по́сле того́ как я переста́ла фина́нсово зави́сеть от роди́телей, жела́ние вы́йти за́муж у меня́ куда́-то пропа́ло.

Роди́тели всё вре́мя твердя́т, что́бы я поскоре́е нашла́ свою́ полови́нку и создала́ семью́, но мне удо́бно быть одно́й. Мне тепе́рь уже́ не хо́чется заводи́ть отноше́ния, ходи́ть на свида́ния и совсе́м не **тя́нет** сближа́ться с кем-ли́бо.

В на́ше вре́мя брак стал свобо́дным вы́бором ка́ждого челове́ка. За после́дние не́сколько лет представле́ния о бра́ке в на́шем о́бществе **значи́тельно измени́лись**.

예전에 난 결혼을 빨리 하고 싶었고, 여자에게 결혼은 필수라고 생각해왔다. 그런데 30살이 넘어 부모님에게 경제적으로 독립한 뒤로는 결혼 생각이 싹 사라졌다.

부모님은 하루빨리 짝을 찾아서 가정을 꾸리라고 맨날 잔소리를 하시는데, 난 혼자가 편하다. 이제는 만나서 데이트를 하고, 누군가를 알아가고 싶은 마음이 전혀 안 든다.

우리 시대에는 결혼이 개개인의 선택 사항이 되었다. 최근 몇 년 새 결혼에 대한 사회적 인식도 크게 바뀌었다.

где́-то 대략 (= приме́рно)
фина́нсовый 재정의
зави́сеть *от кого-чего* 의존하다
пропада́ть-пропа́сть 없어지다, 사라지다
тверди́ть (같은 말을) 반복하다
(втора́я) полови́нка 반려자, 반쪽
заводи́ть-завести́ отноше́ния 관계를 시작하다, 맺다
свида́ние 데이트
сближа́ться-сбли́зиться *с кем* 가까워지다
представле́ние *о чём* 생각, 인식

주제 읽기 Текст

Ре́зко сократи́лось коли́чество бра́ков, та́кже **заме́тно ме́ньше ста́ло** супру́жеских пар, кото́рые хотя́т име́ть дете́й. По стати́стике, че́тверо из 10-ти́ (десяти́) гра́ждан страны́ в во́зрасте 30+ (три́дцать плюс) не состоя́т в бра́ке.

Да́же е́сли я и вы́йду за́муж, то не собира́юсь заводи́ть дете́й. Бере́менность и рожде́ние ребёнка вынужда́ют прерва́ть карье́ру, **ска́зываются на** здоро́вье и фигу́ре. Меня́ вполне́ **устра́ивает** моя́ ны́нешняя жизнь, поэ́тому я не хочу́ ничего́ меня́ть. Но я понима́ю, что пройдёт год-два, и моё отноше́ние ко всем э́тим веща́м мо́жет измени́ться. Приро́да мо́жет взять своё.

결혼 건수도 줄었지만, 결혼을 해도 아이를 낳으려는 사람 자체가 적어졌다. 통계상 30대의 10명 중 4명이 미혼이라고 한다.

나 역시 결혼을 한다고 해도 아이는 안 낳을 생각이다. 임신과 출산을 하게 되면 경력도 단절되고 건강과 몸매도 망가질 수밖에 없다. 그리고 난 지금의 삶에 너무도 만족하기 때문에 변화를 주고 싶지 않다. 물론 1~2년 더 지나면 생각은 바뀔 수 있다고 본다. 자연의 섭리가 작용할 수도 있으니.

заме́тно 눈에 띄게, 현저히
вынужда́ть-вы́нудить *кого* 강요하다
стати́стика 통계
граждани́н 국민, 시민
отноше́ние *к чему* 태도, 입장
вполне́ 완전히
ны́нешний 현재의
брать-взять своё 영향을 미치다, 작용하다

кого **тя́нет к** *чему* / **на** *что* / *инф.*
~하고 싶다, 끌리다

тяну́ть는 '당기다'라는 의미가 있으며, 이 구문은 무인칭문이므로 тяну́ть를 중성형으로 사용합니다. '*кого*는 *к чему / на что / инф.*이 끌린다'라는 구조로 사용되니 격에 주의하세요.

Ра́ньше мне о́чень нра́вились шу́мные, весёлые компа́нии. А тепе́рь меня́ **к** э́тому ка́к-то совсе́м **не тя́нет**.
난 예전에는 시끌벅적하고 즐거운 사람들 무리가 좋았는데, 이제는 이상하게 전혀 안 끌려.

Где́-то с ме́сяц и́ли два наза́д меня́ вдруг переста́ло **тяну́ть к** алкого́лю. Абсолю́тно! Ну и дела́*!
난 한두 달 전부터 갑자기 술이 안 당겨. 완전히! 참 희한한 일이지!

***Ну и дела́** 전혀 예상 못한 놀라운 상황이다

По́сле пяти́ дней сиде́ния в о́фисе так и **тя́нет на** приро́ду. Мы ка́ждые выходны́е стара́емся куда́-нибу́дь вы́ехать.
사무실에 5일간 앉아있다 보면 너무 자연으로 가고 싶어. 그래서 우리는 주말마다 어디로든 떠나려고 하지.

Что **устра́ивает** *кого* 만족스럽다

이 표현을 직역하면 '*что*가 *кого*를 만족시키다'라는 뜻입니다. 우리말에서는 보통 사람이 주어로 나오기 때문에 이와 같은 표현은 입에서 선뜻 나오지가 않습니다. 아래 예문을 통해 충분히 연습해 봅시다.

Дорога́я, меня́ в тебе́ всё **устра́ивает**. Ра́зве что одно́: ну почему́ ты так мно́го ку́ришь?
여보, 나는 당신한테 다 만족하거든. 근데 딱 하나! 왜 그렇게 담배를 많이 피우는 거야?

Неда́вно я смени́ла рабо́ту. Коллекти́в хоро́ший, зарпла́та неплоха́я. Еди́нственно, гра́фик рабо́ты не **устра́ивает**.
얼마 전 난 이직을 했다. 사람들도 좋고, 월급도 나쁘지 않다. 단 하나, 근무시간이 마음에 들지 않는다.

Ваш подхо́д к де́лу меня́ соверше́нно не **устра́ивает**! Бо́льше отве́тственности! И всё ну́жно де́лать гора́здо быстре́е!
저는 당신이 일하는 방식이 정말 마음에 들지 않습니다. 더 책임감을 갖고 더 신속히 해야죠!

собира́ться-собра́ться *инф.*
~하려고 한다

동사원형과 함께 사용해 의도, 생각, 계획을 말할 수 있습니다.

Я пока́ не **собира́юсь** меня́ть маши́ну. Эта ещё непло́хо бе́гает.
난 아직 차를 바꿀 생각이 없어. 아직 그럭저럭 굴러가거든.

Меня́ в мое́й ны́нешней жи́зни всё устра́ивает. Я не **собира́юсь** что-ли́бо в ней меня́ть.
난 현재 삶이 전부 만족스러워. 그 어떤 것도 바꿀 생각이 없어.

Этим ле́том мы **собира́емся** пое́хать на Байка́л. Это на́ша давни́шняя мечта́.
올여름에 우리는 바이칼 호수에 갈 생각이다. 그 계획은 우리의 오랜 소망이었다.

Ска́зываться-сказа́ться на *чём*
영향을 미치다

참고 '영향을 미치다'라는 뜻을 가진 추가 단어

(по)влия́ть ***на что***
отража́ться-отрази́ться ***на чём***
ока́зывать-оказа́ть влия́ние ***на что***
(воз)де́йствовать ***на что***

Регуля́рные уме́ренные физи́ческие нагру́зки благотво́рно **ска́зываются на** здоро́вье в любо́м во́зрасте.
규칙적으로 적당히 운동하면 나이가 몇이든 건강에 이롭다.

Ре́зкое повыше́ние цен на нефть и газ, безусло́вно, негати́вно **ска́жется на** о́бщем состоя́нии эконо́мики.
석유가스 가격의 급등은 경제 전반에 부정적 영향을 끼칠 수밖에 없다.

Неда́внее реше́ние Центроба́нка положи́тельно **сказа́лось на** предпринима́тельском кли́мате в стране́.
중앙은행의 최근 결정은 국내 기업환경에 긍정적인 영향을 미쳤다.

대화문 14-2 Диалог

А

Слу́шай, подру́га, давно́ хоте́ла тебя́ спроси́ть: тебя́ пре́дки насчёт му́жа, дете́й не напряга́ют?

Б

Ещё как! Без конца́ нудя́т: “Тебе́ уже́ 30-ть (три́дцать), а ни му́жа, ни дете́й! Ты что ду́маешь?! Мы вну́ков хоти́м!”.

А

У меня́ така́я же хрень. – Ну, а ты что?

Б

По-ра́зному: когда́ **ду́рочкой прики́нусь**, когда́ наору́, чтоб заткну́лись.

А

А что ты вообще́ об э́том ду́маешь?

Б

Сейча́с я э́то себе́ вообще́ не представля́ю. Како́й муж, каки́е де́ти? А карье́ра, прое́кты? Кто э́то за меня́ де́лать бу́дет? Хотя́ инсти́нкт размноже́ния **никто́ не отменя́л**. Че́рез год-два мо́жет так **по башке́ сту́кнуть**.

А

Зна́ешь, у меня́ то́ же са́мое. Коро́че, **поживём – уви́дим**.

대화문

Диалог

А 전부터 물어보고 싶었는데 너네 부모님은 결혼 압박 안 하셔?

Б 미쳐버리지. 잔소리가 끝도 없어. “너 벌써 서른인데, 결혼도 안 하고 무슨 생각이야?! 손주 좀 보자!” 맨날 잔소리하시지.

А 나도 마찬가지야. 넌 그럼 어떻게 대처해?

Б 그때그때 달라. 아무것도 모르는 척하거나, 그만 좀 하라고 소리를 빽 지르기도 하지.

А 그럼 결혼에 대한 네 생각은 어떤데?

Б 지금은 별생각 없어. 무슨 남편이고 애야. 내 일이랑 프로젝트는 어쩌고? 누가 나 대신 해줄 거야? 물론 종족 번식의 본능은 어쩌지 못하겠지. 1~2년 더 지나면 내 머리를 내가 아주 세게 치고 싶을 수도 있고.

А 나도 같은 마음이야. 아무튼 살다 보면 알게 되겠지 뭐.

어휘 구문

- ☐ напряга́ть *кого* — 압박하다, 스트레스 주다
- ☐ нуди́ть разг. — 잔소리하다
- ☐ хрень разг. — 쓰레기, 똥 (영어의 crap)
- ☐ по-ра́зному — 제각각, 여러 가지
- ☐ наора́ть — 소리 지르다
- ☐ заткну́ться — 입을 다물다 (замолча́ть보다 무례한 표현)
- ☐ инсти́нкт размноже́ния — 종족 번식의 본능
- ☐ то́ же са́мое — 똑같은 것 (= тако́е же)

예문

Ты мне говори́шь то же са́мое, что и вчера́. Я э́то уже́ слы́шала.

너 어제랑 똑같은 말 하고 있어. 이미 내가 들었다니까.

Не повторя́йте те же са́мые оши́бки.

같은 실수를 반복하지 마세요.

관용구

- □ Ещё как! — 당연하다 (= Коне́чно / А то!)
- □ Ду́рочкой прики́нуться — 바보 같은 척을 하다
- □ Никто́ не отменя́л *что* — ~을 거스를 수 없다, ~해야만 한다

отменя́ть-отмени́ть는 '취소하다, 철폐하다'라는 뜻입니다. 따라서 이 표현을 직역하면 '어느 누구도 ~을 취소/철폐하지 않았다'입니다. 즉, 어떠한 것이 계속 작용하고 있거나 지켜져야 한다는 것을 의미합니다.

예문

Забо́ту дете́й о пожилы́х роди́телях никто́ не отменя́л.

자녀들은 노부모를 부양해야 한다.

Кови́д кови́дом, но права́ и свобо́ды гражда́н никто́ не отменя́л.

코로나19 상황에도 국민의 권리와 자유는 지켜져야 한다.

- □ По башке́ сту́кнуть — 머리를 치다, 자책하다 (башка́는 голова́의 구어 표현)
- □ Поживём – уви́дим — 인생을 살다 보면 알게 된다.

변화하다, 감소하다, 증가하다

변화, 감소, 증가 등의 표현은 어느 주제의 대화에서나 사용할 수 있는 유용한 표현입니다. 이번 과에서 정리해 보도록 합시다.

바뀌다, 변동된다	изменя́ться-измени́ться
수량이 증가하다	станови́ться-стать бо́льше увели́чиваться-увели́читься расти́-вы́расти повыша́ться-повы́ситься (수준/높이가 높아지는 경우만)
수량이 감소하다	станови́ться-стать ме́ньше уменьша́ться-уме́ньшиться сокраща́ться-сократи́ться па́дать-упа́сть снижа́ться-сни́зиться (수준/높이가 낮아지는 경우만)

변동의 특성이 어떠한지를 표현할 때 쓸 수 있는 부사도 정리해 봅시다.

현저하게	значи́тельно	미미하게	незначи́тельно
눈에 띄게	заме́тно	급격하게	ре́зко
일시적으로	вре́менно	거의 변동이 없다	практи́чески не

추가로 증감한 수치를 나타내는 표현을 알아봅시다.

전치사 на와 증감한 수치	부사	전치사 в와 배수
на 50% 50퍼센트	вдво́е 2배	в 2 ра́за 2배
на 100 до́лларов 100달러	втро́е 3배	в 3 ра́за 3배
на 5 килогра́ммов 5킬로그램	наполови́ну 절반으로	в 10 раз 10배

예문

изменя́ться-измени́ться

К ве́черу пого́да **ре́зко измени́лась**: поду́л си́льный ве́тер, пошёл дождь.
저녁 무렵 강풍이 불고 비가 오는 등 날씨가 급변했다.

더 알아보기

станови́ться-стать бо́льше

Я заме́тил: же́нщин за рулём в на́шем го́роде **стано́вится всё бо́льше**.

나는 우리 도시에서 운전을 하는 여성이 점점 더 많아지고 있는 것을 느꼈다.

увели́чиваться-увели́читься

За проше́дший ме́сяц коли́чество респонде́нтов, одобря́ющих де́ятельность президе́нта, **увели́чилось на 12%**.

지난달 대통령 지지율이 12% 증가했다.

расти́-вы́расти

Це́ны на недви́жимость в столи́це **стаби́льно растут**.

서울의 부동산 가격이 꾸준히 상승하고 있다.

повыша́ться-повы́ситься

За проше́дший год сре́дняя зарпла́та в Москве́ **повы́силась на 3%** и составля́ет сего́дня о́коло 70-ти (семи́десяти) ты́сяч рубле́й.

지난해 모스크바의 평균 임금이 3% 상승하여 약 7만 루블에 이른다.

станови́ться-стать ме́ньше

Парадо́кс: госуда́рство богате́ет, а бе́дных люде́й в стране́ **ме́ньше не стано́вится**.

역설적이게도 국가는 부유해지고 있지만 빈곤층은 줄어들지 않고 있다.

уменьша́ться-уме́ньшиться

Зави́симость страны́ от и́мпорта продово́льствия **неукло́нно уменьша́ется**. Это отра́дный факт.

국가의 식량 수입 의존도가 지속해서 감소하고 있다. 기쁜 사실이다.

сокраща́ться-сократи́ться

За после́дние пять лет объём вне́шнего до́лга страны́ **сократи́лся почти́ вдво́е**.

최근 5년간 국가의 대외부채가 거의 2배 감소했다.

па́дать-упа́сть

К утру́ температу́ра **упа́ла до трёх-четырёх гра́дусов тепла́**, пошёл ну́дный осе́нний до́ждик. Ста́ло я́сно: всё, ле́то ко́нчилось.

아침 무렵 기온이 3~4도까지 떨어졌고, 지긋지긋한 가을비가 오기 시작했다. 확실히 여름이 다 지났다.

снижа́ться-сни́зиться

Всле́дствие затяжно́го экономи́ческого кри́зиса жи́зненный у́ровень населе́ния **постоя́нно снижа́ется**.

장기화된 경제위기로 국민들의 생활수준이 지속 하락하고 있다.

ТЕМА

15

전자기기

Электро́ника, га́джеты

핵심 패턴

□ ~만큼 ...하다	сто́лько (же) ..., ско́лько (и) ~
□ 그다지 ~하지 않다	не тако́й уж и
□ 대만족이다	одно́ удово́льствие
□ ~이 전혀 없다고 생각한다	не ви́деть никаки́х *чего*

주요 단어

□ 전자기기	электро́ника, га́джет, дева́йс
□ 스마트폰	смартфо́н
□ 태블릿	планше́т
□ 배터리	батаре́я / батаре́йка, аккумуля́тор
□ (배터리가) 닳다	сади́ться-сесть
□ 충전	заря́д
□ 업그레이드된 모델	продви́нутая / усоверше́нствованная моде́ль
□ 서비스센터	мастерска́я
□ 먹통이다, 작동하지 않는다	замолча́ть
□ 기능	фу́нкция
□ 액정, 화면	экра́н
□ 해상도	разреше́ние
□ 인터넷 검색을 하다	иска́ть / гу́глить в Интерне́те

주제 읽기 15-1

Текст

Где́-то с ме́сяц наза́д я урони́л свой смартфо́н, и он у меня́ замолча́л. Понёс его́ в мастерску́ю, но там вы́яснилось, что ремо́нт сто́ит **сто́лько же, ско́лько и** но́вый телефо́н. А ещё в ста́ром телефо́не бы́стро сади́лась батаре́йка. В о́бщем, я реши́л купи́ть себе́ но́вый смартфо́н.

Пра́вда, телефо́н у меня́ был **не тако́й уж и** ста́рый. Ему́ не́ было ещё и двух лет, но совсе́м неда́вно вы́пустили но́вую, продви́нутую моде́ль, у неё гора́здо бо́льше фу́нкций, и по диза́йну она́ смо́трится лу́чше. В о́бщем, посмотре́л в Ине́те о́тзывы, подкопи́л деньжа́т и купи́л себе́ но́вый га́джет.

한 달 전 즈음 폰을 떨어뜨렸는데, 그러고 나서는 폰이 먹통이다. 수리를 맡기려고 봤더니 고치는 비용이 새로 사는 거와 별 차이가 없었다. 게다가 원래도 폰 배터리가 금방 닳기도 했다. 결국 이참에 새 폰을 장만하기로 했다.

사실 내 폰도 그렇게 오래된 건 아니다. 2년도 안 됐다. 그런데 얼마 전에 업그레이드된 새 모델이 출시된 것이다. 신형 모델은 기능도 훨씬 많고, 디자인도 더 보기 좋다. 결국 후기를 꼼꼼하게 살펴본 뒤, 틈틈이 모은 돈으로 새 폰을 질러버렸다.

где́-то 대략 (= приме́рно)
с ме́сяц наза́д 한 달 정도 전에 (с는 '대략'의 의미임)
роня́ть-урони́ть *что* 떨어뜨리다
выясня́ться-вы́ясниться 밝혀지다, 드러나다
в о́бщем 전반적으로; 결국, 마침내
выпуска́ть-вы́пустить 놓아주다; 출시하다
Ине́т 인터넷 (= Интерне́т)
о́тзыв 후기
деньжа́та 돈 (де́ньги의 지소형)
подка́пливать-подкопи́ть *чего*
조금씩 저축하다, 모으다

주제 읽기 **Текст**

Цена́, коне́чно, **куса́ется**, но **оно́ того́ сто́ило**. Заря́да батаре́и хвата́ет надо́лго, большо́й экра́н, и разреше́ние высо́кое, поэ́тому смотре́ть ви́део – **одно́ удово́льствие**. Недоста́тков **пока́ не ви́жу никаки́х**.

А сего́дня, когда́ гу́глил в Интерне́те, обнару́жил в своём но́вом га́джете ещё ку́чу ра́зных фу́нкций. Я и не подозрева́л, что он тако́й наворо́ченный! Тепе́рь су́тками не выпуска́ю его́ из рук. А да́льше хочу́ ещё ско́лько-то подзарабо́тать и купи́ть себе́ но́вый планше́т.

값이 비싸긴 하지만, 그 값어치를 하는 것 같다. 배터리가 오래가고, 액정이 크면서 해상도도 좋아 영상을 볼 때마다 아주 만족스럽다. 단점을 찾으려야 찾을 수 없다.

오늘도 인터넷 검색을 해서 온갖 기능을 또 알아냈다. 나는 이렇게 추가 기능이 복잡하고 많을지 상상도 못했이다. 요새는 온종일 폰만 붙들고 있다. 다음에는 돈을 좀 더 모아서 최신형 태블릿도 하나 사고 싶다.

удово́льствие 만족
недоста́ток 단점, 결점
гу́глить 인터넷 검색을 하다, 구글링하다 (구글을 이용해서 검색을 하는 경우뿐 아니라 인터넷을 이용한 검색을 모두 뜻함)
обнару́живать-обнару́жить *что* 발견하다, 밝히다
ку́ча *чего* 무더기, 산더미, 많은 양
подозрева́ть 의심하다; 생각하다, 기대하다
наворо́ченный сленг 부수 기능이 복잡하고 다양한
су́тки 하루, 24시간
не выпуска́ть из рук *что* 손에서 놓지 않다
ско́лько-то 조금, 어느 정도
подзарабо́тать 돈을 추가로 벌다, 부수입을 얻다

Сто́лько (же) ..., ско́лько (и) ~
~와 마찬가지로, ~만큼 ...하다

이 구문에서 же와 и는 생략할 수 있어요. 'тако́й же ..., как и', 'так же ..., как и'도 유사한 뜻입니다.

참고 **В ию́не – э́то вре́мя бе́лых ноче́й – в Петербу́рге но́чью почти́ та́к же светло́, как и днём.**
6월은 백야기간이라 페테르부르크의 밤이 거의 대낮처럼 환하다.

Эта кварти́ра сто́ит **сто́лько же, ско́лько** мне не зарабо́тать и за 10-ть (де́сять) лет.
이 아파트는 내가 10년을 일해도 못 산다.

Эта моя́ су́мочка сто́ит приме́рно **сто́лько же, ско́лько** инома́рка се́конд-хе́нд в неплохо́м состоя́нии.
나의 이 가방은 상태 괜찮은 중고 외제 차 한 대 값과 맞먹는다.

Что́бы осуществи́ть э́тот прое́кт, мы приложи́ли **сто́лько же** вре́мени и уси́лий, **ско́лько**, наве́рное, строи́тели еги́петских пирами́д.
우리는 이 프로젝트를 실행하려고 피라미드를 건설한 사람들만큼 시간과 노력을 기울였다

Не тако́й уж (и) 그다지 ~하지 않다

А э́тот актёр **не тако́й уж и** молодо́й. Ему́ уже́ под 50 (пятьдеся́т).
이 배우가 그렇게 젊지 않아. 벌써 오십 살 가까이 됐을걸.

А маши́нка у тебя́ **не така́я уж и** но́вая. Уже́ пя́тый год на ней е́здишь. Пора́ бы и смени́ть.
네 차도 그리 새것은 아냐. 벌써 5년째 타고 있잖아. 바꿀 때 된 것 같아.

Эта пробле́ма оказа́лась **не тако́й уж и** сло́жной. Мы её дово́льно бы́стро реши́ли.
이 문제는 사실 그다지 어렵지 않았어. 우리가 꽤 빨리 해결했거든.

Что - одно́ удово́льствие
대만족이다, 매우 유쾌한 일이다

Для меня́ обще́ние с ва́ми – **одно́ удово́льствие**.
저는 여러분과의 만남이 매우 즐겁습니다.

Господа́, име́ть с ва́ми де́ло – **одно́ удово́льствие**.
(사업 파트너) 여러분, 함께 일할 수 있어서 정말 좋습니다.

Для меня́ моя́ рабо́та – а я диск-жоке́й – **одно́ удово́льствие**!
나는 DJ라는 내 직업에 정말 만족한다.

Не ви́деть никаки́х *чего*
~이 전혀 없다고 생각한다

виде́ть는 대격을 목적어로 취하는 동사이지만, 여기서는 동사 앞에 не가 쓰였기 때문에 목적어 자리에 대격이 아닌 부정생격을 쓴다는 점 기억해 주세요.

Я пока́ **не ви́жу никаки́х** причи́н для беспоко́йства.
나는 아직 걱정할 이유가 전혀 없다고 보는데.

Кари́на – э́то мой же́нский идеа́л. Я **не ви́жу** в ней **никаки́х** недоста́тков.
카리나는 내 이상형이야. 단점이 전혀 없는 것 같아.

Я **не ви́жу** в э́том прое́кте **никаки́х** досто́инств. Это прова́льная зате́я.
저는 이 프로젝트에서 어떠한 장점도 발견하지 못했습니다. 이건 성공하기 어려운 계획이에요.

대화문 15-2 Диалог

А

Слу́шай, друг, а чего́ у тебя́ телефо́н тако́й ста́рый? Это же, блин, отсто́й – по́лный! Зашква́р!

Б

Да я ка́к-то споко́йно к э́тому отношу́сь. Звоню́, эсэмэ́ски пишу́ – мне хвата́ет.

А

Не, брата́н, ты не прав! Вот, смотри́: устро́ился ты на рабо́ту в круту́ю фи́рму, к тебе́ ка́ждый день клие́нты прихо́дят. А у тебя́ мо́дный прики́д, часы́ швейца́рские, дороги́е, га́джет наворо́ченный. И клие́нты сразу ду́мают: “О, серьёзный, соли́дный партнёр, **с таки́м мо́жно де́ло име́ть**”.

Б

Зна́ешь, на́до не по га́джету и́ли костю́му суди́ть, а по деловы́м ка́чествам челове́ка.

А

Да кто спо́рит?! **Ра́ди бо́га**! Но но́вый га́джет тебе́ я́вно не помеша́ет.

Б

Ла́дно, посмо́трим.

대화문 Диалог

А 야, 너 폰이 왜 이렇게 구닥다리야? 완전 구리다! 어휴, 쪽팔려!

Б 난 아무렇지도 않은데. 전화랑 문자만 되면 충분하지, 뭐.

А 이봐, 이 친구야, 무슨 소리야! 자, 네가 좋은 회사에 취직해서 매일매일 고객을 만나는 상황이라 생각해 봐. 멋진 옷, 비싼 스위스 시계, 갖가지 기능이 있는 기기를 갖추면 고객들이 순간 "오, 진지하고 든든한 파트너로군, 일을 같이 해도 되겠어"라고 생각할걸.

Б 근데 기기나 옷이 아니라 업무적 자질로 판단해야 하는 거 아냐?

А 그래 누가 뭐래? 그렇게 해. 그렇지만 새 폰은 사는 게 너한테도 좋을걸.

Б 알았어, 한번 생각해볼게.

어휘 구문

□ отсто́й сленг	오래되고 질이 낮은 물건
□ зашква́р сленг	수치스러운 것, (물건이나 행동 등이) 쪽팔린 것
□ относи́ться-отнести́сь *к чему*	~을 (어떻게) 대하다, (어떠한) 태도나 입장을 가지다
□ эсэмэ́ска разг.	문자메시지
□ брата́н разг.	형제 (본문에서는 мой друг의 의미)
□ прики́д сленг	옷, 의상
□ соли́дный	든든한, 듬직한
□ суди́ть *по чему + о ком*	(~을 어떤 기준으로) 판단하다
□ деловы́е ка́чества	업무적 자질

관용구

□ Вот, смотри́.	내 얘기를 잘 들어봐
□ Ра́ди бо́га!	부디, 제발(= Please); 원한다면 그렇게 하세요
□ С таки́м мо́жно де́ло име́ть	이런 사람이랑은 일할 수 있겠다, 좋은 업무파트너가 될 것 같다
□ *что + кому* не помеша́ет	~해도 괜찮을 것 같다 (완곡한 충고)

상대방이 기분 나쁘지 않게 내 생각을 말하고 조언하는 표현입니다.

예문

Научи́ться води́ть маши́ну тебе́ не помеша́ет.

운전을 배우는 것도 좋을 듯해.

□ Ла́дно, посмо́трим.	그래, 한번 생각해 볼게.

1 Цена́ куса́ется 가격이 비싸다

본문의 표현에서 куса́ться는 '깨물다'라는 뜻입니다. 사고 싶은 물건을 손을 뻗어 집었다가 가격표를 보고 놀라 얼른 그 자리에서 내려놓는 경우가 있죠? 마치 손을 누가 꽉 깨문 것처럼 놀라서 물건을 내려놓는 모습을 상상해 보세요. 이 표현은 '가격이 비싸다 (Цена́ дово́льно высо́кая)'라는 의미입니다.

다양한 가격 표현

복수형인 це́ны의 형태도 자주 사용하며, 아래 표에서는 편의상 여성형 형용사를 제시했습니다.

비싼	↔	저렴한
высо́кая		ни́зкая
нема́лая		ма́лая
невы́годная		вы́годная
недосту́пная		досту́пная / демократи́чная
неприе́млемая		приéмлемая
завы́шенная		зани́женная

미친 듯 높은, 충격적으로 높은 가격	бе́шеная / сумасше́дшая / ужа́сная / жу́ткая / шоки́рующая
괜찮은, 적당한, 합리적인 가격	норма́льная / уме́ренная / привлека́тельная / прия́тная
아주 저렴한	смешна́я

가격과 관련된 관용구

Проду́кция э́той компа́нии всегда́ **в цене́.** 이 회사 제품은 늘 값이 나간다(비싸다).

Сего́дня така́я проду́кция уже́ **не в цене́.** 요새 이런 제품은 값이 비싸지 않다.

Це́ны **куса́ются.** 가격이 너무 비싸다.

Це́ны **прия́тно ра́дуют глаз.** 가격이 눈을 즐겁게 한다. (저렴하다)

Це́ны **вызыва́ют шок / поверга́ют в шок.** 가격이 (비싸서) 충격적이다.

Це́ны **прия́тно ра́дуют / удивля́ют.** 가격이 (저렴해서) 기분이 좋다, 놀랍다.

2 동사 сто́ить의 활용

본문

Цена́, коне́чно, куса́ется, но оно́ того́ сто́ило.

동사 сто́ить는 가격을 묻고 답할 때 많이 썼던 표현이죠? 본문의 "того́ сто́ит (сто́ило)"는 '그만한 가치가 있다'라고 말할 때 자주 쓰는 말입니다. 다양한 сто́ить 표현을 알아봅시다.

сто́ит + *чего* ~할 가치가 있다

Это не **сто́ит внима́ния.**
여기에 주목할 필요가 없다.

Эта цель **сто́ила того́**, что́бы ра́ди её достиже́ния приложи́ть сто́лько уси́лий.
이 목표는 달성을 위해 그만큼 노력을 쏟을 가치가 있다.

Мы три часа́ простоя́ли в о́череди за биле́тами на вы́ставку ру́сского иску́сства, но оно́ **того́ сто́ило**: впечатле́ние от всего́ уви́денного потряса́ющее!
우리는 러시아 예술전 티켓을 사려고 3시간이나 줄을 섰지만, 그럴 가치가 있었다. 전시회는 정말 예술이었다!

сто́ит + *инф.* ~할 가치가 있다

На э́тот спекта́кль **сто́ит сходи́ть**.
이 연극은 보러 갈 만해.

Ра́ди тако́й при́были **сто́ит пойти́** на риск.
이런 큰 이익을 위해서라면 리스크를 감당할 만해.

Не сто́ит суди́ть о людя́х по пе́рвому впечатле́нию. Ча́сто оно́ ока́зывается ло́жным.
사람을 첫인상으로 판단하지 마세요. 첫인상은 틀릴 때가 많아요.

3 많은 수량을 나타내는 단어

많은 양을 나타낼 때 주로 мно́го를 썼었죠? 본문에 나온 ку́ча (더미, 무더기)라는 단어도 '많다'는 의미를 나타낼 때 쓰며, 뒤에 생격이 따라 나옵니다. 이처럼 많은 수량을 나타내는 다양한 단어들을 아래 예문을 통해 연습해 봅시다.

예문

У меня́ в о́фисе ка́ждый день **ку́ча** дел (рабо́ты). Да́же на мину́тку не рассла́биться!
난 매일 회사 일이 너무 많아. 1분도 쉴 시간이 없어!

Так, господа́, впереди́ у нас **мо́ре** рабо́ты. Но я уве́рен, что совме́стными уси́лиями мы со всем спра́вимся.
자, 여러분. 우리 앞에 일이 끝없이 쌓여 있습니다. 하지만 같이 노력하면 전부 끝낼 수 있어요.

Дел и пробле́м здесь **у́йма**, а рабо́тников я́вно не хвата́ет.
일도 문제도 산더미 같지만, 일할 사람은 눈 씻고 봐도 부족하다.

많은 수량을 나타내는 관용구

ваго́н и ма́ленькая теле́жка (직역: 차와 작은 수레)

А: А мно́го ещё рабо́ты по э́тому прое́кту? 이 프로젝트 업무가 아직도 많아?

Б: **Ваго́н и ма́ленькая теле́жка.** 일거리가 한 트럭이야.

невпроворо́т

На рабо́те **дел** всегда́ **невпроворо́т**. Неуже́ли э́то никогда́ не ко́нчится?
직장에서 일이 늘 너무 많아. 진정 안 끝나는 걸까?

по го́рло (직역: 목까지 차 있다)

Так, безде́льники: **дел** у нас **по го́рло**, рабо́ты у́йма, поэ́тому суббо́та – рабо́чий день. Вопро́сы? Нет? Тогда́ рабо́таем!
이봐, 농땡이들, 일이 산더미야. 할 일이 많다고. 그러니까 토요일도 다 나오도록. 질문 있습니까? 없지? 그럼 얼른 일하자고!

как соба́к нере́заных разг. **(사람에 대해)**

Сейча́с юри́стов, адвока́тов – **как соба́к нере́заных**. Поступа́ть на юриди́ческий нет никако́го смы́сла.
요즘은 법조인, 변호사 천지야. 법대 가는 거 의미 없어.

TEMA

16

학업

Учёба в университе́те

핵심 패턴

- □ 망설임 없이 — без колеба́ний
- □ 처음부터, 제로 베이스에서 — с нуля́
- □ 머리가 복잡하다 — в голове́ ка́ша
- □ 마음을 다잡다 — взять себя́ в ру́ки

주요 단어

- □ 학업 — учёба
- □ 휴학하다 — брать-взять академи́ческий о́тпуск
- □ 입대하다 — пойти́ в а́рмию
- □ 전역하다 — демобилизова́ться
- □ 복학하다 — восстана́вливаться-восстанови́ться в университе́те
- □ 필수과목 — обяза́тельные заня́тия
- □ 선택과목 — факультати́вные заня́тия
- □ 아르바이트 — подраба́тывать-подрабо́тать
- □ 교환학생으로 공부하다 — учи́ться по обме́ну
- □ 전공 — специа́льность
- □ 성적 — успева́емость

주제 읽기 16-1

Текст

Когда́ я учи́лся в шко́ле, то стра́шно ненави́дел матема́тику, поэ́тому по́сле шко́лы я **без колеба́ний** реши́л вы́брать каку́ю-нибу́дь гуманита́рную специа́льность. В конце́ концо́в поступи́л на гумфа́к, на отделе́ние ру́сского языка́ и литерату́ры. Когда́ поступа́л, бы́ли, коне́чно, мечты́, иллю́зии, но учёба оказа́лась де́лом сло́жным.

В униве́ре я на́чал изуча́ть ру́сский язы́к **с нуля́**, и мне бы́ло тру́дно догна́ть свои́х однoку́рсников, кото́рые уже́ учи́ли его́ в шко́ле. Скажу́ че́стно, на пе́рвом ку́рсе я осо́бо на учёбе не запа́ривался. Лови́л кайф от студе́нческой жи́зни и ещё там и сям понемно́гу подраба́тывал.

나는 고등학교에 다닐 때 수학을 죽도록 싫어했다. 그래서 한 치의 망설임도 없이 인문학 관련 전공을 선택하겠다고 마음먹었다. 결국 인문대 노어노문학과에 진학하게 되었다. 당연히 부푼 꿈과 환상을 안고 입학했지만, 전공 공부는 쉽지 않았다.

대학교에 입학하고 나서 러시아어를 처음 배웠기 때문에 이미 고등학교에서 러시아어를 배운 친구들을 따라잡기가 힘들었다. 사실 1학년 때는 학업에 별로 신경을 쓰지 않았다. 대학생의 삶을 즐겼고 여기저기서 틈틈이 아르바이트를 했다.

колеба́ние 변동, 망설임
гуманита́рный 인문학의
отделе́ние 부서; 학과
иллю́зия 환상, 착각, 망상
ока́зываться-оказа́ться *кем-чем* ~인 것으로 드러나다
гумфа́к разг. = **гуманита́рный факульте́т** 인문대
униве́р разг. = **университе́т** 대학
догоня́ть-догна́ть *кого-что* 따라잡다
однoку́рсник 동급생
не запа́риваться-запа́риться сленг 그다지 노력하지 않다
там и сям 여기저기, 틈틈이

주제 읽기

Текст

Успева́емость, мя́гко говоря́, хрома́ла, я с трудо́м сдава́л экза́мены. А по́сле пе́рвого ку́рса меня́ забра́ли в а́рмию, так я автомати́чески получи́л академи́ческий о́тпуск.

В э́том году́ я демобилизова́лся, восстанови́лся в униве́ре и сейча́с хожу́ на два обяза́тельных и три факультати́вных ку́рса. По́сле пе́рвых заня́тий **в голове́** была́ по́лная **ка́ша**. В а́рмии мозги́, как изве́стно, атрофи́руются. Но пото́м арме́йская шко́ла пригоди́лась: жёстко **взял себя́ в ру́ки** и как сле́дует налёг на учёбу. Как говори́тся, терпе́нье и труд всё перетру́т. Со вре́менем ста́ло ле́гче, чу́вствую я себя́ вполне́ уве́ренно. Тепе́рь мне хоте́лось бы на семе́стр-два пое́хать учи́ться в Росси́ю по обме́ну.

성적은, 완곡하게 표현하자면, 좀 부족했고, 시험은 힘겹게 낙제를 면했다. 1학년을 마치고 입대를 하게 되어 자연스럽게 휴학을 하게 됐다.

올해 전역을 한 후 복학하였고, 필수과목 두 개와 선택과목 세 개를 듣는다. 첫 수업 이후에는 머릿속이 뒤죽박죽이 됐다. 알다시피 군대에 가면 머리가 굳는다. 그러나 군 생활이 도움이 되기도 했다. 마음을 다잡고 공부를 열심히 하기 시작했다. 인내와 노력이 있으면 모든 걸 극복할 수 있다고 하지 않던가. 시간이 지날수록 적응이 되어 꽤나 자신감이 붙었다. 지금은 두 학기 정도 교환학생으로 러시아에 가고 싶은 생각도 있다.

хрома́ть 절뚝거리다; разг. (성적 등) 나쁘다

автомати́чески 자동적으로

факультати́вный 선택의

мозг 뇌; 복 두뇌 활동, 지적 능력

атрофи́роваться 위축되다

арме́йский 군대의

шко́ла 훈련법, 방식

пригоди́ться 쓸모 있다

как сле́дует 제대로, 잘 (= хорошо́, стара́тельно)

налега́ть-нале́чь *на что* разг.
열심히, 적극적으로 하기 시작하다

Терпе́нье и труд всё перетру́т (перетира́ть-перетере́ть 문질러 닳게 하다**)**
인내와 노력이 있으면 무엇이든 극복할 수 있다

обме́н 교환

Без колеба́ний 주저하지 않고

колеба́ться라는 동사는 '흔들리다'라는 뜻과 함께 '주저하다, 고민하다'라는 뜻도 있습니다. 이 동사의 명사형인 колеба́ние를 써서 '주저하지 않고, 망설임 없이'라는 표현을 연습해 봅시다.

Когда́ Андре́й предложи́л ей ру́ку и се́рдце, Еле́на до́лго не ду́мала, согласи́лась **без колеба́ний**.
안드레이가 청혼하자, 옐레나는 긴 고민 없이 바로 승낙했다.

Аресто́ванный престу́пник **без колеба́ний** вы́дал сле́дствию всех свои́х поде́льников.
체포된 범인은 주저 없이 공범들을 전부 일러바쳤다.

В кри́зисных ситуа́циях де́йствовать ну́жно реши́тельно, **без колеба́ний** и промедле́ния.
위기 상황에서는 단호하게, 동요하거나 지체 없이 행동해야 한다.

С нуля́ 처음부터, 제로 베이스에서

ноль, нуль은 '0'이라는 뜻입니다. С нуля́는 직역을 하면 '0부터'라는 뜻입니다.

Иногда́ про́ще снести́ ста́рый дом и **с нуля́** на его́ ме́сте постро́ить но́вый.
낡은 집을 헐고 아예 처음부터 그 자리에 새집을 짓는 것이 쉬울 때가 있다.

Этот би́знес она́ создала́ **с нуля́**, со вре́менем он вы́рос до кру́пного хо́лдинга.
그녀는 맨땅에서 사업을 일궜는데, 시간이 흘러 그 사업체가 큰 기업으로 성장했다.

Она́ начала́ изуча́ть кита́йский язы́к **с нуля́** и за три го́да практи́чески довела́ его́ до соверше́нства. Фанта́стика!
그녀는 중국어를 아예 처음부터 배우기 시작해서 3년 만에 완벽한 수준으로 만들었어. 정말 놀라워!

В головé кáша 머릿속이 뒤죽박죽이다, 혼란스럽다

кáша는 러시아인들이 즐겨 먹는 '죽'을 가리키기도 하지만, '혼란스러운 것'을 의미하기도 합니다.

Извини́те, я чтó-то сегóдня устáл. И **в головé** пóлная **кáша**. Давáйте вернёмся к нáшему разговóру зáвтра.
죄송하지만, 제가 오늘은 피곤하고 머리가 복잡하네요. 내일 마저 얘기하시죠.

Я когдá посижу́ в Интернéте три-четы́ре часá подря́д, то потóм **в головé** пóлная **кáша**. И зачéм я э́то дéлаю? Лу́чше бы кни́жку почитáл.
3~4시간 내리 인터넷을 하고 나면 머리만 복잡해져. 내가 왜 그랬지? 그냥 책이나 읽을걸.

В головé пóлная **кáша** – жуть! Как я зáвтра экзáмен сдавáть бу́ду?!
머릿속이 완전 뒤죽박죽이야. 망했다! 내일 어떻게 시험 보지?!

Взять себя́ в ру́ки 마음을 다잡다

이 표현은 다음과 같은 의미로 사용됩니다. (1) 감정을 통제하다, 평정을 찾다 (2) 집중해서 하다, 열심히 하다

На дворé бы́ло темнó и хóлодно, вдобáвок лил дождь, но я собрáлся, **взял себя́ в ру́ки**, надéл кроссóвки и пробежáл свою́ нóрму – пять киломéтров.
밖은 어둡고 추운데다가 비가 왔지만, 나는 힘을 내 마음을 다잡은 후 운동화를 신고 평소에 하던 대로 5km를 뛰었다.

Пóсле развóда у меня́ цéлый год былá жу́ткая депрéссия, но потóм я всё-таки **взялá себя́ в ру́ки**, купи́ла абонемéнт в фи́тнес-клуб, зарегистри́ровалась на сáйте знакóмств. В óбщем, началá нóвую жизнь.
난 이혼하고 1년간 심각한 우울증에 시달렸다. 그래도 지금은 마음을 다잡아 헬스장도 끊고 만남사이트에 가입도 하면서, 새 삶을 시작했다.

Дáже éсли стресс неожи́данный и óчень си́льный, всё равнó ну́жно постарáться **взять себя́ в ру́ки** и найти́ спóсоб смягчи́ть негати́вные переживáния.
갑작스럽고 심한 스트레스를 받더라도, 침착하게 나쁜 걱정을 덜 수 있는 방법을 찾아야 한다.

대화문 16-2

Диалог

А

Блин, **заса́да**! Че́рез полго́да шко́ла всё, коне́ц! А пото́м что? Куда́ поступа́ть? Мо́жет, на юриди́ческий – там, на юри́ста, адвока́та?

Б

Я тебя́ умоля́ю! Этих юри́стов, адвока́тов – **как гря́зи**! На́до что́-то друго́е. Что не сейча́с в тре́нде, а что́бы всегда́ **в струе́ быть**.

А

И что ты предлага́ешь?

Б

Зна́чит, смотри́, я так ду́маю: **в** то́чных нау́ках ты **ноль**. Тогда́ поступа́ешь, наприме́р, на психфа́к, там напряга́ться осо́бо не ну́жно. Получа́ешь дипло́м психо́лога. Пси́хов сейча́с полно́! Пото́м ещё бо́льше бу́дет. Бу́дешь их консульти́ровать, лоха́м **лапшу́ на́ уши ве́шать** и **бабло́ руби́ть. Ре́альная те́ма** – сто́пудо́во!

А

Ну, я не зна́ю, я так, наве́рное, не смогу́. Обма́нывать нехорошо́.

Б

Да **ра́ди бо́га**! Рабо́тай че́стно, **е́сли тебе́ так хо́чется**. Гла́вное, что́бы ба́бки шли.

А

Это поня́тно. А в при́нципе, насчёт психфа́ка, э́то мысль. Спаси́бочки, я поду́маю.

대화문

Диалог

А 우이씨, 짜증 나! 반년만 지나면 고등학교도 끝인데! 졸업하면 뭐 하지? 어디에 원서를 넣어야 할까? 법대에 가는 건 어떨까? 예를 들어, 법조인이나 변호사 하는 거 어때?

Б 무슨 말이야! 법조인이나 변호사가 얼마나 많은데. 다른 걸 해야지. 지금 유행하는 게 아니라, 늘 수요가 있는 걸로.

А 그럼 넌 어떤 걸 추천하는데?

Б 그럼, 잘 들어봐. 내 생각엔 말이야. 너 과학은 빵점이고. 심리학과 같은 데를 가야 해. 거기는 공부가 그렇게 힘들진 않을 거야. 그리고 심리학 학위를 따는 거지. 요즘 마음이 아픈 사람들이 많잖아. 앞으론 더 많아지겠지. 얼간이들에게 상담을 해주고, 온갖 말로 현혹하면서 돈을 버는 거지. 돈 되는 일인 거 확실해!

А 잘은 모르겠지만, 나는 그렇게는 못 할 것 같아. 속이는 건 나쁜 거잖아.

Б 그럼 그렇게 해. 네 마음이 그렇다면, 정직하게 일해야지. 뭐, 중요한 건 돈이 들어오는 거지.

А 그래, 알겠어. 어쨌든 심리학과는 괜찮은 생각인 것 같아. 고마워, 한번 생각해 볼게.

더 알아보기

본문에서 등장한 문장을 다시 한번 살펴봅시다.

Поступа́ешь, наприме́р, на психфа́к, там напряга́ться осо́бо не ну́жно. **Получа́ешь** дипло́м психо́лога. 이 문장에서 동사의 형태는 현재시제로 쓰였지만, 지시(инстру́кция)의 의미를 가집니다. 즉, "Ты до́лжен поступи́ть на психфа́к, что́бы пото́м получи́ть дипло́м психо́лога и рабо́тать психо́логом-консульта́нтом".라는 의미로 이해해야 합니다.

대화문 Диалог

어휘 구문

□ заса́да	매복, 복병; сленг 마음에 들지 않는 나쁜 상황, 예상치 못한 사건 전개, 절망적인 상황
□ там разг.	예를 들어 (= наприме́р)
□ тренд	트렌드, 경향, 추세
□ струя́	흐름(물줄기, 기류 등); 경향
□ зна́чит	음, 그럼, 있잖아 (추임새)
□ смотри́	잘 들어봐
□ псих разг.	정신이상자
□ напряга́ться-напря́чься	노력하다, 열성적으로 하다
□ консульти́ровать *кого*	상담하다
□ лох разг.	얼간이, 바보
□ сто́пудо́во разг.	100% 확실해

сто + пуд 두 단어가 합쳐진 표현이며, пуд (약 16kg)는 러시아의 옛 단위입니다.

□ в при́нципе	원칙적으로, 대체로, 결국, 어쨌든 (= в о́бщем, вообще́)
□ насчёт *чего*	~에 관해

관용구

□ Я тебя́ умоля́ю!	무슨 말이야 (= Пожа́луйста, не говори́ так!)
□ как гря́зи	많다 (= мно́го)

'많다'라는 의미로 как соба́к нере́заных라는 표현도 쓸 수도 있습니다.

□ быть в тре́нде быть в струе́ сленг	유행하다, 인기 있다, 수요가 있다
□ ноль *в чём*	문외한이다, 아예 모른다
□ ве́шать лапшу́ на́ уши	속이다

상대를 속이고 혼란을 주기 위한 목적으로 많은 말을 하는 것을 가리킵니다. 예를 들어, 약장수가 평범한 약을 만병통치약인 듯 파는 행위에도 이 표현을 쓸 수 있습니다.

예문

Па́рень не́сколько лет ве́шал де́вушке лапшу́ на́ уши, обеща́я на ней жени́ться, а пото́м взял испари́лся.

남자는 몇 년간 여자에게 결혼을 약속하며 거짓된 말을 속삭이다 어디론가 훌쩍 사라져버렸다.

□ бабло́ руби́ть сленг	돈을 벌다 (= зараба́тывать де́ньги)

бабло́는 속어로 '돈'이라는 뜻입니다. 같은 의미로 'бабло́ поднима́ть'라는 표현도 가능합니다.

□ реа́льная те́ма сленг — 진짜로 돈이 되는 일이야
(Ситуа́ция, благоприя́тная для зараба́тывания де́нег)

те́ма는 원래 '테마, 주제'라는 뜻이지만, 구어에서는 '돈을 벌어다 주는 일이나 상황'을 뜻하기도 합니다. те́ма가 슬랭으로 쓰인 예문을 살펴봅시다.

예문

1 **Ну что, на за́втра у нас кака́я те́ма?** 내일 우리 뭐 돈 될 만할 일 있어?

2 **А: А ты чем вообще́ занима́ешься?** 넌 무슨 일 해?

Б: У меня́ "Автосе́рвис", маши́ны ремонти́рую. 카센터. 자동차 수리해.

А: И давно́ на э́той те́ме сиди́шь*? 이 일 한 지 오래됐어?

Б: Уже́ восьмо́й год. 벌써 햇수로 8년째지.

***сиде́ть на те́ме** сленг 사업 등 수익을 주는 일을 하다

□ ра́ди бо́га — 제발; 원하는 대로 해
(Пожа́луйста, о́чень прошу́; де́лай как хо́чешь)

□ е́сли тебе́ так хо́чется — 네 생각이 그렇다면, 네 결심이 그렇다면

1. 열심히 하다 VS 대충 하다

본문에서는 공부를 열심히 하거나 열심히 하지 않는 것을 가리키는 표현이 나옵니다. 그럼 표현들을 다시 한번 정리해 봅시다.

налега́ть-нале́чь 열심히, 적극적으로 임하다

Англи́йский – э́то уже́ не актуа́льно, сейча́с **на** кита́йский ну́жно **налега́ть**.
영어는 이제 한물갔고, 지금은 중국어를 열심히 해야 한다.

напряга́ться-напря́чься 열심히 하다

Дедла́йн неумоли́мо приближа́лся, пришло́сь **напря́чься**, что́бы всё успеть.
마감시한은 가차 없이 다가왔고, 시간 내에 전부 끝내려면 열심히 할 수밖에 없었다.

не запа́риваться сленг 그다지 노력하지 않다

запа́риваться는 '지치다'라는 뜻으로, пар(증기)를 어근으로 가지는 단어입니다. 격렬하게 달리며 뜨거운 콧김을 내뿜는 말을 떠올려 보세요. 그렇다면 반대로 не запа́риваться는 무언가를 지칠 만큼 하지 않는 것을 의미합니다.

Мы реши́ли осо́бо **не запа́риваться**, взя́ли како́й-то ста́рый прое́кт и по его́ шабло́ну бы́стренько слепи́ли но́вый. Ше́фу понра́вилось, был дово́лен.
우리는 딱히 힘들이지 않고 예전 초안 하나를 골라서 그 포맷대로 빠르게 새 것을 만들었다. 상사는 마음에 든다며 만족해했다.

추가표현

стара́тельно 열심히 VS небре́жно 대충

А: Что вы мо́жете сказа́ть об э́том сотру́днике?
이 직원 어떤 것 같아요?

Б1: Всё, что ему́ поруча́ют, исполня́ет **стара́тельно**. Но на креати́в не спосо́бен.
지시한 건 전부 열심히 해요. 대신 창의적인 건 좀 떨어지고요.

Б2: Ничего́ хоро́шего. Рабо́тает **небре́жно**, дедла́йны не соблюда́ет. Балла́ст.
별로입니다. 일도 대충 하고 기한도 안 지켜요. 도움 안 되는 부류죠.

усе́рдно 열심히 VS ко́е-как 그럭저럭, 건성으로

Он все пять лет **усе́рдно** занима́лся, учи́лся то́лько на "отли́чно" и заслу́женно око́нчил университе́т с кра́сным дипло́мом.
그는 5년간 열심히 공부해서 '최우수'만 받더니 당당히 우등졸업을 했다. (일반 졸업장은 남색이고, 우등 졸업장은 붉은색임)

В университе́те он учи́лся **ко́е-как**, не́сколько раз был на гра́ни отчисле́ния, но зате́м бы́стро пошёл в го́ру*, к 30-ти (тридцати́) года́м стал ви́це-мэ́ром го́рода.
그는 대학 땐 공부를 소홀히 하다 몇 번 제적까지 갈 뻔했는데, 나중에는 치고 올라가더니 서른 살쯤에는 부시장이 됐다.

***пойти́ в го́ру** 커리어가 잘 풀리다, 치고 올라가다

напряжённо 열심히 VS рассла́бленно, вя́ло 느슨히, 꾸물대며

Сейча́с вся на́ша кома́нда **напряжённо** рабо́тает над но́вым би́знес-прое́ктом.
지금 신규 사업프로젝트에 모든 팀이 열심히 매달리고 있다.

Рабо́та над но́вым би́знес-прое́ктом шла ка́к-то **вя́ло**, **рассла́бленно**. Неудиви́тельно, что из э́того ничего́ не вы́шло.
신규 사업프로젝트가 좀처럼 타이트하게 진행되지 않더니 결국 아무런 성과도 내지 못했다.

засучи́в рукава́ 열심히 (소매를 걷고) VS спустя́ рукава́ 대충 (소매를 내리고)

Нача́льство пообеща́ло большу́ю пре́мию, е́сли всё вы́полним в срок, и мы с энтузиа́змом, как говори́тся, **засучи́в рукава́**, приняли́сь за рабо́ту.
상사는 모든 것을 제때 끝내면 큰 보너스를 주기로 약속했고, 우린 적극적으로 업무에 착수했다.

А: Что вы мо́жете сказа́ть о на́шем отде́ле марке́тинга?
마케팅팀은 어떤지 말씀 좀 해주실래요?

Б: К сожале́нию, ничего́ хоро́шего. Лени́вые, рабо́тают вя́ло, что называ́ется, **спустя́ рукава́**. Там кардина́льно на́до всё меня́ть.
안타깝지만, 아주 안 좋습니다. 게으르고 일도 대충 해요. 설렁설렁한다고 하죠. 아주 뼛속부터 바꿔야 해요.

2 Хоте́лось бы 소망, 의도의 완곡한 표현

소사 бы가 е́сли бы 구문 등 가정법에서 사용되는 경우를 많이 보았습니다. 가정의 의미 이외에 어떤 의미로 사용되는지 살펴봅시다.

본문

Тепе́рь мне хоте́лось бы на семе́стр-два пое́хать учи́ться в Росси́ю по обме́ну.

본문에서는 бы를 사용함으로써 자신의 소망을 더 부드럽게 표현합니다. 이처럼 러시아어에서는 원하는 바를 표현할 때, хочу́, хо́чется라고 말할 수도 있지만, 더 완곡하게 хоте́л(-а) бы, хоте́лось бы라는 표현도 많이 사용합니다.

예문

완곡한 표현

Извини́те, но мне **бы** не хоте́лось говори́ть об э́том.
죄송하지만, 이 얘기는 하고 싶지가 않습니다.

Объекти́вно сопе́рник сильне́е. Но я **бы** не сказа́л, что у на́шей кома́нды уж совсе́м нет ша́нсов на побе́ду.
객관적으로 상대방이 더 강합니다. 그렇다고 우리 팀이 승리할 가능성이 아예 없다고 말할 수는 없을 것 같습니다.

충고 (на твоём ме́сте / на ва́шем ме́сте라는 표현과 함께 자주 사용)

На ва́шем ме́сте я **бы** ты́сячу раз поду́мал, пре́жде чем согласи́ться на тако́е предложе́ние.
제가 당신이었다면 그런 제안에 동의하기 전에 천 번은 고민했을 겁니다.

공손한 부탁 (보통 ты не мог(-ла́) бы / вы не могли́ бы 구문에서 사용)

Слу́шай, Пе́тя, ты **бы не мог** зайти́ ко мне сего́дня ве́чером? На́до шкаф переста́вить, тяжёлый. Мину́тное де́ло.
페챠(표트르), 오늘 저녁에 잠깐 들를 수 있어? 옷장을 옮겨야 하는데 무거워서. 금방 끝나.

1 한국어 해석을 보고 빈칸에 알맞은 전치사를 넣어보세요.

❶ Мы реши́ли перенести́ на́шу презента́цию (　　) о́сень, когда́ все верну́тся из ле́тних отпуско́в.
우리는 모두가 여름휴가를 마치고 돌아오는 가을로 발표를 미루기로 결정했습니다.

❷ Если э́то реше́ние прави́тельства и ска́жется (　　) у́ровне дохо́дов населе́ния, то, я полага́ю, в незначи́тельной сте́пени.
정부의 이러한 결정이 국민들의 소득 수준에 영향을 주더라도 이 영향은 미미할 것이라는 게 제 생각입니다.

❸ Этот наш но́вый прое́кт соверше́нно не похо́ж на все преды́ду́щие. Мы разраба́тывали его́ (　　) нуля́.
신규 사업은 이전 사업과 전혀 다릅니다. 우리는 이 사업을 백지에서부터 새로 기획했습니다.

2 다음 문장에서 틀린 부분을 고쳐보세요.

❶ Зна́ешь, я соверше́нно не устра́ивает, что ты всё свобо́дное вре́мя прово́дишь с друзья́ми, а не в семье́!

❷ Мне бы о́чень хо́чется помо́чь вам, но, че́стно говоря́, не зна́ю, как.

❸ Ремо́нт сто́ит наско́лько же, сто́лько и но́вый телефо́н.

❹ Я давно́ собира́л сходи́ть в э́тот музе́й. И вот, наконе́ц, вчера́ посмотре́л.

3 다음 문장을 러시아어로 번역해 보세요.

❶ 나는 마음을 다잡고 반년 만에 살을 10kg 뺐다.

❷ 각자 근무시간이 다르다.

❸ 우리는 오래 고민한 끝에 결혼식을 8월 8일로 잡았다.

❹ 나는 결혼하고 싶은 마음이 사라졌다.

❺ 의사는 아직까지는 환자가 수술을 해야할 이유가 전혀 없다고 본다.

❻ 지난해 전국 평균 연금액이 8% 상승했다.

4 괄호 안의 설명을 참고하여 다음 보기에서 알맞은 관용구를 골라 빈칸에 넣으세요.

я тебя́ умоля́ю	поживём – уви́дим	ра́ди бо́га	реа́льная те́ма
никто́ не отменя́л	взять себя́ в ру́ки	я что-нибу́дь приду́маю	
бабло́ руби́ть	своя́ пра́вда	бо́же упаси́	быть сами́м собо́й
ещё как	как гря́зи		

❶ А: Ну что, понра́вился вам спекта́кль?

Б: _______! Пье́са о́чень интере́сная, игра́ замеча́тельная.

힌트 Да, о́чень понра́вился

❷ Моя́ соба́ка – еди́нственное живо́е существо́, в обще́нии с кото́рым я могу́ _______.

힌트 я могу́ вести́ себя́ абсолю́тно есте́ственно и свобо́дно; я могу́ обща́ться без притво́рства.

❸ У нас сосе́ди по да́че: он – адвока́т, преуспева́ющий, а она́ – дире́ктор департа́мента в мэ́рии. Де́нег у них – _______ .

힌트 мно́го, о́чень мно́го

❹ Нача́льник: Ситуа́ция кра́йне сло́жная. Я да́же не зна́ю, что де́лать.

Сотру́дник: Не волну́йтесь, шеф, _____________.

힌트 я найду́ вы́ход из э́той ситуа́ции, ско́ро я предложу́ вам эффекти́вный вариа́нт разреше́ния э́той кри́зисной ситуа́ции

❺ Слу́шай, мне тут одну́ схе́му рассказа́ли, как мо́жно ____________. __________ – сто проце́нтов!

힌트 зараба́тывать де́ньги

힌트 В э́той ситуа́ции о́чень хорошо́ зараба́тывать “больши́е де́ньги”

❻ А: Интере́сно, а что с на́ми по́сле униве́ра бу́дет, кто как и где устро́ится.

Б: ___________ .

힌트 жизнь бу́дет идти́ вперёд и даст отве́т на э́тот вопро́с

❼ Да, положе́ние у нас ху́же не́куда. Но на́до не ныть, что всё пло́хо, всё ужа́сно, а __________ и де́йствовать!

힌트 ну́жно собра́ть свою́ во́лю в кула́к, заста́вить себя́ и нача́ть акти́вно де́йствовать

❽ Oh, East is East, and West is West, За́пад есть За́пад, Восто́к есть Восто́к, писа́л брита́нский поэ́т Ре́дьярд Ки́плинг (Rudyard Kipling, 1865-1936), и у ка́ждого из них ___________.

힌트 своя́ культу́ра, свои́ тради́ции, свои́ геополити́ческие интере́сы, це́ли и их обоснова́ние

❾ Нача́льник: Хочу́ напо́мнить всем сотру́дникам, что дисципли́ну и субордина́цию ___________. Все мои́ прика́зы и распоряже́ния должны́ выполня́ться беспрекосло́вно!

힌트 дисципли́на и субордина́ция по-пре́жнему име́ют о́чень большо́е значе́ние

❿ Жена́: Я за́втра же пойду́ к твоему́ нача́льнику и устро́ю ему́ сканда́л, почему́ он тебе́ так ма́ло пла́тит!

Муж: _______! Ни в ко́ем слу́чае! Это коне́ц всему́ бу́дет!

힌트 Нет, ты ни в ко́ем слу́чае не должна́ э́того де́лать

⓫ Жена́: Мо́жет, тебе́ пре́мию к Но́вому го́ду даду́т?

Муж: ____________! Кака́я пре́мия?! Скажи́ спаси́бо, е́сли вообще́ не уво́лят.

힌트 Пожа́луйста, не говори́ так! То, что ты говори́шь – э́то соверше́нно неве́рно

⑫ Жена́: Если ты не прекрати́шь свои́ пья́нки* с друзья́ми, то я заберу́ дете́й и уйду́ к ма́ме!

Муж: Да _______! Де́лай что хо́чешь! Мне по́ фигу**.

힌트 Пожа́луйста, поступа́й так, как счита́ешь пра́вильным и ну́жным

*пья́нка разг. – встре́ча, во вре́мя кото́рой пьют “о́чень мно́го” алкого́ля

**мне по́ фигу разг. 나는 전혀 상관이 없다

TEMA

17

노년

Ста́рость

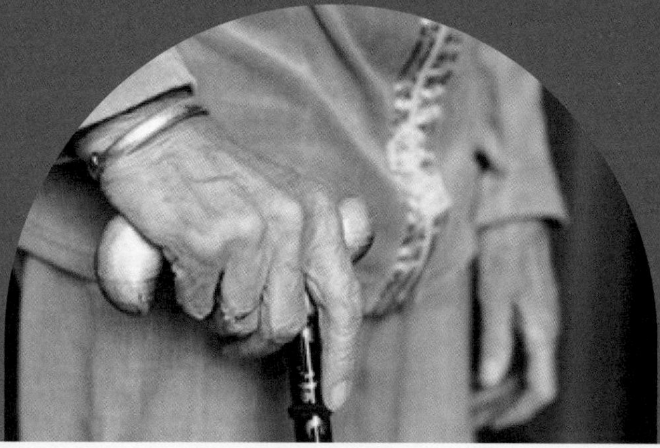

핵심 패턴

□ 집착하다	заци́кливаться *на чём*
□ ~ 말고는 아무것도 하지 않는다	то́лько и де́лать, что ...
□ 때로는 ~하다가 때로는 ~한다	то..., то...
□ 미동도 없이 누워있다, 납작하게 누워있다	лежа́ть пласто́м

주요 단어

□ 나이	во́зраст
□ 젊은 시절	мо́лодость
□ 노년	ста́рость
□ 연금	пе́нсия
□ 쥐꼬리만 한 연금	кро́хотная пе́нсия
□ 신체적인	физи́ческий
□ 정신의, 마음의	душе́вный
□ 상태	состоя́ние
□ 우울, 우수	тоска́
□ 질병	боле́знь
□ 죽음	смерть

주제 읽기 17-1

Текст

Мне уже́ **под 70 (се́мьдесят)**. Я стара́юсь не **заци́кливаться на** во́зрасте, но физи́чески чу́вствую себя́ гора́здо ху́же, чем ещё лет пять-семь наза́д.

По́мню, в мо́лодости по выходны́м я **то́лько и де́лал, что** ходи́л по ба́рам и дискоте́кам, а сейча́с всё вре́мя хо́чется то́лько **лежа́ть пласто́м** до́ма.

Обяза́тельно где́-то что́-то боли́т: **то** голова́ (гипертони́я), **то** суста́вы (артро́з), **то** желу́док (я́зва). И пото́м сно́ва по кру́гу.

Пе́нсия кро́хотная. Запла́тишь за кварти́ру, свет, во́ду, ку́пишь лека́рства – и остаю́тся каки́е-то слёзы.
Не разгуля́ешься.

어느새 70세가 다 되어 간다. 나이에 집착하지 않으려 하는데, 그래도 5~7년 전보다 체력이 훨씬 떨어진 느낌이다.

내 기억에 젊은 시절에는 주말에는 술집이나 클럽을 다니는 게 일이었는데, 이제는 집에서 드러눕고만 싶다.

몸도 안 아픈 데가 없다. 머리(고혈압)가 아팠다가 관절(관절염)이 아팠다가 위(위궤양)가 아팠다가 한다. 그러고 나서 이것이 또다시 반복된다.

연금은 쥐꼬리만 하다. 집세, 전기세, 수도세를 내고, 약을 사고 나면, 눈곱만치 남는다. 여가생활을 즐길 수도 없다.

стара́ться *инф.* 노력하다
физи́чески 물리적으로; 신체적으로
в мо́лодости 젊은 시절에
гипертони́я 고혈압 (= высо́кое артериа́льное давле́ние)
суста́в 관절
артро́з 관절염
желу́док 위
сно́ва по кру́гу 다시 반복된다
кро́хотный 아주 적은 (= кро́шечный)
слеза́ (복 слёзы) 눈물
разгуля́ться (돈을 쓰고) 놀다, 플렉스하다
Никола́й получи́л от дя́дюшки огро́мное насле́дство и, что называ́ется, разгуля́лся: круты́е та́чки, кварти́ры, рестора́ны, куро́рты, де́вочки, бре́ндовые шмо́тки и т. д.
니콜라이는 숙부에게 엄청난 재산을 물려받고는 고급차와 집, 레스토랑, 리조트, 여자, 브랜드 옷에 돈을 쏟아부으며 흔히 말하듯이 흥청망청 놀았다

주제 읽기

Текст

Ужа́сно тоску́ю по времена́м, когда́ был мо́лод и здоро́в. То́ есть душе́вное состоя́ние, са́ми ви́дите, никако́е. Ино́й раз таки́е мра́чные, тёмные мы́сли прихо́дят. Мо́лодость давно́ прошла́, впереди́ то́лько страда́ния, боле́зни, смерть. От тоски́ во́лком выть хо́чется.

Пра́вильно говори́т посло́вица: “Ста́рость – не ра́дость”. Бана́льная и́стина, но така́я ве́рная. Убежда́юсь в э́том ка́ждый день.

젊고 건강했던 시절이 너무나 그립다. 정확히 말하자면, 지금은 정신건강이 그다지 좋지 않다. 때때로 암담하고 침울한 생각이 든다. 젊은 시절은 오래전에 떠나갔으며, 앞으로는 고통과 병, 죽음만이 있을 뿐이라는 생각 말이다. 우울감으로 목놓아 울고 싶다.

“늙음은 기쁨이 아니다”라는 속담이 옳다. 뻔하지만 아주 맞는 말이다. 이런 사실을 매일 확인하고 있다.

тоскова́ть *по кому-чему* 그리워하다
времена́ 복 시절, 시대
то́ есть (т. е.) 즉
никако́й 별로이다, 불만족스럽다
Настрое́ние никако́е. 기분이 별로이다.
Здоро́вье никако́е. 건강이 그다지 좋지 못하다.
ино́й раз 때때로
мра́чный 음울한, 암담한
во́лком выть 괴로워 울부짖다, 한탄하다
(직역: 늑대처럼 울부짖다)
впереди́ 앞에
страда́ние 고통, 괴로움
посло́вица 속담
бана́льный 진부한, 평범한, 흔한
и́стина 진실
убежда́ться-убеди́ться *в чём* 확신하다, 확인하다

Заци́кливаться-заци́клиться на *ком-чём*
집착하다

Слу́шай, подру́га, ты, по-мо́ему, **заци́клилась на** своём бы́вшем. Посмотри́, ско́лько парне́й симпати́чных вокру́г!
야, 친구야. 너 전 남친한테 너무 집착했어. 주변에 괜찮은 사람이 얼마나 많은데!

Ты, по-мо́ему, сли́шком **заци́клился на** рабо́те. А жизнь прохо́дит*.
너는 일에 너무 목매면서 살았어. 시간 훅 간다.

А жизнь прохо́дит 삶은 흘러간다, 시간은 빨리 흘러버린다

Ва́жно не **заци́кливаться на** свои́х оши́бках, а учи́ться на них, что́бы пото́м не наступа́ть на те́ же гра́бли*.
본인의 실수에 집착하기보다, 나중에 같은 실수를 반복하지 않으려면 실수를 통해 배우는 자세가 중요하다.

наступа́ть на те́ же гра́бли 같은 실수를 되풀이하다 (직역: 같은 갈퀴를 또 밟다)

Лежа́ть пласто́м **미동도 없이 누워있다, 드러누워 있다**

пласт는 '평평한 층; 지층, 단층' 등을 의미합니다. 그래서 이 표현은 '(주로 병이나 피로로 인해) 몸을 쭉 펴고 납작하게 누워있는 모습'을 가리킵니다.

Я заболе́л и неде́лю **пролежа́л пласто́м** с высо́кой температу́рой.
난 아파서 일주일을 꼼짝하지 않고 고열로 누워있었다.

На́ша соба́чка, ви́дно, чём-то отрави́лась: **лежи́т пласто́м** уже́ тре́тий день.
우리 강아지가 식중독에 걸린 것 같아. 사흘째 움직이지도 않고 누워만 있어.

Он **лежа́л пласто́м**, не шевеля́сь, и бы́ло непоня́тно: то ли спит глубо́ким сном, то ли жизнь его́ уже́ поки́нула.
그는 미동도 없이 누워있었고, 깊은 잠에 빠진 것인지, 세상을 등진 것인지 알 수가 없었다.

То́лько и де́лать, что ...
~만 한다, ~ 말고는 아무것도 하지 않는다

В после́днее вре́мя я **то́лько и де́лаю, что** чита́ю статьи́ и диссерта́ции мои́х аспира́нтов.
내가 최근에는 우리 대학원생들 논문 읽는 것 말고는 하는 게 없어.

Да они́ там ни черта́ не рабо́тают! **То́лько и де́лают, что** чай-кофей гоня́ют да в со́цсетя́х зависа́ют!
거기 사람들은 전혀 일을 안 해! 온종일 티타임에 SNS만 하고 앉아 있다고!

Всю весну́ она́ **то́лько и де́лала, что** ходи́ла в фи́тнес-зал: приводи́ла себя́ в поря́док пе́ред ле́тним сезо́ном.
그녀는 여름을 앞두고 몸매관리를 위해 올봄에 내리 헬스장만 다녔다.

То..., то... **때로는 ~하다가 때로는 ~한다**

то..., то...는 행위가 교체되면서 일어날 때 사용합니다. 다른 분리 접속사들도 정리해 봅시다.

и..., и... ...도, ...도	**ни..., ни...** ...도 아니고, ...도 아니고	**и́ли (ли́бо) ..., и́ли (ли́бо) ...** ...이거나, ...이거나
то́ ли ..., то́ ли ... ...인 것 같기도 하고, ...인 것 같기도 하고	**не то ..., не то ....** ...도 아닌 것 같고, ...도 아닌 것 같고	

Пого́да кака́я-то непоня́тная: **то** дождь, **то** со́лнце. **То** жара́, **то** хо́лод.
날씨가 참 이상해. 비가 왔다가 해가 떴다가. 더웠다가 추웠다가.

У меня́, как и у всех старико́в, со здоро́вьем постоя́нные пробле́мы: **то** се́рдце но́ет*, **то** давле́ние ска́чет, **то** ещё что́-то.
나도 다른 늙은이들처럼 항상 건강 문제가 있어. 어떨 때는 심장이 아팠다가, 어쩔 땐 혈압이 올랐다가, 또 다른 뭔가가 생겼다가 그래.

***се́рдце но́ет** 심장이 시큰하다, 쑤시다

Не понима́ю я же́нский пол: **то** ла́сковая, бе́лая и пуши́стая*, **то** зло́бная меге́ра**. И настрое́ние у неё ка́ждые по́лчаса́ меня́ется.
난 여자를 이해 못하겠어. 어떨 때는 살갑고 어떨 때는 악마 같아. 그녀의 기분이 30분마다 바뀐다고.

***бе́лая и пуши́стая** 순한, 다정한; 고양이 ****меге́ра** 복수의 여신이라는 신화 속 인물

대화문 17-2

Диалог

А

Приве́т! Как жизнь молода́я?

Б

Да кака́я э́то жизнь? Так, существова́ние.

А

Да ла́дно! Ты ж ведь ещё совсе́м не ста́рый.

Б

Ста́рый не ста́рый, а никому́ не ну́жен. Это са́мое ужа́сное. Понима́ешь, когда́ рабо́тал, меня́ в коллекти́ве уважа́ли, со мной счита́лись, сове́товались, к моему́ мне́нию прислу́шивались, а тепе́рь я кто? – Да никто́! **Ноль без па́лочки**. На рабо́те, как ушёл, сра́зу же забы́ли. У дете́й своя́ жизнь, звоня́т раз в ме́сяц. Так вдвоём со стару́хой **не́бо и копти́м. Ва́римся в со́бственном соку́**.

А

Ну, ты **э́то брось**! Ты привы́к, что ну́жно жить для кого́-то – там, де́ти, вну́ки, семья́. А ты попро́буй хоть **на ста́рости лет** поживи́ для себя́!

Б

По́здно уже́, **по́езд ушёл**.

А

Да ничего́ подо́бного! Зна́ешь, ра́ньше у меня́ то́же всё бы́ло как у всех: суета́, забо́ты. А сейча́с – свобо́да! **Живи́ и ра́дуйся!** Я вот и на компью́терные ку́рсы записа́лась, и на та́нцы, и на йо́гу хожу́. Так всё интере́сно!

Б

Ну, **как зна́ешь**. Как молодёжь сейча́с говори́т, **флаг тебе́ в ру́ки**! А мы уж со стару́хой по стари́нке дожива́ть бу́дем.

대화문 Диалог

А 안녕하신가, 젊은이는 어떻게 살고 있나?

Б 이게 사는 건가? 그저 생존이지.

А 그런 말 말게! 자네 아직 노인네도 아닌데.

Б 늙었든 아니든, 어찌 되었건 난 아무한테도 필요하지 않아. 정말 끔찍한 일이야. 알다시피 직장이 있을 때는 회사에서 다들 날 존중하고, 내 생각을 고려해줬는데 이제 나는 뭐지? 쓸모없는 인간이야! 하찮은 인간이라고. 직장에서 퇴사하자마자 모두에게서 잊혔지. 자식들도 다 자신만의 인생이 있으니, 한 달에 한 번씩 전화하는 게 다이고. 우리 할멈이랑 둘이 그저 별 의미 없는 삶을 살고 있어. 우리만의 세계에 갇혀 사는 거지.

А 자네, 그런 말 마! 자네는 누군가를 위해 사는 것에 익숙해져 버린 게야. 예를 들어서, 자식, 손주, 가족을 위해서. 다 늙어서라도 자신을 위해 살도록 해봐.

Б 이미 늦었어. 버스는 떠났다고.

А 그렇지 않아! 예전에는 나도 다른 사람들처럼 분주하고 신경 쓸 게 많았지. 지금은 그저 자유야! 즐기면서 살라고! 난 컴퓨터 수업에도 등록했고, 춤이랑 요가도 다니고 있잖아. 얼마나 재밌는지!

Б 그래, 자네는 자네 마음대로 살아. 요즘 젊은이들이 하는 말처럼, 손에 깃발을 들고 나아가게. 나는 우리 할멈이랑 예전처럼 살 테니까.

어휘 구문

- □ существова́ние — 존재; 생존
- □ коллекти́в — 집단
- □ счита́ться *с кем-чем* — 고려하다, 존중하다
- □ никто́ — 아무도; 쓸모없는 사람

관용구

- □ Да ла́дно! разг. — 그런 말 마
- □ Ста́рый не ста́рый — 늙었든 아니든 간에 (다음 페이지 참고)
- □ Ноль без па́лочки разг. — 하찮은 사람, 보잘것없는 사람

ноль은 숫자 0이며, па́лочка는 막대를 뜻합니다. 숫자 1이 막대기 모양을 닮았죠? 숫자 1이 없이 완전한 0이라는 '아무것도 아닌 사람'을 뜻합니다.

- □ Не́бо копти́ть — 헛된 삶을 살다 (= Жить бесполе́зно, бесце́льно)

копти́ть라는 동사는 '그을음(ко́поть)을 내다'라는 뜻입니다. 예를 들어, "Свеча́ копти́т"은 '초가 그을음을 내며 탄다'는 뜻입니다. 보통 품질이 좋지 않은 장작이나 초는 시커먼 연기를 내면서 탑니다. 여기에서 나온 표현으로 지루하고 주변에 도움이 되지 않는 의미 없는 삶을 사는 것을 뜻합니다. 주로 노인들의 삶을 묘사할 때 사용합니다.

- □ Вари́ться в со́бственном соку́ — 사회 또는 다른 사람들과 소통 없이 고립되어 살다
- □ Флаг тебе́ в ру́ки разг. — 건투를 빌어 (반어적)

이 표현은 직역하면 '깃발은 너의 손에 주어졌다'는 뜻입니다. 기수가 되었으니 목표를 향해 힘차게 나아가라는 의미도 갖지만, 한편으로는 '(내가 보기에는 별로지만) 네 목표니까 네가 알아서 하라'는 반어적 뉘앙스도 있습니다.

- □ Ты э́то брось! разг. — 그런 말 하지 마 (= Не говори́ так)
- □ на ста́рости лет разг. — 노년에
- □ По́езд ушёл разг. — 이미 버스는 떠났다, 이미 늦었다
- □ Да ничего́ подо́бного! разг. — 아니야, 그 말은 틀렸어 (= Нет, ты соверше́нно не прав!)
- □ Живи́ и ра́дуйся! — 즐기면서 살아라
- □ Как зна́ешь разг. — 네 마음대로 해
- □ по стари́нке — 옛 방식대로

나이 표현

본문에서는 Мне ужé под 70이라는 표현이 등장합니다. 이 표현은 대략적인 나이를 표현할 때 사용합니다. 나이를 표현하는 다양한 방법을 더 공부해 봅시다.

대략적인 나이를 나타내는 구어체 표현

40세를 기준으로 다양한 표현들을 살펴보도록 하겠습니다.

Емý / Ей **лет сóрок.** (수사와 단위 도치) Емý / Ей **óколо** сорокá.	대략 사십이다 (38~42세)
Емý / Ей лет **под** сóрок. Емý / Ей **гдé-то под** сóрок. Емý / Ей **ужé, навéрное, под** сóрок	사십이 약간 안 됐다 (38~39) 참고 2, 30대에 대해서는 거의 사용하지 않습니다.
Емý / Ей **нет ещё и** 40-кá (сорокá) Емý / Ей **мáксимум** сóрок	사십이 채 되지 않았다, 많아야 사십이다 (37~39)
Емý / Ей **ужé почтú** сóрок	거의 사십이다 (37~39)
Емý / Ей сóрок **с небольшúм** Емý / Ей сóрок **с хвóстиком**	사십이 조금 넘었다 (41~42)
Емý / Ей **за** сóрок Емý / Ей, дýмаю, сóрок **с лúшним** Емý / Ей сóрок **с чéм-то**	사십이 넘었다 (41~43)
Емý / Ей **хорошó за** сóрок Емý / Ей **далекó за** сóрок Емý / Ей сóрок **с гáком**	사십을 넘은 지 한참 됐다 (43~45) 참고 나이가 47~48세인 경우에는 **"Емý / Ей под пятьдесят́"**을 사용합니다.

참고 2, 30대의 경우, 비교적 젊은 나이이기 때문에 위 표에 나와 있는 모든 표현이 활발하게 사용되는 것은 아닙니다. 20대의 경우, **лет двáдцать / óколо двадцатú / чуть бóльше двадцатú / не бóльше двадцатú / мáксимум двáдцать**이 주로 사용됩니다.

나이를 표현하는 구어체 표현

30 лет	40 лет	50 лет
тридцáтник	сорокóвник	полтúнник / полтóс

Мне вот ужé **полтúнник** скóро, но я себя́ стáрым не считáю.

난 이제 곧 50줄에 들어서지만, 스스로 늙었다고 생각하진 않아.

더 알아보기

в во́зрасте가 들어간 나이 표현

위에서 살펴보았던 표현이 구어체라면, 아래 표현들은 문어체입니다.

1 ○세

в во́зрасте ○ лет

Всенаро́дно люби́мый актёр теа́тра и кино́ N. N. сконча́лся вчера́ в Москве́ **в во́зрасте 88-ми́ (восьми́десяти восьми́) лет**.

연극무대와 스크린을 누비며 전 국민의 사랑을 받았던 배우 N. N.이 88세의 나이로 세상을 떠났습니다.

2 **○세부터 ○세까지**

в во́зрасте ○-○ лет

в во́зрасте от ○ до ○ лет

По да́нным министе́рства здравоохране́ния, в Росси́и мужска́я сме́ртность **в во́зрасте 35–40 (тридцати́ пяти́-сорока́) лет** вдво́е превыша́ет же́нскую.

보건부 자료에 따르면, 러시아 35~40세 남성의 사망률은 같은 연령의 여성 사망률보다 두 배 높다.

По да́нным Ро́ско́мста́та, пик зарпла́т прихо́дится у мужчи́н на **во́зраст от 45-ти́ (от сорока́ пяти́) до 55-ти́ (до пяти́десяти пяти́) лет**.

러시아 국가통계위원회 자료에 따르면, 남성의 경우 임금 수준이 가장 높은 연령대는 45~55세이다.

3 ○세 이하/미만

в во́зрасте до ○ лет

в во́зрасте ме́нее / моло́же ○ лет

По после́дней классифика́ции ВОЗ, лю́ди **в во́зрасте ме́нее 45-ти́ (сорока́ пяти́) лет** всё ещё счита́ются молоды́ми.

WHO의 최근 분류에 따르면, 45세 전까지는 청년으로 간주된다.

4 ○세 이상/초과

в во́зрасте от ○ лет (и ста́рше)

в во́зрасте бо́лее / ста́рше ○ лет

По да́нным ме́диков, бо́лее всего́ подвержены ри́скам серде́чно-сосу́дистых заболева́ний лю́ди **в во́зрасте от 50-ти (пяти́десяти) лет и ста́рше**.

의료진에 따르면, 심혈관 질환 위험이 가장 높은 연령은 50세 이상이다.

Ста́рый не ста́рый 늙었든 아니든 간에

А не А 구문은 '기든 아니든'이라는 뜻입니다. 그것이 사실이든 아니든 중요한 것이 아니고, 뒤따라 나오는 내용이 더 중요하다는 뉘앙스로 쓰입니다. A에는 명사, 동사, 형용사가 올 수 있습니다. 예문을 살펴볼게요.

예문

1 **Хо́чешь не хо́чешь**, а рабо́тать на́до.
좋든 싫든 일은 해야 돼.

2 **Рабо́тай не рабо́тай**, а миллионе́ром всё равно́ не ста́нешь.
일을 많이 하든 안 하든, 백만장자는 될 수 없어.

3 Мать: Мой сын – замеча́тельный ма́льчик! Он ни в чём не винова́т!
Сле́дователь: **Винова́т не винова́т**, но все ули́ки про́тив него́.
엄마: 우리 아들 정말 착한 애입니다! 아무 죄가 없어요!
형사: 죄가 있든 없든, 모든 증거가 아드님을 지목하고 있어요.

4 А: Ты не мо́жешь так поступи́ть! Мы же друзья́!
Б: **Друзья́ не друзья́**, а би́знес важне́е.
А: 네가 어떻게 그래! 우리 친구잖아!
Б: 친구든 아니든, 사업이 우선이야.

5 Води́тель-мажо́р*: Да вы зна́ете, кто я?! Я сын губерна́тора!
Инспе́ктор: **Сын не сын**, а пра́вила для всех одина́ковы. Вы́йдите из маши́ны.
운전자: 당신 내가 누군지 알아?! 주지사 아들이라고!
단속반: 아들이건 아니건 법규는 모든 사람한테 똑같습니다. 차에서 내리세요.

***мажо́р** 부자, 부잣집 아들

쉬어가기

재미있는 동물 관련 표현 (1)

나라와 문화권마다 동물의 이미지와 상징, 비유는 다릅니다. '황소고집', '곰 같다', '여우 같다', '닭대가리', '소같이 일한다' 등 한국어에도 수많은 동물 관련 표현이 있는데요. 러시아인들은 동물들에 대해 어떤 이미지를 갖고 있는지 살펴보도록 합시다.

медве́дь 곰

몸집이 크고 힘이 센 곰은 '둔하고 서툰 사람(неуклю́жий, нело́вкий челове́к)'을 가리킬 때 사용합니다. 곰이 들어간 관용표현인 Медве́дь на́ ухо наступи́л(직역: 곰이 귀를 밟았다)은 '음치'를 뜻하기도 합니다.

- Мужчи́на, вы мне на́ ногу наступи́ли! У, **медве́дь**! Го́споди, как бо́льно-то!
- 이봐요, 제 발을 밟았잖아요. 어우, 곰 같은 둔해서는. 이런, 너무 아프잖아!

А: Вы на како́м-нибу́дь инструме́нте игра́ете?
Б: Нет, вы зна́ете, мне **медве́дь на́ ухо наступи́л**. То́лько слу́шаю.
A: 악기 중에 다룰 줄 아는 게 있나요?
B: 아니요. 실은 제가 음감이 없어요. 그래서 듣기만 해요.

орёл (복 орлы́) 독수리

맹금인 독수리는 '남자답게 강하고 용감한 남자'를 뜻합니다.

- Хоро́ший ты мужи́к, Васи́лий Петро́вич, но не **орёл**. И за́муж я за тебя́ не пойду́, извини́.
- 바실리 페트로비치, 넌 좋은 사람이지만, 남자답진 않아. 결혼은 힘들 것 같아. 미안해.

TEMA

18

직장 상사와 부하직원

Нача́льники и подчинённые

핵심 패턴

- □ 신경에 거슬리다, 짜증나다 — де́йствовать на не́рвы
- □ 좌우되다 — зави́сеть *от кого-чего*
- □ 싫어하다, 질색이다 — терпе́ть не могу́
- □ 참견하다 — сова́ть нос *во что*

주요 단어

- □ 사생활에 관심을 갖다 — сова́ть нос в ли́чные дела́
- □ 상사 — нача́льник, нача́льство
- □ 짜증 나게 하다 — напряга́ть *кого*
- □ 은퇴하다 — выходи́ть-вы́йти на пе́нсию
- □ 빈둥거리다 — бить баклу́ши
- □ 질책하다 — отчи́тывать-отчита́ть *кого*
- □ 윽박지르다, 닦달하다 — наезжа́ть *на кого* сленг
- □ 트집 잡는 성격의 — приди́рчивый
- □ 깐깐한, 꼼꼼한 — дото́шный

주제 읽기 18-1

Текст

В послéднее врéмя начáльник всё бóльше **дéйствует** мне **на нéрвы**. (Ха, удиви́л! А комý начáльство не дéйствует?!). Наприме́р, он стал **совáть нос в мои́ ли́чные делá**. Вчерá во врéмя переры́ва я сидéл у себя́ за столóм и перепи́сывался по WhatsApp'у со своéй дéвушкой. Так он подошёл ко мне и стал допы́тываться: "Это ты с кем, с подрýжкой? Это твоя́ стáрая и́ли ужé с нóвой? Ну, и как онá, симпати́чная?". И э́то ужé в котóрый раз! Ясное дéло, всё э́то меня́ óчень напрягáет.

Хотя́ нет, э́то я, пожáлуй, не прав, э́то всё эмóции. Человéк он ужé пожилóй и вообщé скóро выхóдит на пéнсию. И сейчáс он факти́чески перестáл занимáться делáми фи́рмы и откровéнно **бьёт баклýши**. Он ужé никогó не отчи́тывает за плохýю рабóту, ни на когó, как говори́тся, не наезжáет.

요새 팀장님이 내 신경을 긁는 일이 많다. (뭐, 놀랍지도 않다. 팀장이란 존재가 다 그렇지) 가령, 내 사생활에 참견한다든지 그런 것들이다. 어제 휴게시간에 책상에 앉아서 왓츠앱으로 여자친구랑 채팅을 하고 있었는데, 팀장이 나한테 다가와서 "누구야? 여자친구? 원래 사귀던 친구야, 아니면 새 여자친구? 이쁜가?"라고 캐묻는다. 이게 한두 번이 아니다! 당연히 이런 것들이 다 너무 거슬린다.

그런데 내가 다 너무 감정적으로 받아들이는 것일 수도 있다. 팀장님은 이제 이미 나이가 많아 퇴직이 얼마 안 남았다. 그래서 그런지 회사 일을 거의 안 하시고 공공연하게 게으름을 피우신다. 이제는 업무가 미진해도 질책하지 않고, 어느 누구한테도 닦달이라는 걸 하지 않는다.

ли́чные делá 사생활

допы́тываться 캐묻다, 파고들다

в котóрый раз
몇 번째 (= не в пéрвый раз; он чáсто так дéлает)

как говори́тся 이른바, 말하자면

наезжáть *на когo* разг.
윽박지르다, 닦달하다

주제 읽기

Текст

В о́бщем, ско́ро у нас бу́дет но́вый нача́льник. Хо́дят слу́хи, что челове́к он **приди́рчивый**, **высокоме́рный**, **дото́шный**, да́же **въе́дливый**. **Перфекциони́ст**, **терпе́ть не мо́жет неорганизо́ванных** люде́й и вника́ет во всё вплоть до мельча́йших дета́лей.

И ещё говоря́т, что он **челове́к настрое́ния**. То́ есть мно́гое бу́дет **зави́сеть от** того́, в како́м расположе́нии ду́ха он я́вится у́тром на рабо́ту. Пе́рвое вре́мя придётся быть с ним кра́йне осторо́жным. Если рабо́та вы́полнена, на его́ взгляд, пло́хо, то он, су́дя по всему́, бу́дет изли́шне раздража́ться, а э́то никому́ не ну́жно. Всё же наде́юсь, что мы смо́жем **найти́ с ним о́бщий язы́к**.

어쨌든 곧 새로운 팀장님이 오시는데, 소문을 들어보니 잔소리가 많고 잘난 척이 심하고 너무 꼼꼼하고 심지어 좀스럽다는 얘기가 파다하다. 완벽주의자라 덜렁대는 사람들을 싫어하고 사소한 실수도 다 찾아낸다고 한다.

게다가 기분파라고 한다. 즉, 아침 출근시간에 기분이 어떠냐에 따라 모든 것이 결정된다. 처음에는 아주 조심해야 할 것이다. 일이 제대로 되지 않는다고 생각하면 아마도 엄청 짜증을 내겠지. 어느 누구도 이런 걸 원하진 않을 텐데. 성격이 그렇긴 해도 새 팀장과 말이 잘 통하길 바란다.

высокоме́рный 거만한, 깔보는
дото́шный 깐깐한, 꼼꼼한
въе́дливый 따지기 좋아하는
неорганизо́ванный 이리저리 우왕좌왕하는
вника́ть *во что* 파고들다
вплоть *до чего* ~에 이르기까지, 바싹
челове́к настрое́ния 기분파
расположе́ние ду́ха 기분
су́дя по всему́ 모든 상황을 종합해볼 때
изли́шне 지나치게, 과하게
раздража́ться 성질부리다, 짜증내다

Кто-что **де́йствует** *кому* **на не́рвы**
신경에 거슬리다, 짜증 나게 하다

нерв는 '신경'이라는 의미이며, де́йствовать *на что*는 '~에 작용하다, 영향을 미치다'라는 뜻입니다. 따라서 말 그대로 '신경을 건드리고 짜증 나게 만든다'는 뜻입니다.

유사표현

раздража́ть ***кого*** 짜증 나게 만들다 / **беси́ть** ***кого*** 화나게 만들다, 미치게 만들다
Нача́льник стра́шно меня́ раздража́ет. 상사 때문에 짜증 나 미치겠어.
Нача́льник жу́тко меня́ бе́сит. 상사 때문에 돌아버리겠어.

Постоя́нные ссо́ры сосе́дей **де́йствуют** мне **на не́рвы**.
이웃의 끊이지 않는 말다툼 소리가 신경에 거슬린다.

В после́днее вре́мя тёща всё бо́льше **де́йствует** мне **на не́рвы**.
난 최근 장모님 때문에 점점 더 짜증이 난다.

Этот сотру́дник всем **де́йствует на не́рвы**. Но уво́лить его́ нельзя́: он протеже́* министе́рства.
이 직원은 모두를 짜증 나게 한다. 하지만 중앙부처에서 꽂아준 사람이라 절대 자를 수가 없다.
***протеже́** 총애받는 사람

Что **зави́сит от** *чего* ~에 달렸다, 좌우된다

참고 **зави́симость** ***от чего*** 의존; 중독 **в зави́симости** ***от чего*** ~에 따라

Всё бу́дет **зави́сеть от** того́, что реши́т руково́дство компа́нии.
모든 것은 회사 임원들의 결정에 달렸다.

От твоего́ реше́ния **зави́сит** вся моя́ жизнь!
나의 모든 인생이 너의 결정에 걸려있어!

Не всё в жи́зни **зави́сит от** де́нег. Нере́дко успе́х в жи́зни **зави́сит**, наприме́р, **от** слу́чая и́ли везе́ния.
인생에서 모든 것이 돈에 좌우되는 것은 아니다. 때로는 인생의 성공이 우연과 운에 좌우된다.

Терпе́ть не могу́ *кого-что/инф.*
싫어한다, 질색이다

(по)терпе́ть는 '참다, 견디다'라는 뜻입니다. 이 표현을 직역하자면 '무엇을 참을 수 없다'라는 뜻으로 '매우 싫어하는 것'을 말할 때 씁니다. 대격과 동사원형 이외에도 когда́, е́сли 절과 함께 사용할 수도 있습니다.

Я **терпе́ть не могу́** ра́но встава́ть.
나는 아침 일찍 일어나는 건 질색이야.

Терпе́ть не могу́ люде́й, кото́рые постоя́нно жа́луются!
나는 매사 불평불만인 사람들을 싫어한다.

Наш нача́льник **терпе́ть не мо́жет**, е́сли кто́-то на совеща́нии говори́т бо́льше трёх мину́т.
우리 팀장님은 회의할 때 누가 3분 이상 말하기만 하면 질색을 한다.

Сова́ть нос во *что* **참견하다, 간섭하다**

сова́ть нос는 직역하면 '코를 들이밀다'라는 뜻으로 관용적으로 사용되어 '참견하다, 간섭하다'라는 뜻을 갖습니다.

Что ты всё **суёшь нос в** чужи́е дела́? Тебе́ что, де́лать бо́льше не́чего?!
넌 뭘 그리 남의 일에 참견해? 할 일이 없냐?

Бу́дьте осторо́жны с э́тим челове́ком: он о́чень лю́бит **сова́ть нос в** чужи́е дела́.
이 사람 조심해요. 남의 일에 간섭하는 거 무지하게 좋아해요.

Если бы свекро́вь постоя́нно не **сова́ла нос в** на́ши дела́, то у нас бы с тобо́й бы́ли сейча́с прекра́сные отноше́ния!
시어머니가 우리 일에 계속 간섭하지 않았더라면, 우리 관계가 아주 좋았겠지!

대화문 18-2 Диалог

А

Вы вы́полнили моё поруче́ние?

Б

Вы зна́ете, Ольга Петро́вна, ещё нет.

А

Так когда́?! Дедла́йн вчера́ у́тром был! Почему́ до сих пор ничего́ не вы́полнено?

Б

Вы понима́ете, я не успе́л, мно́го други́х дел.

А

Зна́ете, что я вам скажу́: э́то уже́ не пе́рвый раз, когда́ вы не выполня́ете в срок моё поруче́ние. Все сотру́дники стара́ются, рабо́тают че́стно и добросо́вестно, и то́лько вы открове́нно бьёте баклу́ши! **Валя́ете дурака́**! И э́то уже́ де́йствует мне на не́рвы! Очень си́льно! Я уже́ близка́ к тому́, что́бы с ва́ми расста́ться! Терпе́ть не могу́ безде́льников и разгильдя́ев!

Б

Ой, пожа́луйста, Ольга Петро́вна, не увольня́йте! У меня́ дво́е дете́й, ипоте́ка! И ещё ма́ма больна́я! Лече́ние о́чень дорого́е!

А

Я э́то уже́ мно́го раз слы́шала. Зна́чит, так: даю́ вам ме́сяц. Или вы приво́дите все свои́ дела́ в поря́док, и́ли – до свида́ния! И **пеня́йте на себя́**!

Б

Спаси́бо, Ольга Петро́вна! Я всё сде́лаю! Вот уви́дите!

А

Смотри́те! Всё зави́сит от вас. И то́лько от вас.

대화문 Диалог

А 지시한 일은 다 했나요?

Б 저기, 부장님, 아직 못했습니다.

А 언제까지였죠?! 데드라인은 어제 아침까지였잖아요. 왜 아직도 안 된 거죠?

Б 그러니까 제가 못한 게, 다른 일도 많고.

А 한마디 좀 해야겠어요. 기한 내에 지시사항을 이행 못한 게 한두 번이 아니에요. 다들 노력하면서 정직하고 성실하게 일하는데, 혼자만 대놓고 슬렁슬렁하잖아요! 빈둥거리면서! 이것 때문에 짜증이 나요! 아주 거슬린다고요! 인제 그만 보고 싶은 생각이 많이 드네요. 아무것도 안 하고 농땡이나 피우는 사람은 질색이에요!

Б 부장님, 해고만은 안 돼요! 딸린 자식도 둘이고, 집 대출도 있고! 어머니도 편찮으시고, 치료비도 만만치 않아요!

А 지겹게 들은 얘기네요. 그럼 이렇게 하죠. 한 달 드릴게요. 그동안 업무를 마치든지, 아니면 빠이빠이죠! 다 본인 책임이죠!

Б 부장님, 감사합니다. 다 완료해서 보여드리겠습니다!

А 신경 쓰세요! 다 본인한테 달린 거니까. 본인한테요.

어휘 구문

□ поруче́ние	지시, 임무
□ добросо́вестно	양심적으로, 정직하게
□ безде́льник	게으름뱅이, 밥벌레(아무것도 안 하는 사람)
□ разгильдя́й	게으름뱅이(일을 대충 하고 야무지게 하지 못하는 사람)
□ ипоте́ка	주택담보대출
□ приво́дить-привести́ *что* в поря́док	정리하다, 정돈하다

관용구

□ Зна́ете, что я вам скажу́.	제가 무슨 말 할지 아시죠?
□ Валя́ть дурака́	쓸데없이 빈둥대다, 장난치다, 멍청한 짓을 하다
□ Пеня́ть на себя́	스스로를 탓하다, 남 탓할 것 없다
□ Смотри́(те)	주의하세요, 조심하세요 (경고의 의미)

예문

Мы за́втра идём в го́сти к Петро́вым. Смотри́ там опя́ть не напе́йся! Как в про́шлый раз. 내일 페트로프 씨네 갈 때, 지난번처럼 많이 마시기만 해봐!

1 Бить баклу́ши 빈둥거리다, 게으름을 피우다

이 표현을 직역하면 '나무토막을 쪼개다'라는 의미입니다. 그 유래를 살펴보면, 과거에 기술자들이 숟가락 등을 만드는 데 사용할 수 있도록 조수들이 나무토막을 쪼개어 주는 일을 했는데, 이 작업을 бить баклу́ши라고 했습니다. 즉, 복잡한 기술이 그다지 필요하지 않은 쉬운 일을 의미했으며, 현재에는 관용적으로 '빈둥거리다, 게으름을 피우다'라는 의미로 사용합니다. 유사한 표현으로는 безде́льничать, валя́ть дурака́가 있습니다.

본문

И сейча́с он факти́чески переста́л занима́ться дела́ми фи́рмы и открове́нно бьёт баклу́ши.

예문

У нас в отде́ле по-настоя́щему рабо́тают всего́ не́сколько челове́к, остальны́е открове́нно **бьют баклу́ши**.
우리 팀에 제대로 일하는 사람은 몇 명뿐이고, 나머지는 대놓고 농땡이를 피운다.

2 Найти́ о́бщий язы́к 서로 이해하게 되다, 타협점을 찾다

о́бщий는 '공통의, 공동의'라는 의미가 있습니다. 이 표현을 직역하자면, '공통의 언어를 찾다'라는 의미로 서로의 입장을 이해하거나 합의에 도달하게 되는 것을 의미합니다.

본문

Наде́юсь, мы смо́жем найти́ с ним о́бщий язы́к.

예문

Как же тру́дно **найти́ о́бщий язы́к** с подро́стками, когда́ у тех начина́ется перехо́дный во́зраст!
청소년들 사춘기가 시작되면 얼마나 소통이 어려운지 몰라!

3 Ли́чные и делові́е ка́чества 개인적 및 업무적 자질

직장생활, 업무, 단체생활과 관련된 자질과 성격을 정리해 봅시다.
(더욱 흥미로운 추가단어는 p. 246 부록을 참고하세요)

уве́ренный в себе́	자신감 있는
высокоме́рный	거만한
дото́шный	깐깐한, 꼼꼼한
приди́рчивый	트집 잡는 성격의
въе́дливый	따지기 좋아하는
тре́бовательный	까다로운
отве́тственный	책임감 있는
суетли́вый	부산스러운
уравнове́шенный	침착한, 차분한
не́рвный	신경질적인
коммуника́бельный	사교성 있는
оби́дчивый	화를 잘 내는, 잘 삐치는
исполни́тельный	실행력 있는
челове́к настрое́ния	기분파
тала́нтливый лентя́й	똑게 (똑똑하지만 게으른)
безда́рный	무능한
стре́ссоусто́йчивый	스트레스에 강한
неорганизо́ванный	무질서한, 우왕좌왕하는
скро́мный	겸손한
трудолюби́вый	성실한
пунктуа́льный	시간을 잘 지키는
предприи́мчивый	진취적인
ги́бкий	유연한
упо́рный	끈기 있는
уме́ющий рабо́тать в кома́нде	팀워크를 잘하는
бы́строобуча́емый	습득이 빠른
амбицио́зный	야심 찬
тщесла́вный	허세가 심한

쉬어가기

재미있는 동물 관련 표현 (2)

Голо́дный как волк 늑대같이 배가 고프다 (극도로 배가 고프다)

А: Ты чего́ э́то себе́ пу́зо тако́е отрасти́л?

Б: Да я как все: с утра́ поза́втракать не успева́ешь, то́лько ко́фе. Пото́м весь день бе́гаешь – во́лка но́ги ко́рмят*, пообе́дать не́когда. Приполза́ешь по́здно ве́чером домо́й, опя́ть же, **голо́дный как волк**, и наеда́ешься за весь день, пото́м сра́зу спать. Так вот живо́тик и вы́рос.

A : 너 무슨 배가 이렇게 나왔어?

B : 다른 사람들이랑 마찬가지지 뭐. 아침밥은 시간이 없어서 커피 한 잔으로 때우고. 그다음에 하루 종일 이리저리 뛰어다니지. 먹고 살려고 정신없이. 점심 먹을 시간도 없어. 저녁 늦게 집에 기다시피 해서 들어오면 오면 배가 어찌나 고픈지. 하루 먹을 양을 다 먹어 치우고는 바로 자는 거야. 그러니 배가 나오지.

* Во́лка но́ги ко́рмят 먹고 살기 위해 분주하게 살다

Упря́мый как осёл 당나귀같이 고집이 세다 (황소고집이다)

- В при́нципе, мужи́к у меня́ неплохо́й: непью́щий, работя́щий. Одно́ то́лько: **упря́мый как осёл**. Если что реши́л, да́же бред како́й – ты хоть умри́, он всё по-сво́ему сде́лает.
- 우리 남편은 술도 안 마시고 일도 잘하고 대체로 괜찮거든. 근데 딱 하나. 고집이 말도 못 해. 뭔가 결정하잖아? 그게 완전 별로라도 설득 불가야. 결국 다 본인 뜻대로 해야 돼.

TEMA

19

회식

Посиде́лки с нача́льством

핵심 패턴

- ☐ 원하든 원치 않든 — хо́чешь не хо́чешь
- ☐ 말도 못 꺼낸다, 엄두를 못 냈다 — не мо́жет (могло́) быть и ре́чи *о чём*
- ☐ 이유를 대다, 구실로 삼다 — ссыла́ться-сосла́ться *на что*
- ☐ 챙기다, 중요하게 생각하다 — не враг *чему*

주요 단어

- ☐ 회식 — посиде́лки с нача́льством
- ☐ 행사 — мероприя́тие
- ☐ 직장 상사 — нача́льник, нача́льство
- ☐ 직원 — сотру́дник
- ☐ 회식하다, 식사자리를 갖다 — устра́ивать-устро́ить посиде́лки / засто́лье
- ☐ 먹고 마시다 — вы́пить и закуси́ть
- ☐ 근무시간, 근무일 — рабо́чий день
- ☐ 과, 부서 — отде́л
- ☐ 팀워크를 다지다 — спла́чивать-сплоти́ть коллекти́в
- ☐ 애사심을 고취하다 — укрепля́ть-укрепи́ть корпорати́вный дух

주제 읽기 19-1

Текст

Посиде́лки с нача́льством – мероприя́тие доброво́льно-принуди́тельное. **Хо́чешь не хо́чешь**, а прихо́дится уча́ствовать.
Наш нача́льник – большо́й люби́тель вы́пить и закуси́ть. Обы́чно где́-то раз в неде́лю он устра́ивает весёлые посиде́лки **всем отде́лом**. Говори́т, что э́то спла́чивает коллекти́в, укрепля́ет корпорати́вный дух.

Но осо́бенность в том, что все э́ти мероприя́тия он устра́ивает внеза́пно – наприме́р, вдруг объявля́ет об очередно́м засто́лье **за час до оконча́ния рабо́чего дня**.

윗사람과 회식은 반강제적인 일이다. 원하든 원치 않든 참석해야 한다. 우리 팀장님은 술을 굉장히 좋아하는 사람이다. 보통 한 주에 한번 정도 팀 전체 회식을 한다. 팀장님은 그렇게 함으로써 팀워크도 다지고 애사심도 강해진다고 주장한다.

그런데 퇴근하기 한 시간 전쯤 갑자기 회식을 제안하는 등 일정을 갑자기 잡는 게 문제다.

посиде́лки 모임
доброво́льно-принуди́тельный 반강제적인
хо́чешь не хо́чешь 원하든 원치 않든
где́-то 대략 (= приме́рно)
устра́ивать-устро́ить *что* 주최하다, 열다
спла́чивать-сплоти́ть *что* 단결시키다
коллекти́в 그룹, 단체, 일동
укрепля́ть-укрепи́ть *что* 강화하다
корпорати́вный дух 애사심
осо́бенность 특징, 특성
внеза́пно 갑자기
засто́лье 연회, 잔치, 단체 식사

주제 읽기 Текст

Тако́й его́ "спонта́нный стиль" мно́гих открове́нно раздража́ет, но что поде́лаешь? Отказа́ться кра́йне сло́жно – **нача́льник есть нача́льник**.

Точне́е, так. Когда́ я то́лько начина́л в компа́нии, то **об отка́зе не могло́ быть и ре́чи**. Но тепе́рь я уже́ веду́щий специали́ст, и в како́м-то смы́сле не то́лько я от него́, но и нача́льство зави́сит от меня́. И тепе́рь, **сосла́вшись на** нева́жное самочу́вствие и́ли неотло́жные дела́, я могу́ про́сто пойти́ домо́й, и никто́ мне ничего́ не ска́жет. **Коллекти́в коллекти́вом**, но я своему́ здоро́вью **не враг**.

팀장님의 그런 즉흥적인 스타일 때문에 대다수가 노골적으로 짜증을 낸다. 그래도 어쩌겠는가? 거절하는 것은 절대 있을 수 없는 일이다. 상사는 상사니까.

더 정확히는 이렇다. 내가 입사한 지 얼마 안 됐을 때는 거절의 '거'자도 꺼낼 수 없었다. 그런데 이제는 나도 수석 전문관이 됐고, 나도, 팀장님도, 서로 어느 정도 의존하는 관계가 됐다. 이제는 컨디션이 안 좋다거나 급한 일이 있다는 핑계로 빠져도 아무도 나에게 뭐라고 하지 않는다. 팀도 중요하지만 건강도 챙겨야 하니까.

спонта́нный 즉흥적인
открове́нно 솔직히, 노골적으로
раздража́ть-раздражи́ть *кого*
자극하다, 짜증 나게 하다
Что поде́лаешь? 어쩌겠는가? (어쩔 수 없다)
кра́йне 극도로
веду́щий 주요한, 주도하는
в како́м-то смы́сле
어느 정도는 (= в како́й-то ме́ре, в како́й-то сте́пени)
нева́жное самочу́вствие 안 좋은 컨디션
неотло́жные дела́ 급한 일

Хо́чешь не хо́чешь 원하든 원치 않든

이 표현 뒤에는 주로 '~해야 한다 (а ... на́до / придётся)'라는 의미의 문장이 옵니다.

Хо́чешь не хо́чешь, а на день рожде́ния к те́стю идти́ придётся.
원하든 원치 않든 생일날 처가에(장인어른께) 가야 돼.

Хо́чешь не хо́чешь, а в а́рмии служи́ть на́до.
원하든 원치 않든 군대를 가야 한다.

Хо́чешь не хо́чешь, а поруче́ния нача́льства выполня́ть на́до.
원하든 원치 않든 상사가 지시한 것을 하긴 해야지.

Не мо́жет (могло́) быть и ре́чи о *чём* 말도 못 꺼낸다, 엄두를 못 냈다

*о чём*에 대해 엄두를 못 낸다는 뜻으로, 동사와 함께 결합할 때는 о том, что́бы *инф*. 형태로 사용합니다.

О том, что́бы жить то́лько на пе́нсию, **не мо́жет быть и ре́чи**: она́, пе́нсия, про́сто мизе́рная.
연금만으로 사는 것은 엄두를 낼 수 없다. 연금은 정말 쥐꼬리만 하다.

По́сле разво́да мне каза́лось, что **о** но́вом бра́ке **не мо́жет быть и ре́чи**. Но всего́ че́рез год я жени́лся на прекра́сной же́нщине и тепе́рь соверше́нно сча́стлив.
이혼한 뒤 나는 재혼에 대한 엄두도 못 냈지만, 1년 만에 좋은 여자와 결혼해 완전한 행복을 누리고 있다.

Сотру́дник: Оле́г Бори́сович, мо́жно мне в о́тпуск со сле́дующей неде́ли?
Нача́льник: **Не мо́жет быть и ре́чи**! Рабо́тать и так не́кому!
사원: 팀장님, 혹시 다음 주부터 저 휴가가도 될까요?
팀장: 말도 안 되는 소리 말아요! 그럼 일할 사람 아무도 없어요.

Ссыла́ться-сосла́ться на *что*
~을 이유로 대다, 구실로 삼다

참고로 이 표현은 '인용하다'라는 의미로도 사용됩니다.

참고 **В свое́й статье́ изве́стный поли́тик демонстри́рует широ́кую эруди́цию: ссыла́ется на выдаю́щихся фило́софов дре́вности и Но́вого вре́мени, оби́льно цити́рует литерату́рных кла́ссиков.** 유명 정치인은 자신의 글에서 고대와 근대의 유명 철학가와 수많은 고전작가의 말을 인용하며 박식함을 드러내고 있다.

Ба́бушка **сосла́лась на** нева́жное самочу́вствие и отказа́лась пра́здновать своё 80-тиле́тие (восьми́десятиле́тие).
할머니는 건강이 안 좋다는 이유로 본인 팔순 잔치를 거절하셨다.

Знамени́тый режиссёр **сосла́лся на** пробле́мы со здоро́вьем и отказа́лся от уча́стия в рабо́те жюри́ междунаро́дного ки́нофестива́ля.
유명 감독은 건강상의 이유로 국제영화제 심사위원직을 거절했다.

Че́стное сло́во, идти́ на встре́чу бы́вших одностклáссников нет никако́го жела́ния. **Сошлю́сь на** за́нятость и́ли скажу́, что е́ду в командиро́вку.
솔직히 나는 동창모임에 가고 싶은 마음이 전혀 없다. 바쁘다고 하거나 출장을 간다고 둘러대야겠다.

Не враг *чему* ~을 챙기다, 중요하게 생각하다

враг은 '적'이라는 뜻입니다. 그래서 이 표현을 직역하면 'чему의 적이 아니다, 적대적이지 않다' 입니다. 즉, 'чему를 포기하지 않고 챙긴다'는 뜻입니다.

Я свое́й карье́ре **не враг.**
나는 커리어를 챙긴다.

Я свое́й семье́ **не враг.**
나는 가족을 챙긴다.

Я свое́й стране́ **не враг.**
나는 내 조국을 중요하게 생각한다.

대화문 19-2

Диалог

А

Ну что ж, мы с ва́ми отли́чно порабо́тали, тепе́рь мо́жем и хорошо́ отдохну́ть. Показа́тели ле́зут вверх, при́быль стаби́льно растёт. Всё у нас в компа́нии рабо́тает чётко, сла́женно, э́то еди́ный органи́зм. Ка́ждый на своём ме́сте выкла́дывается по ма́ксимуму. Всем огро́мное спаси́бо! И за вас, мои́ дороги́е сотру́дники!

Б

Нет, ну что вы, Пётр Серге́евич, всё э́то то́лько благодаря́ вам! Ва́шему чу́ткому руково́дству! Ва́шим му́дрым наставле́ниям!

А

Ну ла́дно, ла́дно! Что я без вас?! – Коро́че, за наш о́бщий би́знес! За на́шу компа́нию! За её разви́тие и процвета́ние! – **Эх, хорошо́ пошла́**!

В

Нет, пра́вда, Пётр Серге́евич, нам так повезло́ с нача́льством! Вы у нас необыкнове́нный, замеча́тельный!

А

Хорошо́, я всё по́нял. За́втра поговорю́ с бухгалте́рией: всем в конце́ ме́сяца – пре́мию! И несла́бую! Я сего́дня до́брый!

Г

Ура́! **Дай вам бог здоро́вья**!

А

Спаси́бо, и **вам не хвора́ть**! Дава́й, налива́й! По по́лной пра́зднуем! Заслужи́ли! **Пое́хали**!

대화문

Диалог

А 자, 다들 정말 수고하셨습니다! 이제는 좀 쉬어도 됩니다. 각종 지표도, 이윤도 안정적으로 오르고 있습니다. 우리는 전부 일심동체처럼 정확하고 협조적입니다. 각자가 자기 자리에서 전력투구하고 있습니다. 여러분께 정말 감사합니다. 소중한 우리 직원들을 위하여!

Б 아닙니다! 부장님 (표트르 세르게예비치 님)! 이건 다 부장님 덕분입니다. 부장님의 섬세한 지시와 현명한 지도 덕분입니다!

А 거참! 여러분 없이 제가 어떻게 했겠습니까?! 일단 우리 사업과 회사를 위하여 건배합시다. 발전과 번영을 위하여! (술을 한잔 마신 뒤) 크, 술이 다네요!

В 아니, 저희는 부장님 같은 분을 모셔서 정말 행운입니다! 훌륭하고 뛰어나세요!

А 그래요. 알겠습니다. 내일 재무팀에 얘기해서 월말에 전원 보너스를 지급하겠습니다. 넉넉히! 오늘은 착한 사람 하죠 뭐!

Г 우와! 건강하십시오, 부장님!

А 감사합니다. 여러분들도 아프지 마세요! 자, 한잔합시다! 제대로 축하합시다. 그럴 자격이 있어요. 건배!

어휘 구문

□ лезть	기어오르다
□ при́быль	이익
□ чётко	정확히, 명확히
□ сла́женно	조화롭게
□ еди́ный	단일한, 통일된, 공통의
□ органи́зм	유기체, 조직
□ выкла́дываться-вы́ложиться по ма́ксимуму / по по́лной	최선을 다하다
□ чу́ткое руково́дство	섬세한 리더십, 지도방침
□ наставле́ние	지도, 지시, 권고
□ процвета́ние	번영
□ необыкнове́нный	특별한, 비범한
□ бухгалте́рия	경리과, 회계팀

□ пре́мия 상여금

□ несла́бый сленг 많은, 큰

□ заслу́живать-заслужи́ть *чего / что* 누릴 자격이 있다, 받을 자격이 있다

관용구

□ Нет, ну что вы! 무슨 말씀이세요! (상대방의 겸손에 대한 반응)

□ Ну ла́дно, ла́дно! 됐어요, 됐습니다! (과한 칭찬에 대한 반응)

□ Что я без вас?! 여러분 없이는 못 했을 겁니다! (= Без вас я бы ничего́ не смог сде́лать, никогда́ бы не доби́лся успе́ха)

□ Эх, хорошо́ пошла́! 술이 잘 들어가네요! (술을 한잔 마시고 난 뒤, 알코올이 몸 안에 쏴 하게 퍼지는 기분 좋은 느낌을 표현)

□ Дай вам бог здоро́вья! 늘 건강하십시오! (감사를 표하며 건강을 기원)

□ И вам не хвора́ть! 여러분들도 아프지 마세요! ("Дай вам бог здоро́вья!"에 대한 대답)

□ Пое́хали! 마십시다! 시작합시다!

이 표현에서 동사는 과거형이지만 미래의 의미를 나타내며, 원래 '출발합니다 (Let's go)'라는 뜻입니다.

1 *За сколько времени до чего* 무엇을 하기 얼마 전에

본문

Нача́льник вдруг объявля́ет об очередно́м засто́лье за час до оконча́ния рабо́чего дня.
상사는 퇴근하기 한 시간 전에 갑자기 회식을 하자고 한다.

за что (시간) + *до чего* (사건)은 '무엇을 하기 얼마 전에' 라는 뜻으로 사용되는 표현입니다.

- за 10 мину́т до переры́ва 쉬는 시간 10분 전에
- за день до сва́дьбы 결혼식 하루 전날에
- за не́сколько секу́нд до конца́ ма́тча 경기 종료 몇 초 전에

'무엇을 하고 얼마 후에'는 *че́рез что* (시간) + *по́сле чего* (사건)으로 사용합니다.

- че́рез год по́сле разво́да 이혼하고 1년 뒤
- че́рез па́ру часо́в по́сле восхо́да со́лнца 해가 뜨고 몇 시간 뒤에

2 Всем отде́лом 팀 전체가 함께

본문

Обы́чно где́-то раз в неде́лю он устра́ивает весёлые посиде́лки всем отде́лом.
보통 한 주에 한 번 정도 팀 전체 회식을 한다.

<всем / всей + 명사 (조격)>으로 '모두 함께'라는 의미를 나타냅니다.

예문

Этим ле́том мы сно́ва **всей семьёй** отпра́вились отдыха́ть на Чёрное мо́ре.
이번 여름에 우리는 온 가족이 흑해로 휴가를 떠났다.

3 Нача́льник есть нача́льник 상사는 어쩔 수 없는 상사다

Кто-что есть *кто-что* 라는 표현입니다. '마음에 안 들어도 상사는 상사다, 상사는 결국 상사처럼 행동한다, 원래 명령하는 존재이므로 따를 수밖에 없다'는 의미가 내포되어 있습니다.

예문

Де́ти есть де́ти. Стра́нно ожида́ть от них отве́тственного, “взро́слого” поведе́ния.
애들이 다 그렇지. 애들한테 책임감 있고 어른스러운 행동을 기대한다는 게 이상한 거야.

Ро́дственники есть ро́дственники.
친척이 다 그렇지.

4 Коллекти́в коллекти́вом 팀도 중요하지만, 더 중요한 것은 ...

본문

Коллекти́в коллекти́вом, но я своему́ здоро́вью не враг.
팀도 중요하지만, 나는 건강도 중요하다.

*Что чем*이라는 구문은 '이것도 물론 중요하지만 보다 중요한 것이 있다'고 말할 때 사용합니다.

예문

Война́ войно́й, а обе́д по расписа́нию.
전쟁도 중요하지만, (군인들이) 제때 먹는 게 더 중요하다

Де́ньги деньга́ми, но нельзя́ и о со́вести, и о поря́дочности забыва́ть.
돈도 중요하지만, 양심과 정직함을 절대 잊으면 안 된다.

ТЕМА

20

카페

Кофе́йни и ко́фе

핵심 패턴

- □ 곳곳에, 가는 곳마다; 계속해서 — на ка́ждом шагу́
- □ 일상이 되다 — стать ежедне́вным ритуа́лом
- □ 대단한/놀라운/경이로운 것이다! — *что* – э́то вещь!
- □ 기쁠 때나 슬플 때나 — и в го́ре, и в ра́дости

주요 단어

- □ 카페, 커피숍 — кофе́йня, кофешо́п
- □ 방문자, 손님 — посети́тель
- □ 방문 — посеще́ние
- □ 수다를 떨다 — болта́ть
- □ 무료로, 거저, 매우 싼값에 — да́ром
- □ 무료로 — беспла́тно
- □ 스탬프 — печа́ть
  - □ 스탬프를 모으다 — собира́ть-собра́ть печа́ти
- □ 커피를 좋아하는 사람, 커피중독자 — кофема́н
- □ 맛의 조화 — гармо́ния вку́са

주제 읽기 20-1

Текст

Кофе́йни в Сеу́ле – **на ка́ждом шагу́**. Там всегда́ мно́жество посети́телей. Одни́ с серьёзными ли́цами сидя́т за свои́ми ноутбу́ками – занима́ются и́ли разраба́тывают прое́кты. А влюблённые па́рочки не́жно ворку́ют и́ли ве́село болта́ют. Сейча́с тру́дно предста́вить на́шу жизнь без кофешо́пов. Их посеще́ние **ста́ло ежедне́вным ритуа́лом** для мно́гих из нас.

Моя́ люби́мая кофе́йня нахо́дится в подва́ле сосе́днего зда́ния. Там большо́й "Ла́тте" мо́жно купи́ть почти́ да́ром, за 2 ты́сячи вон – смешны́е де́ньги! К тому́ же, е́сли собра́ть 10 печа́тей, то мо́жно беспла́тно получи́ть ещё оди́н ко́фе. Хоть она́ и прита́илась в укро́мном ме́сте, но здесь всегда́ **полно́** кофема́нов вро́де меня́.

서울은 한집 건너 한집이 카페예요. 어느 카페에나 사람들이 가득하죠. 진지한 표정으로 노트북 앞에 앉아 공부를 한다거나 문서를 작성하고 있는 사람들도 있고, 연인들은 정답게 속삭이거나 수다를 떨기도 해요. 이제는 카페가 없는 우리의 삶은 상상하기조차 힘들죠. 카페를 방문하는 것은 많은 사람들에게 일상이 됐어요.

제 단골 카페는 집 근처 건물 지하에 있는데, 큰 사이즈 카페라떼가 단돈 2천 원으로 거의 거저 마시는 것이나 마찬가지예요. 게다가 쿠폰을 10번 찍으면 1잔을 무료로 준답니다. 그래서 눈에 잘 안 띄는 구석진 곳에 있지만, 저처럼 커피를 좋아하는 사람들로 항상 바글바글해요.

разраба́тывать-разрабо́тать *что* 작성하다, 개발하다
прое́кт 프로젝트; 설계; 초안
влюблённый 사랑에 빠진
па́рочка (па́ра) 한 쌍, 커플
воркова́ть (비둘기가) 구구구 울다; 정답게 속삭이다
представля́ть-предста́вить (себе́) *что* 상상하다
ежедне́вный 매일의
ритуа́л 의식, 의례
подва́л 지하
сосе́дний 이웃한
смешно́й 우스운 (смешны́е де́ньги 하찮은 액수)
хоть ~에도 불구하고 (= хотя́)
прита́иваться-притаи́ться 숨다
укро́мный 한적한, 외딴
вро́де *кого-чего* ~와 같은

주제 읽기 Текст

Да, кофеёк – **э́то вещь**! Чегó грехá тайть, я без негó прóсто не могý. Недáром есть такáя фрáза - “There is no life before coffee!”. И ещё я чáсто вспоминáю шýтку, котóрую люби́л повторя́ть мой преподавáтель рýсского языкá в университéте: – Знáете, кто три сáмых вели́ких рýсских компози́тора? – Чайкóвский, Кофейкóвский, Коньякóвский! – И ведь прáвда: хорóший кóфе – э́то божéственная гармóния аромáта и вкýса! Кофеёк, моё утешéние и вдохновéние, **и в гóре, и в рáдости** – он всегдá со мной! А что для вас кóфе?

커피는 참 놀라운 물건이에요! 솔직히 고백하자면, 저는 커피 없이는 살 수가 없어요. 괜히 “There is no life before coffee!”라는 말이 있는 게 아닌가 봐요. 참, 그리고 대학교 때 우리 러시아 선생님이 자주 했던 농담이 자주 생각나요. “러시아 작곡가들 중에서 가장 위대한 사람이 누군지 아십니까? 바로 차이콥스키(차), 코페이콥스키(커피), 코냐콥스키(코냑)*입니다!” 참으로 좋은 커피는 향과 풍미가 훌륭하게 조화를 이루죠! 커피는 저에게 위안을 주고, 의욕을 북돋아 주어요. 기쁠 때나 슬플 때나 언제나 곁에 있죠. 여러분에게 커피는 어떤 존재인가요?

*실존하는 작곡가 이름이 아니며, 유머입니다.

чегó грехá тайть
솔직히 말하면, 고백하자면 (직역: 죄(결함)를 숨길 이유가 없다, грех 죄, тайть 숨기다)

недáром
헛되지 않다, 이유가 있다, 괜히 ~한 게 아니다

фрáза 문구, 발언

божéственный 신의; 훌륭한, 감탄할 만한

гармóния 조화

аромáт 향

кофеёк 커피 (кóфе에 지소형)

утешéние 위안, 위로

вдохновéние 영감; 고무, 의욕

гóре 슬픔

рáдость 기쁨

На ка́ждом шагу́ 곳곳에, 가는 곳마다 있다, 많다

шаг는 '발걸음'이라는 뜻이며, на ка́ждом шагу́는 직역하면 '걸음을 뗄 때마다'라는 뜻입니다. 앞선 과에서 나왔던 또 다른 관용구인 в двух / трёх шага́х (엎어지면 코 닿을 거리에, 매우 가까운 곳에)에도 шаг가 들어갔었죠? 잊지 말고 기억하세요.

В це́нтре Петербу́рга культу́рные, истори́ческие достопримеча́тельности – **на ка́ждом шагу́**.
페테르부르크 중심가에는 문화 역사 유적지가 가는 곳마다 있다.

Сего́дня ве́чером в го́роде – фина́л Ли́ги чемпио́нов по футбо́лу. **На ка́ждом шагу́** – отря́ды полице́йских и то́лпы возбуждённых фана́тов.
오늘 저녁 시내에서 챔피언스리그 결승전이 있다 보니, 곳곳마다 경찰들과 흥분한 팬들을 볼 수 있다.

В э́том провинциа́льном городке́ све́жий во́здух, тишина́, **на ка́ждом шагу́** – знако́мые ли́ца, при встре́че все приве́тливо улыба́ются друг дру́гу, обме́ниваются новостя́ми.
이 시골 도시에는 신선한 공기와 조용함이 있고, 곳곳마다 아는 얼굴들이 있어, 만나면 반갑게 미소 짓고 서로 소식을 나눈다.

Что **ста́ло ежедне́вным ритуа́лом**
일상적인 것이 되었다, 매일의 습관이 되었다

По́сле вспы́шки пандеми́и дезинфе́кция всех помеще́ний **ста́ла ежедне́вным** у́тренним **ритуа́лом**.
팬데믹 이후로 아침마다 실내 소독이 일상이 되었다.

Для мно́гих из нас у́тренняя ча́шка дымя́щегося арома́тного ко́фе **ста́ла ежедне́вным ритуа́лом**.
향이 좋은 따끈한 모닝커피 한 잔이 매일의 습관이 된 사람이 많다.

Для меня́ вече́рнее посеще́ние бассе́йна **ста́ло ежедне́вным ритуа́лом**.
난 저녁에 수영장을 가는 것이 일상이 되었다.

Что – **э́то вещь!** 대단한/놀라운/경이로운 것이다!

'вещь'는 '사물; 옷' 등의 뜻을 가진 단어입니다. э́то вещь는 직역하면 '이거 물건이네!'라는 뜻으로 무언가 아주 좋고 뛰어난 것에 대해 감탄을 표할 때 쓰입니다.

После́дний смартфо́н от "Самсу́нга" – **э́то вещь**!
삼성에서 나온 최신 스마트폰 이거 완전 대박이다!

Да, э́тот после́дний фо́тоаппара́т от "Со́ни" на 60 ме́гапи́кселей – **э́то вещь**! Су́перве́щь!
와, 소니에서 나온 60 메가픽셀 최신 카메라 이거 완전 물건이다. 진짜 대박!

Но́вый рома́н писа́теля – **э́то вещь**! Посильне́е "Фа́уста" Гёте*!
이 작가 신작이 완전 걸작이네! 괴테의 『파우스트』보다도 강렬해!
*이 표현은 스탈린이 막심 고리키의 "Де́вушка и смерть"라는 작품에 대해 "Эта шту́ка посильне́е "Фа́уста" Гёте."라고 말한 데서 비롯되었다고 전해지며, 현재에는 반어적이고 익살스러운 표현으로 사용된다.

И в го́ре, и в ра́дости 기쁠 때나 슬플 때나

Мы бу́дем вме́сте **и в го́ре, и в ра́дости**.
우리는 기쁠 때나 슬플 때나 함께 할 것입니다.

Кляну́сь люби́ть тебя́ **и в го́ре, и в ра́дости**, в бога́тстве и бе́дности, в боле́зни и здра́вии, пока́ сме́рть не разлучи́т нас.
죽음이 우리를 갈라놓기 전까지 기쁠 때나 슬플 때나, 부유할 때나 가난할 때나, 아플 때나 건강할 때나 당신을 사랑할 것을 맹세합니다.

Молоды́е лю́ди, вступа́я в брак, кляну́тся люби́ть друг дру́га **и в го́ре, и в ра́дости**, но пото́м, к сожале́нию, почти́ полови́на из них забыва́ет об э́том. В Росси́и распада́ется едва́ ли не* ка́ждый второ́й брак.
젊은 사람들은 결혼을 하며 기쁠 때나 슬플 때나 서로를 사랑하겠다고 맹세하지만, 나중에는 그 중 절반이 그 맹세를 잊어버린다. 러시아는 거의 한집 건너 한집(두 쌍 중 한 쌍)이 이혼을 하는 셈이다.
***едва́ ли не** 거의

대화문 20-2

Диалог

А

Ох, како́й кофеёк вку́сный – обалде́ть! Не ху́же, чем во вся́ких там **Фра́нциях-Ита́лиях**!

Б

О чём ты говори́шь?! Лу́чше, гора́здо лу́чше! Я е́здила, зна́ю.

А

И то ве́рно. Слу́шай, у меня́ мысль: ко́фе-тур по гла́вным сеу́льским кафе́шкам.

Б

Отли́чно! Солида́рна! А **техни́чески как?**

А

Элемента́рно, Ва́тсон: встреча́емся, захо́дим, чеки́нимся, зака́зываем кофеёк, пиро́жные, пьём, наслажда́емся жи́знью, фо́ткаем, всё выве́шиваем – пусть зави́дуют! Ещё выставля́ем ре́йтинг. На сле́дующий день – но́вая кафе́шка. В конце́ ту́ра – топ-5 и́ли 10 лу́чших кафе́шек.

Б

Шикардо́с!

А

Вот и сла́вно. У тебя́ за́втра на ве́чер что?

Б

Да вро́де ничего́.

А

Тогда́ за́втра и начнём. Встреча́емся в 8-мь у метро́ “Канна́м” и идём в кафе́, там ря́дом.

대화문

Диалог

Б

Сýпер! Но **éсли что**, я тебé позвоню́.

А

Конéчно, договори́лись!

А 우와, 커피 진짜 맛있는데. 대박이야. 프랑스, 이탈리아 커피 못지않은데.

Б 무슨 소리야?! 더 낫지, 훨씬 더 맛있는데! 내가 가봤잖아. 그래서 알아.

А 그래, 맞고 말고. 그래서 말인데, 나한테 아이디어가 하나 있어. 서울에 있는 유명한 카페마다 다니면서 커피 투어를 해보는 거야.

Б 멋진데! 찬성이야! 구체적으로 어떻게 할까?

А 왓슨, 그건 아주 간단해. 만나서 카페에 들어간 다음에 SNS에 체크인하고, 커피랑 케이크 같은 거 시켜서 마시면서 인생을 즐기는 거지. 이걸 다 찍어서 올리면 다들 부러워하겠지! 순위도 매기고. 우리 커피 투어가 끝나면, 톱 5 또는 톱 10 카페가 선정되는 거지.

Б 오, 멋진데!

А 좋아! 너 내일 저녁에 일 있어?

Б 없는 것 같은데.

А 그럼 내일부터 시작하자. 8시에 강남역 앞에서 만나서 가자. 카페가 그 근처야.

Б 좋아! 혹시라도 무슨 일 있으면 전화할게.

А 그래, 그러자!

대화문

Диалог

어휘 구문

- □ обалде́ть сленг — 대박이야, 짱이야, 쩐다 (= офиге́ть)
- □ тур — 투어
- □ кафе́шка разг. — 카페 (= кафе́, кофе́йня)
- □ солида́рен (солида́рна, -о, -ы) разг. — 찬성하다
- □ чеки́ниться — SNS에서 체크인을 하다, 위치 등록을 하다
- □ выве́шивать-вы́весить — 내걸다, 게시하다
- □ выставля́ть ре́йтинг — 순위를 정하다
- □ шикардо́с сленг — 멋지다, 대단하다 (= шика́рно)
- □ су́пер сленг — 멋져, 좋아

관용구

- □ О чём ты говори́шь?! — 무슨 말이야 (상대의 의견에 동의하지 않을 때)
- □ И то ве́рно — 네 말이 맞아
- □ Техни́чески как? — 구체적으로 어떻게? (= Как конкре́тно)

  техни́ческий는 원래 '기술의, 전문적인, 기법의'이라는 뜻이 있습니다. 이 구문에서는 '어떤 방법으로, 구체적으로 어떻게?'라는 뜻입니다.

- □ Вот и сла́вно — 좋아 (= хорошо́)
- □ - У тебя́ за́втра на ве́чер что?
  - Да вро́де ничего́.
  — - 내일 저녁에 무슨 일 있어?
  - 별일 없는 것 같은데.

  약속을 잡을 때 서로의 일정을 확인하기 위해 사용하는 전형적인 대화 패턴입니다. вро́де는 '아마도, ~한 것 같다'라는 뜻입니다.

- □ е́сли что — 혹시라도 무슨 일이 생기면

더 알아보기

1 -ман 중독자

본문에는 кофема́н이라는 단어가 등장합니다. ко́фе와 접미사 -ман이 합쳐진 단어입니다. 이처럼 -ман이라는 접미사는 '마니아, 무언가를 광적으로 좋아하는 사람'이라는 의미입니다. 접미사 -ман이 포함된 단어들을 더 알아봅시다.

наркома́н	телема́н	игрома́н	кинома́н
마약중독자	TV 중독자	게임광	영화광
библиома́н	меломА́н	балетома́н	
독서광	음악광(클래식, 재즈 음악 등)	발레광	

2 по́лный 가득 차 있다

본문

Здесь всегда́ полно́ кофема́нов вро́де меня́.

본문에서는 по́лный의 중성 단어미 형태인 полно́와 생격을 함께 사용해 '~이 가득 차 있다'라는 뜻을 나타냅니다. '가득 차 있다'라는 다양한 표현을 알아보며, 앞선 과에서 나왔던 표현들도 복습해 봅시다.

по́лный + *чего*	запо́лненный + *чем*	наби́тый + *чем*

연습문제 주어진 단어의 형태를 알맞게 바꾸어 빈칸에 넣어보세요. 아래 예문에서 주어진 형용사는 서술적 용법으로 쓰여 단어미형으로 사용해야 합니다.

по́лный + *чего*

1. 우리 선수들은 승리에 대한 각오로 가득 차 있다. (*по́лный*) (*реши́мость*)

   На́ши спортсме́ны ________________ одержа́ть побе́ду.

2. 현재 고용주 사이트는 건설업자, 배관공, 수리공 구인으로 가득하다. (*по́лный*) (*вака́нсии*)

   Сейча́с на са́йтах рабо́тода́телей ________________ строи́телей, санте́хников, ремо́нтников и т. д.

3. 그는 놀라운 사람이야. 항상 머릿속이 창의적 생각과 계획으로 가득해.

   (*по́лный*) (*тво́рческие иде́и и пла́ны*)

   Он удиви́тельный челове́к, его́ голова́ всегда́ ________________.

❹ 이 학자들은 모두 35세 이하이고, 의욕과 연구계획, 젊은 에너지로 가득 차 있어.

(*по́лный*) (*амби́ции, нау́чные пла́ны, молоды́е си́лы и эне́ргия*)

Всем э́тим учёным нет ещё и 35-ти (тридцати́ пяти́) лет, они́ ________________.

запо́лненный + *чем*

❺ 저녁마다 시내의 모든 식당이 꽉 차서 빈 테이블이 거의 없다. (*запо́лненный*)

По вечера́м все кафе́ и рестора́ны го́рода ____________, свобо́дных сто́ликов практи́чески нет.

❻ 경기 시작 한 시간 전부터 경기장의 반 이상이 팬들로 꽉 찼다. (*запо́лненный*) (*боле́льщики*)

Уже́ за час до нача́ла ма́тча стадио́н был бо́льше чем наполови́ну ________________.

❼ 현재 회사의 모든 정원이 꽉 차서 공석이 없다. (*запо́лненный*)

На сего́дняшний день все шта́ты компа́нии ____________, вака́нсий нет.

наби́тый + *чем*

❽ 출퇴근 시간 전철은 발 디딜 틈이 없다. (*наби́тый*)

В час пик ваго́ны метро́ __________ битко́м*.

***наби́тый битко́м** 빈틈없이 꽉 차 있다

❾ 요새 사람들 머릿속에는 정보는 가득하지만, 지식은 적다. (*наби́тый*) (*информа́ция*)

Сего́дня го́ловы мно́гих люде́й ______________ , а вот зна́ний в них малова́то.

정답

❶ полны́ реши́мости ❷ полно́ вака́нсий
❸ полна́ тво́рческих иде́й и пла́нов
❹ полны́ амби́ций, нау́чных пла́нов, молоды́х сил и эне́ргии
❺ запо́лнены ❻ запо́лнен боле́льщиками ❼ запо́лнены ❽ наби́ты
❾ наби́ты информа́цией

1 Фра́нция-Ита́лия

위 대화문에서는 "Не ху́же, чем во вся́ких там Фра́нциях-Ита́лиях!"라는 대사가 나오는데, 여기서 Фра́нция와 Ита́лия는 - (дефи́с)로 연결되어 있으며, 복수형으로 사용되었습니다. 프랑스와 이탈리아라는 구체적인 국가를 의미하는 것이 아니라 프랑스와 이탈리아 같이 커피가 유명한 나라들을 총칭하는 용법으로 쓰인 것입니다.

2 Элемента́рно, Ва́тсон. 왓슨, 그건 아주 간단해.

이 표현은 유명한 소련의 TV 시리즈물인 "Приключе́ния Ше́рлока Хо́лмса и до́ктора Ва́тсона (셜록 홈즈와 왓슨 박사의 모험)"에서 셜록 홈즈가 말하는 대사로 거의 관용구처럼 쓰입니다. 이 드라마에서 왓슨 박사가 셜록 홈즈의 추리에 놀라며 "Хо́лмс, как вы догада́лись?!" (홈즈, 자네는 어떻게 이걸 알아냈지?!)라고 물으면, 홈즈는 "Элемента́рно, Ва́тсон" (왓슨, 그건 아주 간단해.)라며 자신이 추리한 내용을 풀어나갑니다.

3 Шикардо́с

이 단어는 шика́рно에 접미사 -ос를 붙여서 만들어진 슬랭입니다. 접미사 –ос가 붙은 단어는 화자의 심리적 상태나 상황에 따라 뉘앙스가 조금씩 달라요.

- америко́с (← америка́нец), пиндо́с 미국인 (부정적 뉘앙스, пиндо́с는 무례한 표현)
- бабо́сы (← ба́бки) 돈
- полто́с (← полти́нник) 50, 쉰 살
- досвидо́с (← до свида́ния) 안녕 (헤어질 때 하는 인사)
- попадо́с (← попа́сть) 안 좋은 상황, 망한 상황
- бандо́с (← банди́т) 깡패, 강도

위 단어들은 슬랭이므로 격식을 차리지 않아도 되는 편안한 관계에서 사용됩니다.
(관련 단어가 포함된 예문은 p. 245의 부록을 참고하세요)

1 한국어 해석을 보고 빈칸에 알맞은 전치사를 넣어보세요.

❶ Ужа́сно тоску́ю ( ) времена́м, когда́ был мо́лод и здоро́в.
젊고 건강했던 시절이 너무도 그립다.

❷ *Объявле́ние от работода́теля*. Тре́буется сотру́дник со зна́нием англи́йского языка́, ПК и о́пытом и́мпортных прода́ж не ме́нее 5-ти (пяти́) лет. Во́зраст – ( ) 35-ти́ ( ) 40-ка́ лет.
구인공고. 영어 및 컴퓨터 능력, 수입업무 경험 5년 이상을 보유한 인재 구함. 연령 35~40세.

❸ К сожале́нию, изве́стный учёный, сосла́вшись ( ) за́нятость, не прие́хал на юби́лей родно́й шко́лы, кото́рую он око́нчил 40 лет наза́д.
아쉽게도 유명 학자는 바쁘다는 이유로 40년 전 졸업한 고등학교 개교기념일 행사에 오지 않았다.

2 다음 문장의 괄호 안에 들어갈 동사를 순서대로 나열한 것을 골라보세요.

Вот и ле́то ( ) – о́чень бы́стро. И жизнь так же ( ). 여름이 너무 빨리 지나가 버렸다. 삶도 그렇게 흘러갈 것이다.

① пошло́-пойдёт ② ушло́-уйдёт ③ прошло́-пройдёт
④ зашло́-зайдёт ⑤ пришло́-придёт

3 괄호 안의 단어는 모두 동일한 격을 취합니다. 주어진 단어를 알맞은 형태로 변화시켜 보세요.

❶ Встреча́емся, захо́дим, чеки́нимся, зака́зываем кофеёк, пиро́жные, пьём, наслажда́емся (жизнь), фо́ткаем, всё выве́шиваем.

❷ Этим ле́том мы сно́ва (вся семья́) отпра́вились отдыха́ть на Чёрное мо́ре.

❸ Де́ньги (де́ньги), но нельзя́ и о со́вести, и о поря́дочности забыва́ть.

4 **다음 문장을 러시아어로 번역해 보세요.**

❶ 쿠폰을 10장 모으면, 무료로 커피 한 잔을 받을 수 있다.

❷ 나는 이 작고 편안한 카페를 찾는 것이 기분 좋은 일상이 되었다.

❸ 나는 건강한 생활습관에 집착은 하지 않으려고 노력한다.

❹ 인생에서 모든 것이 돈에 달린 것은 아니다.

❺ 나는 가끔 러시아와 서방의 갈등이 영원할 것이며, 우리가 끝끝내 타협점을 찾지 못할 것 같다는 생각이 든다.

5 **괄호 안의 설명을 참고하여 다음 보기에서 알맞은 관용구를 골라 빈칸에 넣으세요.**

е́сли что	флаг вам в ру́ки	нача́льник есть нача́льник
о чём ты говори́шь	хо́чешь не хо́чешь	не враг
дай вам бог здоро́вья	элемента́рно, Ва́тсон	как зна́ешь
по́езд ушёл	э́то вещь	сова́ть нос в чужи́е дела́
терпе́ть не могу́	найти́ о́бщий язы́к	де́йствуют мне на не́рвы

❶ Слу́шай, у тебя́ смартфо́н но́вый? Дай посмотре́ть. Да, _____________!

힌트 Твой но́вый га́джет – о́чень высо́кого ка́чества

❷ ________________________, а отчёт о командиро́вке к понеде́льнику написа́ть на́до. Придётся все выходны́е сиде́ть.

힌트 Несмотря́ на то, что у меня́ нет жела́ния э́тим занима́ться, э́то придётся сде́лать

❸ А: Ну, и как ты собира́ешься э́тот креди́т отдава́ть?
Б: ________________________, возьму́ ещё оди́н.

힌트 Это всё про́сто, о́чень про́сто

❹ Я ________________, когда́ меня́ у́чат жить*.

힌트 Мне о́чень и о́чень не нра́вится

***учи́ть жить** 이래라저래라 하다

❺ Спаси́бо, молодо́й челове́к, что помогли́ мне су́мку до до́ма донести́, така́я тяжёлая. ______________________!

힌트 Я жела́ю, что́бы вы всегда́ хорошо́ себя́ чу́вствовали

❻ Колле́ги, я весьма́ рад, что мы с ва́ми смогли́ ________________. Тепе́рь оста́лось подписа́ть наш догово́р.

힌트 договори́ться, прийти́ к согла́сию

❼ А: Зна́ешь, мы всё-таки реши́ли всей семьёй во Фра́нцию перее́хать – насовсе́м.

Б: ____________________! А мы ни за что никуда́ из страны́ не уе́дем.

힌트 Вы, коне́чно, мо́жете э́то сде́лать, я не бу́ду меша́ть вам в э́том, но э́то ва́ше наме́рение мне не нра́вится, я его́ не одобря́ю

❽ А: Не зна́ешь, за что Татья́ну уво́лили?

Б: Сли́шком лю́бит ________________________.

힌트 интересова́ться тем, что её не каса́ется

❾ А: Отли́чно, договори́лись: встреча́емся за́втра в 7.

Б: Да, в 7. Но __________, я тебе́ позвоню́.

Б: Коне́чно, обяза́тельно! Пока́!

힌트 Если вдруг ситуа́ция изменится и я не смогу́ прийти́ к 7-ми́ часа́м

❿ Не зна́ю, почему́, но в после́днее вре́мя колле́ги по рабо́те всё бо́льше и бо́льше ______________________. Ра́ньше тако́го не́ было.

힌트 вызыва́ют у меня́ раздраже́ние и други́е негати́вные эмо́ции

⓫ А: Идёшь за́втра с на́ми на дискоте́ку?

Б: Нет, я лу́чше до́ма побу́ду.

А: Ну, ________________. А мы все идём.

힌트 Если э́то твоё реше́ние, то мы с ним не спо́рим, не наста́иваем, что́бы ты измени́л его́

⓬ Все поруче́ния руководи́теля на́шего отде́ла я исполня́ю тща́тельно и то́чно в срок, хотя́ мно́гие из них ка́жутся мне открове́нно бессмы́сленными. Но ____________________________.

힌트 подчинённый до́лжен выполня́ть всё, что говори́т и́ли прика́зывает ему́ вышестоя́щее лицо́

⓭ Я посмотре́ла в Интерне́те не́сколько ро́ликов о пра́вильном пита́нии и реши́ла отказа́ться от жа́реного мя́са, фастфу́да и "Ко́ка-Ко́лы". Я своему́ здоро́вью _________________.

힌트 Я не хочу́ вреди́ть своему́ здоро́вью

⓮ А: Блин, че́рез два дня – сороко́вник. Разведёнка с прице́пом*. Поня́тно, я бо́льше себе́ никого́ не найду́. Всё, __________________.

Б: ______________________, подру́га! Всё то́лько начина́ется! За́втра же тебя́ на са́йте знако́мств зарегистри́рую!

힌트 сли́шком по́здно

힌트 Эти твои́ слова́ – э́то непра́вильно

***разведёнка с прице́пом** разг. 애 딸린 이혼녀

시간 관계부사 как의 활용

В то время(,) как ~할 때, ~인 반면에 (while)

- **В то вре́мя как** на ю́ге бу́дут греме́ть гро́зы и бушева́ть ли́вни, на се́вере европе́йской ча́сти Росси́и бу́дет стоя́ть суха́я, тёплая и безве́тренная пого́да.
  남부지역에는 폭풍우와 장대비가 기승을 부릴 예정인 가운데, 러시아의 유럽지역 북부는 바람이 불지 않는 건조하고 따듯한 날씨가 이어질 전망입니다.

- **В то вре́мя как** жена́ вка́лывала* на трёх рабо́тах, муж споко́йно лежа́л на дива́не и́ли игра́л в "стреля́лки"** на своём компью́тере. Есте́ственно, всё ко́нчилось разво́дом.
  아내가 쓰리잡을 뛰며 뼈빠지게 일할 동안 남편은 태평하게 소파에 누워 있거나 컴퓨터 총게임만 하더니, 이혼하는 게 당연하지.

***вка́лывать** разг. 뼈빠지게 일하다 ****стреля́лки** разг. 컴퓨터 총싸움 게임

До того(,) как ~하기 전까지

- **До того́ как** поступи́ть в ме́дуниверсите́т, Анастаси́я два го́да прорабо́тала санита́ркой* в больни́це.
  의대에 진학하기 전 아나스타샤는 2년간 병원에서 간호보조 업무를 했다.

***санита́р(ка)**는 관련 교육을 받거나 자격증을 취득하지 않아도 할 수 있는 직업으로 병원 환기, 시트 교체, 진료실 청소, 간호물품 준비 등을 담당함.

- **До того́ как** перее́хать в Москву́, мы мно́го лет прожи́ли на Да́льнем Восто́ке.
  우리는 모스크바로 이사 가기 전에 극동지역에서 오래 살았다.

- Де́ти не в состоя́нии поня́ть свои́х роди́телей **до того́, как** са́ми не ста́нут роди́телями.
  자녀는 부모가 되어보기 전까지는 절대 본인의 부모를 이해할 수 없다. (자녀들은 부모가 되고 나서야 본인의 부모를 이해할 수 있을 것이다)

По́сле того(,) как ~ 후에

- **По́сле того́, как** все дела́ сде́ланы, мо́жно немно́го и отдохну́ть.
  모든 일이 마무리 되고 나서야 조금 쉴 수 있겠다.
- **По́сле того́ как** матч око́нчился, фана́ты обо́их клу́бов устро́или грандио́зную дра́ку пря́мо у стадио́на.
  경기가 끝나고 난 뒤 양팀의 팬들은 경기장에서 난투극을 벌였다.
- Това́р отгружа́ется зака́зчику сра́зу **по́сле того́, как** офо́рмлены все докуме́нты и произведена́ 100%-ная (сто́проце́нтная) предопла́та.
  서류 작업이 다 끝나고 100% 선불 결제가 이뤄지면 바로 제품이 주문자에게 출고된다.

Перед тем(,) как ~ 전에

- **Пе́ред тем как** что́-то сказа́ть, ну́жно хорошо́ поду́мать. Мно́гие э́ту просту́ю и́стину забыва́ют.
  말을 하기 전에는 먼저 생각을 해야 한다. 이 단순한 진리를 많은 이들이 잊곤 한다.
- **Пе́ред тем как** приня́ть како́е-то ва́жное реше́ние, я всегда́ сове́туюсь с друзья́ми, е́сли на́до, то и со специали́стами.
  나는 중요한 결정을 내리기 전에 항상 친구들과 상담을 하고, 필요시 전문가의 조언을 구한다.

С тех пор(,) как ~ 이후부터 (since)

- **С тех пор, как** мы око́нчили шко́лу, прошло́ уже́ два́дцать лет. Как бы́стро вре́мя пролете́ло!
  졸업한 지 벌써 20년이 지났다. 세월이 어찌나 빠른지.
- **С тех пор как** я уви́дел её на корпорати́ве*, моему́ се́рдцу уже́ нет поко́я!
  사내 행사에서 그녀를 본 뒤로 내 심장이 진정이 안돼.

  ***корпорати́в** 회사 행사, 회식 (= корпорати́вная вечери́нка)
- Прошло́ уже́ 10-ть (де́сять) лет **с тех пор, как** му́жа не ста́ло, а се́рдце боли́т по-пре́жнему, и я всё пла́чу и пла́чу...
  남편과 사별한 지 벌써 10년이 됐지만, 한결같이 마음이 저리고 대책 없이 눈물이 난다.

Какóй의 활용

1 Какóй가 어떠한 것의 정도가 극히 높다는 의미로 쓰이는 경우에는 형용사 수식어와 함께 주로 사용되고, 억양 ИК-5로 발음합니다.

2 Какóй는 상대방의 발언에 대해 부정적인 반응을 할 때에도 사용됩니다. 이때 별도의 수식어는 붙지 않으며, 억양 ИК-7 로 발음합니다.

긍정 · 강조	부정적 반응
Какóй у нас шóпинг в суббóту был – фантастúческий! На сто тыщ отовáрились! 우리 토요일날 쇼핑 진짜 끝내줬어! 단돈 십만루블로 이것저것 다 샀어!	–Ну что, в суббóту, как обы́чно, на шóпинг? – **Какóй** шóпинг?! Шмóтки девáть ужé нéкуда! Все шкафы́ забúты! – 음, 평소처럼 토요일엔 쇼핑 갈까? – 쇼핑이라니?! 옷이 넘쳐나는데! 옷장은 꽉 차있고!
Какóй вы́годный кредúт! Всегó под 4% (под четы́ре процéнта) годовы́х! 대출 조건이 좋은데! 연이율이 4% 밖에 안 되다니!	– Мóжет, ещё одúн кредúт возьмём? – **Какóй** кредúт?! **Какóе** возьмём?! Тогдá бúзнесу тóчно конéц! – 혹시 대출을 더 받으면 어떨까? –대출이라니?! 뭘 받는다고?! 그러다 우리 사업 망해!
– Гóсподи, **какáя** жарá! Мозгú плáвятся! – 아아, 너무 덥다! 몸이 녹아내리는 것 같아! (직역: 뇌가 녹아내리다)	– У вас там, навéрное, ещё жарá стоúт? – **Какáя там*** жарá?! В тёплых кóфтах и кýртках хóдим. – 계시는 곳은 아직 날이 덥죠? – 더위라니요?! 다들 두툼한 카디건이랑 점퍼를 입고 다니는 걸요. *부정적 반응에서 쓰일 때, какóй там의 형태로 자주 사용됩니다.

구어체 접미사 -ос의 활용

америкóс (← америкáнец) / пиндóс 미국인

америкóс가 미국인에 대한 러시아인들의 가벼운 경시가 살짝 담겨있다면, пиндóс는 훨씬 부정적이고 무례한 표현이니 사용에 유의하세요.

бабóсы (← бáбки) 돈

특별한 뉘앙스가 없는 '돈'을 뜻하는 슬랭입니다.

полтóс (← полти́нник) 50

상황에 따라 뉘앙스가 달라요. 단순 50이라는 의미 혹은 나이가 많다는 뜻일 때도 쓰여요.

- Слу́шай, Сáня, я в суббóту в ресторáне **полтóс** отмечáю, ты тóже обязáтельно приходи́. 사냐(알렉산드르), 토요일에 식당에서 나 50살 생일 기념 식사할건데, 너도 꼭 와!

досвидóс (← до свидáния) 잘 가

상황에 따라 뉘앙스가 달라요.

- Ну лáдно, давáй (= до свидáния), всё, покá! **Досвидóс**! 그래, 안녕 잘 가! 바이바이!
- Так, всё, ты мне надоéл! Мéжду нáми всё кóнчено! Не звони́ мне бóльше! Свобóден! **Досвидóс**! 됐어, 질렸어! 우리 사이는 완전 끝이야. 더 이상 전화하지마, 끝이야. 안녕 (그만 보자)!

попадóс (← попáсть) 안 좋은 상황

(건강이나 금전적으로) 안 좋은 상황에 빠졌다는 것을 의미합니다.

- Блин, **попадóс**! 아, 망했다.

Никитóс (← Ники́та) 니키타

(일반적인 '니키타' 이름을 말하거나, 흐루쇼프를 지칭할 때 사용합니다)

- **Никитóс**, идёшь с нáми зáвтра в клубéшник? 니키타, 내일 클럽 갈래?
- У **Никитóса** от кукурýзы совсéм кры́ша съéхала.

  흐루쇼프는 옥수수 이후로 점점 더 맛이 가는 듯. (흐루쇼프가 미국을 다녀와 러시아의 기후를 고려하지 않고 미국처럼 옥수수를 대량 경작할 것을 지시한 일로 지도자로서 크게 실수한 것을 가리킴)

개인적·업무적 자질

Положи́тельные ка́чества 긍정적 성격		Отрица́тельные ка́чества 부정적 성격	
аккура́тный	정확한, 깔끔한	расхля́банный небре́жный	태만한, 해이한
стара́тельный	노력하는	безала́берный	되는 대로 하는
со́бранный организо́ванный	꼼꼼한, 계획적, 체계적	разбо́лтанный неорганизо́ванный	무질서한, 무계획의
компете́нтный	유능한	некомпете́нтный ма́локомпете́нтный ма́лосве́дущий	무능한
гра́мотный	업무 파악을 잘 하고, 지시사항을 잘 이행하는	безгра́мотный	무지한, 답답한
профессиона́л / про́фи разг.	전문성이 있는 사람	профа́н / ча́йник сленг	아마추어, 문외한
надёжный	믿음직한	ненадёжный	못미더운
толко́вый	똘똘한	бестолко́вый	이해력 딸리는
сообрази́тельный	판단이 빠른	тупова́тый	둔한, 생각하는 것이 느리고 비효율적
эффекти́вный	효율적인	балла́ст	도움이 안 되는, 쓸모 없는
креати́вный	창의적인	(Он / она́) звёзд с не́ба не хвата́ет	특출나지 않은
энерги́чный	열의 있는	пасси́вный / вя́лый	수동적, 무기력
целеустремлённый	목적의식이 있는	плывёт по тече́нию	소신이 없는
инициати́вный	주도적인, 진취적인	безынициати́вный	수동적인
		све́рхинициати́вный чересчу́р акти́вный	과하게 활동적인
хитроу́мный	꾀 많은, 잔머리가 좋은	хитрожо́пый разг.	얍삽한, 자기이득만 챙기는
безоби́дный	악의 없는	опа́сный	해를 끼치는
самолюби́вый	자기애가 강한	себялюби́вый	이기적인

상사의 유형

карьери́ст (карьери́стка)	일, 커리어에 욕심이 많은 사람
вы́скочка	쓸데없이 참견하는 사람
тихо́ня	샌님
пофиги́ст	모든 것에 심드렁하고 무관심한 사람
харизма́тик / харизмати́чный ли́дер	카리스마 넘치는 사람
неформа́льный ли́дер	실제 직책은 높지 않지만 사원들에게 큰 영향력을 가진 사람, 정신적 지주, 실질적 리더
ни ры́ба ни мя́со	애매한 사람, 이도 저도 아닌 특징 없는 타입
се́рый кардина́л	비선실세
тира́н	폭군
самоду́р	늘 제멋대로에 변덕스러운 상사 유형
скло́чник (скло́чница)	트러블 메이커
сплé́тник (сплé́тница)	가십거리를 좋아하는 사람
интрига́н (интрига́нка)	모략가
истé́рик (истери́чка)	히스테리부리는 사람
нарци́сс / самовлюблённый	나르시시스트
агресси́вный	공격적인
вы́горевший	무기력한, 번아웃된
блатно́й	낙하산, 인맥으로(по бла́ту) 들어온 사람
приближённый к нача́льству	상사와 혈연관계인 사람
чей-то протежé	총애받는 사람
негати́вщик	부정적인 사람
пессими́ст	비관주의자, 염세주의자
ворчу́н	불평꾼
ны́тик	투덜이, 징징이

나이 관련 표현

연령대	해당 연령대에 속한 사람	관련 형용사
0~1세		
Младе́нческий во́зраст младе́нчество	Младе́нец (младе́нчик) / грудни́к (грудничо́к)	Младе́нческий

- Ро́зовенький то́лстенький **младе́нчик.** 분홍빛 피부에 통통한 신생아
- **Младе́нческая** душа́. 아이같이 순수한 사람

연령대	해당 연령대에 속한 사람	관련 형용사
1~3세		
Ра́ннее де́тство	-	-

연령대	해당 연령대에 속한 사람	관련 형용사
3~12세		
де́тский во́зраст де́тство	ребёнок*(복 де́ти, ребя́та) 남 ма́льчик 여 де́вочка	де́тский

- Он ещё совсе́м **ребёнок.** 그 아이(남자)는 아직 어리다.
- Она́ ещё совсе́м **ребёнок.** 그 아이(여자)는 아직 어리다.
  *ребёнок은 남녀 모두에 대해 사용
- У нас дво́е **дете́й: ма́льчик** и **де́вочка.** 우리는 자녀가 아들 하나, 딸 하나 해서 둘이다.

де́тский сад 유치원
де́тская поликли́ника 소아과
де́тская переда́ча 어린이 프로그램
де́тский врач 소아과 의사
де́тская литерату́ра 아동문학

- У меня́ бы́ло на ре́дкость счастли́вое **де́тство**. Огро́мное спаси́бо мои́м роди́телям. 나는 흔치 않은 행복한 유년시절을 보냈다. 부모님께 깊이 감사드린다.

- Учи́тель: **Ребя́та**, за́втра мы идём в цирк! 교사: 얘들아, 내일은 서커스에 간단다!

연령대	해당 연령대에 속한 사람	관련 형용사
13~18세		
подростко́вый во́зраст	подро́сток* / тине́йджер** / малоле́ток разг.	подростко́вый тине́йджерский

• Ста́рший сын уже́ рабо́тает, а мла́дший – ещё **подро́сток**, 15-ть (пятна́дцать) лет. 큰 아들은 직장인이고, 작은 아들은 아직 15살 청소년이다.

*подро́сток은 남녀 모두에 대해 사용.
**тине́йджер는 주로 18~19세의 청소년을 가리킴.

Подростко́вая мо́да 청소년 패션
Подростко́вые компа́нии 청소년 무리 (그룹)

연령대	해당 연령대에 속한 사람	관련 형용사
18~24세		
ю́ношеский во́зраст ю́ность ю́ные го́ды	남 ю́ноша / юне́ц / молодо́й челове́к / па́рень разг. / паца́н* разг. 여 де́вушка / де́вка разг. / тёлка сленг	ю́ный ю́ношеский

• Мно́гие уве́рены: **ю́ность** – са́мая прекра́сная пора́ в жи́зни челове́ка.
대다수는 청년기가 인생에서 가장 좋은 시절이라 확신한다.

• Я ча́сто пересма́триваю свои́ институ́тские фотогра́фии: **ю́ные**, прекра́сные ли́ца, весёлые **па́рни** и симпати́чные **де́вушки**. А сейча́с мы уже́ все ба́бушки и де́душки. Как бы́стро вре́мя пролете́ло!
나는 대학시절 사진을 자주 뒤적여 본다. 거기에는 젊고 아름다운 얼굴들, 유쾌한 남학생들과 매력적인 여학생들이 있지만, 이제는 우리 모두 할머니, 할아버지가 되었다. 시간이 어쩜 이렇게 빠른지!

• Се́рый (= Серге́й) норма́льный **паца́н.** 세르게이는 믿음직한 괜찮은 청년이다.
*паца́н은 па́рень보다 더 구어적인 표현이며, '젊은 남성'이라는 의미 이외에도 '괜찮은, 믿음직한 청년'이라는 의미도 가집니다.

연령대	해당 연령대에 속한 사람	관련 형용사
25~44세		
молодóй вóзраст мóлодость	молодёжь / молодые люди 남 молодóй человéк / молодóй мужчи́на / пáрень разг. / пацáн разг. / мужи́к разг. 여 молодáя жéнщина / дéвушка	молодóй молодёжный

- Комитéт Госудáрственной дýмы по делáм **молодёжи** 국가하원 청년문제위원회
- **молодёжная** поли́тика госудáрства 국가 청년 정책

- **Мужчи́на**! Не кури́те здесь, тут дéти! 저기요! 여기서 담배 피면 안 돼요. 애들이 있잖아요!
- **Жéнщина**, вы перчáтку оброни́ли. 저기요, 장갑 한 짝 떨어뜨리고 가셨어요.

*молодóй мужчи́на, молодáя жéнщина는 40세 미만에 대해 사용되며, 연령이 그 이상인 사람을 칭할 때는 мужчи́на, жéнщина를 사용합니다.

- По **мóлодости** я стóлько оши́бок в своéй жи́зни надéлал...
  젊었기에 참으로 많은 실수를 했었지...

А: А дéти у вас есть? 자녀가 있으세요?

Б: Да, двóе **парнéй**. Ужé рабóтают, óба семéйные.
네, 다 큰 아들 둘이요. 둘 다 이미 직장인이고, 결혼도 했어요.

- На примéре нáшей компáнии мóжно сдéлать вы́вод: éсли соедини́ть óпыт стáршего поколéния с **молоды́ми** мозгáми, то мóжно доби́ться óчень мнóгого.
  우리 회사의 사례를 통해 다음과 같은 결론을 내릴 수 있습니다. 기성세대의 경험과 젊은 인재들의 재능이 합쳐지면, 아주 큰 성과를 내는 것이 가능합니다.

연령대	해당 연령대에 속한 사람	관련 형용사
45~59세		
сре́дний во́зраст	남 мужчи́на сре́дних лет / дя́дя* разг. (дя́дька, дя́денька) / мужи́к разг. 여 же́нщина сре́дних лет / тётя* разг. (тётка, тётенька), ба́ба**	

* дя́дя와 тётя는 삼촌, 이모 등 친인척을 가리킬 때도 사용하지만, 구어체에서는 중년 또는 중년의 나이를 넘어선 사람을 가리킬 때도 사용합니다.

**ба́ба는 원래 농민 여성을 가리키는 말이었으나, 현재 구어체에서는 중년이나 중년의 나이를 넘어선 여성을 가리킬 때 사용합니다.

- Для кого́-то **сре́дний во́зраст** – э́то во́зраст кри́зиса, а для кого́-то – нача́ло зре́лости.
  누군가에게 중년은 위기의 시기이지만, 다른 누군가에게는 성숙해지기 시작하는 나이이다.

А: А нача́льник твой что из себя́ представля́ет?
너네 팀장님 어때?

Б: Ничего́ осо́бенного: **мужчи́на сре́дних лет**, разведён, с живо́тиком, залы́сины.
평범해. 이혼하고 배 나온 중년 아저씨야. 앞머리는 까졌고.

- Я сама́ до сих пор не понима́ю, как из весёлой, жизнера́достной, привлека́тельной молодо́й же́нщины преврати́лась в зло́бную, раздражённую, ве́чно всем недово́льную **тётку**.
  젊을 때는 유쾌하고 낙관적고 매력적이던 내가 어쩌다 이렇게 표독스럽고 화가 많고 모든 일에 늘 불만인 아줌마가 됐는지 나 스스로도 이해할 수가 없어.

연령대	해당 연령대에 속한 사람	관련 형용사
60~74세		
пожило́й во́зраст	пожилы́е лю́ди 남 пожило́й мужчи́на 여 пожила́я же́нщина	пожило́й

• Мы с жено́й регуля́рно посеща́ем клуб для **пожилы́х люде́й** при го́радминистра́ции. Там таки́е интере́сные мероприя́тия прово́дятся – и́менно для **пожилы́х**! 나랑 우리 집사람은 시에서 운영하는 시니어 클럽에 정기적으로 나가고 있어요. 거기에서는 바로 노인들을 위한 재밌는 행사를 해요.

연령대	해당 연령대에 속한 사람	관련 형용사
75~89세		
ста́рческий во́зраст ста́рость преклóнный во́зраст	남 стари́к / дед / де́душка / деду́ля / 여 стару́ха / ба́бка / ба́бушка / бабу́ля	ста́рый ста́рческий престаре́лый (= о́чень ста́рый)

*дед, де́душка, деду́ля, ба́бка, бабу́ля는 가족인 할아버지, 할머니를 칭하기도 하지만, 구어체에서는 노인을 칭할 때에도 씁니다.

• Жи́ли-бы́ли **стари́к** со **стару́хой**...
옛날 옛적에 한 할머니와 할아버지가 살고 있었습니다.

• Я **ста́рый** больно́й челове́к, еди́нственное, что мне ну́жно – э́то поко́й и ухо́д. 나이 먹고 병든 나에게 유일하게 필요한 것은 안정과 돌봄이다.

ста́рческий мара́зм, **ста́рческая** деме́нция, **ста́рческое** слабоу́мие 치매

• Если бы мо́лодость зна́ла, е́сли бы **ста́рость** могла́.
젊은 시절에는 모르는 것이 많고, 늙어서는 알아도 실행할 만한 힘이 없다. (직역: 젊은 시절에 알았더라면, 노년에 할 수 있다면.)

• Мои́ подру́жки-прия́тельницы – есте́ственно, таки́е же ста́рые **ба́бки**, как и я сама́. 내 친구들도 당연히 나처럼 꼬부랑 할머니야.

А: Тут оди́н **дедо́к** грибо́чки предлага́ет. Взять, нет?

Б: Ну, е́сли хоро́шие, то возьми́.

(전화 통화에서)

A: 여기 할아버지가 버섯을 파는데, 살까, 말까?

Б: 음, 물건이 좋으면 사.

дом **престаре́лых** 요양원, 실버타운

연령대	해당 연령대에 속한 사람	관련 형용사
90세 이상		
долголе́тие	남 долгожи́тель 여 долгожи́тельница	

- У нас семья́ **долгожи́телей**: все ближа́йшие ро́дственники жи́ли ми́нимум до 95-ти (до девяно́ста пяти́) лет, мно́гие – до ста и бо́льше.

  우리 집안은 장수 집안이야. 가까운 친척들은 최소 95세까지는 살았고, 대다수는 100세를 넘겼어.

во́зраст가 들어간 기타 표현

золота́я пора́ де́тства 행복한 유년시절

перехо́дный во́зраст 사춘기

во́зраст проб и оши́бок 시행착오의 시기 (청소년기, 청년기)

во́зраст любви́ 사랑의 시기 (청년기)

кри́зис сре́днего во́зраста 중년의 위기

бальза́ковский во́зраст 3, 40대 여성 (직역하면 '발자크의 나이'라는 뜻으로 프랑스 작가 발자크의 『서른 살의 여인』에서 온 표현. 젊은 여성에 비해 외적 매력을 잃어가는 시기이지만, 적극적으로 사랑을 찾는 여성)

во́зраст зре́лости 성숙하는 나이 (40대)

во́зраст му́дрости 지혜로워지는 나이 (60대 이상)

прекло́нный во́зраст, во́зраст увяда́ния 노쇠한 나이 (75세 이상)

пенсио́нный во́зраст 연금 수급 개시 연령

во́зраст дожи́тия 연금을 지급받는 연령 (수급 개시부터 사망까지의 기간에 해당하는 생존기간)

па́спортный во́зраст 주민등록상 연령, 실제 나이

биологи́ческий во́зраст 생물학적 연령, 신체나이

психологи́ческий во́зраст 심리적 연령

구어체 대화에서 자주 사용되는 표현

각 표현이 등장한 과와 예문을 제시하여 어떠한 맥락에서 해당 표현이 사용되었는지 찾아볼 수 있도록 하였습니다. 아래 표는 ты 기준이며, 상대가 вы일 때는 형태를 변형시켜 사용해야 합니다.

예시

ты	вы
слу́шай представля́ешь я тебя́ умоля́ю	слу́шайте представля́ете я вас умоля́ю

말을 시작할 때, 주의를 환기할 때

있잖아, 저기 말이야, 잘 들어봐 (말을 시작할 때 주의를 환기하는 표현)	
слу́шай **послу́шай** **смотри́** **зна́чит, смотри́** **вот, смотри́** **зна́ешь** **представля́ешь**	6과 **Слу́шай**, я вчера́ на свида́ние вслепу́ю ходи́ла! 4과 **Послу́шай**, ты мне совсе́м не помога́ешь по до́му. 4과 **Зна́чит, смотри́**: в суббо́ту де́лаем убо́рочку. 14과 **Зна́ешь**, у меня́ то́ же са́мое. Коро́че, поживём – уви́дим. 8과 **Представля́ешь**, на рабо́те у одно́й же́нщины соба́чка до́ма щенко́в принесла́, одного́ мне предложи́ла, я и взяла́.

진지하게 들어봐, 중요한 이야기야	
я де́ло говорю́	3과 Не у́мничай, пожа́луйста! **Я де́ло говорю́.** 1~4과 확인문제 Колле́ги, вы почему́ меня́ не слу́шаете? Я, ме́жду про́чим, **де́ло говорю́**.

부탁, 제안, 충고를 할 때

어때? 그렇게 할까?	
идёт?	4과 Ты пылесо́сишь и мо́ешь полы́. А я везде́ протира́ю пыль и ещё о́кна вы́мою. **Идёт?**

~하지 않을래?	
не + 미래형 동사	11과 Ла́дно, сама́ всё понима́ю. Ты мне **не помо́жешь**?

~하는 게 좋을 것 같아, ~해도 괜찮을 것 같아 (완곡한 충고)	
не помеша́ет / не помеша́ло бы	3과 Коро́че, на́до всё купи́ть – сро́чно! И тебе́ то́же обно́вки **не помеша́ли бы**. 15과 Немно́го похуде́ть тебе́ **не помеша́ет**. Научи́ться води́ть маши́ну тебе́ **не помеша́ет**.

상대의 말에 대해 긍정적으로 답할 때

그 말이 맞아, 동의해 (상대방의 말이 맞다고 인정할 때)	
да, есть тако́е **так и есть** **и то ве́рно** **не спо́рю** **пра́вильно мы́слишь!**	2과 – Слу́шай, Ко́стя, ты, мне ка́жется, сли́шком пи́вом увлека́ешься. – **Да, есть тако́е, не спо́рю.** 20과 – Да́же в Ита́лии и́ли в Ту́рции нет та́кого вку́сного ко́фе, как здесь у нас, в Сеу́ле! – **И то ве́рно.** 12과 Не могу́ жить без ко́фе. Друзья́ говоря́т, что я на нём про́сто поме́шан, а я и **не спо́рю**: **так** оно́ **и есть**. 10과 – Сейча́с би́знес са́мый вы́годный – в Интерне́те! – **Пра́вильно мы́слишь!**

당연하지	
коне́чно **а то** **ещё как** **о чём ты говори́шь?**	14과 – Слу́шай, подру́га, давно́ хоте́ла тебя́ спроси́ть: тебя́ пре́дки насчёт му́жа, дете́й не напряга́ют? – **Ещё как**! Без конца́ нудя́т. 13~16과 확인문제 – Ну что, понра́вился вам спекта́кль? – **Ещё как**! Пье́са о́чень интере́сная, игра́ замеча́тельная. 11과 – Дорого́й, а ты мне не помо́жешь? Одно́й так тру́дно занима́ться. – **О чём ты говори́шь? Коне́чно!** Вме́сте бу́дем занима́ться.

좋아, 그렇게 하자 (상대방의 제안을 승낙할 때)	
дава́й **договори́лись** **я всегда́ "за"**	20과 – Отли́чно, **договори́лись**! Но е́сли что, я тебе́ позвоню́. – Коне́чно, звони́. 11과 – Ну дава́й вме́сте ка́к-то реша́ть пробле́му. Это и тебя́ каса́ется. – Хорошо́, **дава́й.** 13과 – Слу́шай, мы в пя́тницу с пацана́ми пивка́ реши́ли попи́ть. Ты как? – Ты зна́ешь, **я всегда́ "за"**, но...

네 말대로 할게, 시키는대로 할게	
как ска́жешь	4과 – Ты пылесо́сишь и мо́ешь полы́. А я везде́ протира́ю пыль и ещё о́кна вы́мою. Идёт? – **Как ска́жешь**, ми́лая!

네 결정이니 네 마음대로 해	
как зна́ешь	17과 – Я вот и на компью́терные ку́рсы записа́лась, и на та́нцы, и на йо́гу хожу́. Так всё интере́сно! – Ну, **как зна́ешь**. Как молодёжь сейча́с говори́т, флаг тебе́ в ру́ки! А мы уж со стару́хой по стари́нке дожива́ть бу́дем.

상대의 말에 대해 부정적으로 답할 때

무슨 말이야, 그럴리가, 그런 말 마, 그 말은 틀렸어	
о чём ты говори́шь?	20과 – Ох, како́й кофеёк вку́сный – обалде́ть! Не ху́же, чем в каки́х-нибу́дь Фра́нциях-Ита́лиях! – **О чём ты говори́шь?!** Лу́чше, гора́здо лу́чше! Я е́здила, зна́ю.
ты э́то брось!	11과 – В ны́нешней жи́зни – пустота́, а впереди́ – мрак. – Ну, **ты э́то брось**!
я тебя́ умоля́ю!	16과 – Мо́жет, на юриди́ческий поступи́ть – там, на юри́ста, адвока́та? – **Я тебя́ умоля́ю**! Этих юри́стов, адвока́тов – как гря́зи!
не говори́ глу́постей	5과 – Мо́жно и без образова́ния кла́ссно прожи́ть. – **Не говори́**, пожа́луйста, **глу́постей**.
да ничего́ подо́бного! **не ка́ркай!**	10과 – Всё ве́рно. Но ты сам не замеча́ешь, как всё бо́льше и бо́льше на свои́ сериа́лы подса́живаешься. А от реа́льной жи́зни ты всё да́льше и да́льше. – **Это тебе́ так ка́жется.**
э́то тебе́ так ка́жется	17과 – По́здно уже́ но́вую жизнь начина́ть, по́езд ушёл. – **Да ничего́ подо́бного**! Я вот, наприме́р – зна́ешь, у меня́ тако́е чу́вство, что я то́лько сейча́с по-настоя́щему жить начина́ю.

그럴 수도 있지만, 네 말도 맞지만	
не зна́ю **хотя́ что́-то в твои́х слова́х есть**	2과 – А вот в дере́вне я и душо́й, и те́лом отдыха́ю. Тишина́, поко́й, уедине́ние. – Ну, **не зна́ю**, э́то на люби́теля. 16과 – Бу́дешь их консульти́ровать, лоха́м лапшу́ на́ уши ве́шать и бабло́ руби́ть. Реа́льная те́ма – сто́пудо́во! – Ну, я **не зна́ю**, я так, наве́рное, не смогу́. Обма́нывать нехорошо́. 10과 – Но э́то больша́я оши́бка – уходи́ть из реа́льной жи́зни в сериа́лы, в э́тот иллюзо́рный мир. Это мо́жет пло́хо ко́нчиться. – Ла́дно, не ка́ркай! **Хотя́ что́-то в твои́х слова́х есть**, спо́рить не бу́ду. Ты у нас ти́па у́мный.

이게 뭐 어때서?	
а что тако́го?	5과 – До́ченька, извини́, но меня́ о́чень беспоко́ит, что ты сли́шком мно́го вре́мени прово́дишь в со́цсетя́х. – **А что тако́го**? Сейча́с все так, все зависа́ют. Прико́льно же! 7과 – Га́мбургер?! Чи́псы?! Как ты мо́жешь э́то есть?! – Блин, **а что тако́го?** Что хочу́, то и ем!

놀라움, 감탄, 당혹감 등을 표현할 때

진짜? 정말? (놀람)	
да ты что! **ну ты даёшь!**	6과 – Слу́шай, я вчера́ на свида́ние вслепу́ю ходи́ла! – **Да ты что**! – Причём не с одни́м па́рнем, а сра́зу с тремя́! – **Ну ты даёшь**! А как э́то?

멋져! 훌륭해! 대단해! (감탄)	
какáя прéлесть!	8과 Пёсик! Бóже мой! **Какáя прéлесть!** Какóе чýдо! Откýда э́то у тебя?
э́то чтó-то!	9과 – Рим, Венéция, Флорéнция – две недéли éздили и смотрéли. Какúе дворцы́, какúе музéи – мечтá, скáзка! – Да, Итáлия – **э́то чтó-то!**

그게 무슨 말이야? (당혹스러운 발언에 대한 반응)	
как э́то ...?	3과 – Скóро лéто, а мне надéть нéчего. – **Как э́то** нéчего? Шкафы́ все забúты! 12과 – Я смотрю́, ты у нас спортсмéн: бéгаешь, плáваешь, зимóй на лы́жах, фúтнес крýглый год. Не поймý: на фигá тебé э́то нáдо? – **Как э́то**“на фигá”? Чтóбы нормáльно себя́ чýвствовать.

기타

뜸 들이지마, 얼른 얘기해봐	
не томú!	6과 Ну, и как, кто-нибýдь из парнéй понрáвился? Расскáзывай! **Не томú!**

조심해, 주의해 (경고의 의미)	
смотрú	18과 – Я испрáвлюсь! Я всё сдéлаю! Вот увúдите! – **Смотрúте**! Всё завúсит от вас. И тóлько от вас.

무슨 말이야, 별말씀을요 (전혀 그렇지 않다 / 상대방의 칭찬에 대한 겸손한 반응)	
ну чтó ты (вы)	11과 – Я за э́ту зи́му ужáсно растолстéла! – **Ну чтó ты**, дорогáя, ты прия́тно пополнéла! 19과 – Кáждый на своём мéсте выклáдывается по мáксимуму. Всем огрóмное спаси́бо! И за вас, мои́ дороги́е сотрýдники! – Нет, **ну чтó вы**, Пётр Сергéевич, всё э́то тóлько благодаря́ вам!

Бог가 들어간 표현	
бóже мой 어머나	8과 **Бóже мой**! Какáя прéлесть! Какóе чýдо! Откýда э́то у тебя́!
бóже упаси́ 그럴리가, 가당치도 않아; 그럴 일이 없기를	14과 – В пя́тницу к нам тёща приезжáет. – И что? Соскýчился? – Издевáешься? **Бóже упаси́**! У, мы́мра!
слáва бóгу 다행이도	4과 Сти́рка, **слáва бóгу**, не проблéма: прóсто забрóсить бельё и́ли одéжду в маши́нку.
рáди бóга 부디, 제발; 원한다면 그렇게 해	15과 – Знáешь, нáдо не по гáджету и́ли костю́му суди́ть, а по деловы́м кáчествам человéка. – Да кто спóрит?! **Рáди бóга**! Но нóвый гáджет тебé я́вно не помешáет.

다양한 상황에서 쓰이는 лáдно

лáдно는 다음과 같이 상대방에게 단순히 동의하거나 마지 못해 동의하는 경우, 그만하라고 말할 때 사용됩니다.

1 좋아, 알겠어 (Хорошó, соглáсен)

2 그래, 알았어, 어쩔 수 없지 (Пусть бýдет так, ничегó не подéлаешь)

3 됐어, 알았으니 그만 해 (Хвáтит, достáточно, нáдо прекрати́ть)

5과 – Надéюсь, ты меня́ услы́шала. Мы тебé с мáмой тóлько добрá желáем. Ты нам потóм ещё спаси́бо скáжешь.

– **Лáдно**, (= Всё, хвáтит, я бóльше не хочý говори́ть на э́ту тéму, онá мне "не нрáвится") пáпочка, не пáрься, я самá как-нибýдь разберýсь.

15과 – Но нóвый гáджет тебé я́вно не помешáет.

– **Лáдно**, (= Да, хорошó, я не пóлностью, но в какóй-то мéре с тобóй соглáсен) посмóтрим.

11과 – Дорогáя, не занимáйся самообмáном. Кончáются диéты – и человéк снóва набирáет прéжний вес, а то и бóльше, éсли игнори́рует пýнкты "а" и "бэ".

– **Лáдно**, (= Да, ты прав) самá всё понимáю. Ты мне не помóжешь?

14과 – Да что я тебя́ учý? Ты что, мáленький?

– **Лáдно**, (= Хорошó, соглáсен) я чтó-нибудь придýмаю. Постарáюсь. Я позвоню́.

8과 – Это мóжет плóхо кóнчиться.

– **Лáдно**, (= Стоп, хвáтит!) не кáркай!

10과 – Дружи́ще, а тебé не кáжется, что ты на свои́ сериáлы тýпо подсéл?

– **Да лáдно!** (= Ты не прав; то, что говори́шь – это непрáвильно; твои́ словá – непрáвильные) Я стóлько всегó из них узнаю́!

17과 – Да какáя э́то жизнь? Так, существовáние.

– **Да лáдно!** (= Ты не прав; то, что говори́шь – э́то непрáвильно; твои́ словá – непрáвильные) Ты ж ведь ещё совсéм не стáрый.

19과 – Пётр Сергéевич, всё э́то тóлько благодаря́ вам!

– **Ну лáдно, лáдно!** (= Стоп, бóльше так не говори́те; вáши словá – они́ не совсéм прáвильные) Что я без вас?! – Корóче, за наш óбщий би́знес! За нáшу компáнию!

ТЕМЫ 01~04

1 ❶ в ❷ на ❸ за
2 ❶ провели́ → перевели́ ❷ про́сто → про́ще
❸ таки́е и́ли други́е → те и́ли ины́е
3 ❶ После́днюю зада́чу на экза́мене я так и не смо́г (смогла́) реши́ть.
❷ Подгото́вка к сва́дьбе отнима́ет мно́го (ма́ссу) вре́мени и сил.
❸ Я ча́сто покупа́ю оде́жду на распрода́жах.
❹ Иностра́нные языки́ даю́тся мне легко́.
❺ У меня всё ника́к ру́ки не дохо́дят заня́ться англи́йским языко́м.
❻ Я це́лый день убира́лась, пылесо́сила, протира́ла полы́, стира́ла, гла́дила, гото́вила, мы́ла посу́ду.
4 ❶ как вы́жатый лимо́н ❷ как ска́жешь) ❸ Пашу́ как ло́шадь ❹ и то нет
❺ ру́ки не дохо́дят ❻ Да, есть тако́е, не спо́рю ❼ вот уви́дишь
❽ без фанати́зма ❾ с ума́ сойду́ ❿ Как э́то "нет" ⓫ де́ло говорю́
⓬ е́сли че́стно / тоска́ зелёная

ТЕМЫ 05~08

1 ❶ до ❷ без ❸ от
2 ⑤
3 ❶ Мно́гие из нас тепе́рь не мо́гут и дня прожи́ть без Интерне́та.
❷ Я всё фо́ткаю и выве́шиваю (выкла́дываю / размеща́ю) у себя́ на страни́чке.
❸ Мне везёт с друзья́ми.
❹ Мне пришло́сь сде́лать непросто́й вы́бор.
❺ Де́нег у них сто́лько, что их уже́ дева́ть не́куда.
❻ Светла́на – удиви́тельная де́вушка, она́ прекра́сно разбира́ется в филосо́фии и культу́ре Дре́внего Восто́ка.
4 ❶ Ну ты даёшь! ❷ Дай покури́ть споко́йно ❸ прико́льно! ❹ А что тако́го?
❺ Не па́рься ❻ Что со мной не так? ❼ Что хочу́, то и де́лаю!
❽ Нет, ну что вы! ❾ не томи́ / Да ты что! ❿ Да кака́я ра́зница
⓫ Бо́же мой, кака́я пре́лесть! ⓬ не до того́ бы́ло ⓭ Смотри́ / Зна́чит, смотри́

ТЕМЫ 09~12

1 ❶ в ❷ по ❸ за ❹ с

2 ❶ по оди́н челове́к → по одному́ челове́ку ❷ ско́лько → насто́лько
❸ откуда́ глаза́ глядя́т → куда́ глаза́ глядя́т

3 ❶ Мы не рассчита́ли вре́мя, по́здно вы́ехали из до́ма, по доро́ге в аэропо́рт попа́ли в про́бку и едва́ не (и чуть не) опозда́ли на самолёт.
❷ Фильм произво́дит огро́мное впечатле́ние (оставля́ет огро́мное впечатле́ние).
❸ Фильм да́же превзошёл мои́ ожида́ния.
❹ То́лько уйдёшь в о́тпуск – не успе́ешь огляну́ться, как он уже́ прошёл.
❺ Са́мым запомина́ющимся моме́нтом была́ трёхдневная остано́вка в Ирку́тске.
❻ Ве́чером я бега́ю в па́рке чуть ли не по 5 (пять) киломе́тров.

4 ❶ не успе́ешь огляну́ться ❷ э́то что́-то ❸ Офисный планкто́н
❹ на свой страх и риск ❺ уда́рил нам по карма́ну ❻ Не ка́ркай!
❼ Ну что ты ❽ Спаси́бочки, стара́юсь ❾ Я смотрю́ ❿ запа́ла в ду́шу
⓫ Да ладно! ⓬ Не пойму́ / на фига́ ⓭ от судьбы́ не уйдёшь

ТЕМЫ 13~16

1 ❶ на ❷ на ❸ с

2 ❶ я → меня́ ❷ хо́чется → хоте́лось
❸ наско́лько же, сто́лько и → сто́лько же, ско́лько и ❹ собира́л → собира́лся

3 ❶ Я взяла́ себя́ в ру́ки и за полго́да похуде́ла на 10 кг.
❷ У ка́ждого свой гра́фик рабо́ты.
❸ Мы до́лго ду́мали и, наконе́ц, назна́чили сва́дьбу на 8-ое (на восьмо́е) а́вгуста.
❹ Жела́ние вы́йти за́муж у меня́ куда́-то пропа́ло.
❺ Врачи́ пока́ не ви́дят никаки́х причи́н, что́бы опери́ровать больно́го.
❻ За проше́дший год сре́дняя пе́нсия по стране́ повы́силась на 8%.

4 ❶ Ещё как ❷ быть сами́м собо́й ❸ как гря́зи
❹ я что-нибу́дь приду́маю ❺ бабло́ руби́ть / Ре́альная те́ма
❻ Поживём – уви́дим ❼ взять себя́ в ру́ки

❽ своя́ пра́вда ❾ никто́ не отменя́л ❿ Бо́же упаси ⓫ Я тебя́ умоля́ю
⓬ ра́ди бо́га

ТЕМЫ 17~20

1 ❶ по ❷ от / до ❸ на

2 ③ прошло́-прохо́дит

3 ❶ жи́знью ❷ всей семьёй ❸ деньга́ми

4 ❶ Если собра́ть 10 печа́тей, то мо́жно беспла́тно получи́ть ещё оди́н ко́фе.
❷ Для меня́ посеще́ние э́того ма́ленького ую́тного кафе́ ста́ло прия́тным ежедне́вным ритуа́лом.
❸ Я стара́юсь не заци́кливаться на здоро́вом о́бразе жи́зни.
❹ Не всё в жи́зни зави́сит от де́нег.
❺ Иногда́ мне ка́жется, что конфли́кт Росси́и с За́падом – э́то навсегда́, мы никогда́ не смо́жем найти́ о́бщий язы́к.

5 ❶ э́то вещь ❷ Хо́чешь не хо́чешь ❸ Элемента́рно, Ва́тсон ❹ терпе́ть не могу́
❺ Дай вам бог здоро́вья ❻ найти́ о́бщий язы́к ❼ Флаг вам в ру́ки
❽ сова́ть нос в чужи́е дела ❾ е́сли что ❿ де́йствуют мне на не́рвы
⓫ как зна́ешь ⓬ нача́льник есть нача́льник ⓭ не враг
⓮ по́езд ушёл / О чём ты говори́шь

А

а то и 126, 150
абонеме́нт 135, 183
автомати́чески 181
ажиота́ж 112
академи́ческий о́тпуск 181
актёрская игра́ 113
акти́вный 85
а́мерский 116
анализи́ровать-проанализи́ровать 13
аналити́ческий 124
арме́йский 181
а́рмия 181, 220
арома́т 229
артро́з 196
атрофи́роваться 181

Б

бабло́ руби́ть 184
ба́бник 62
бана́льный 197
батаре́я (батаре́йка) 170, 171
безде́льник 212
бельё 41
бере́менность 161
бесконе́чный 40
бескра́йний 100
беспла́тный беспла́тно 150, 228
беспоко́ить 54, 56
бе́шеный 20, 24, 176
бить баклу́ши 208, 212, 214
блин 76, 174, 184
боеви́к 112
бо́же мой! 88
бо́же упаси́! 154
боже́ственный 229
бо́лее-ме́нее 122
болта́ть-поболта́ть 150, 228
бо́льше всего́ 20, 22
борьба́ 123
бота́ник 66
боя́ться 16, 75, 124
бо́чка 34
брак 55, 160, 161, 220, 231
брата́н 174
брать-взять своё 161
брать-взять себя́ в ру́ки 181, 183
бра́ться-взя́ться 135, 137
бре́ндовый 30
брось 200
бу́дни 151
бухга́лтер 33
бухгалте́рия 222
бытовы́е забо́ты 41
быть сами́м собо́й 150, 157

В

в дру́жеской компа́нии 150
в како́й-то сте́пени 24
в како́м-то смы́сле 219
в конце́ концо́в 62, 86, 123, 125, 180
в кото́рый раз 208
в мо́лодости 196
в обни́мку 53
в о́бщем 31, 170, 183, 209
в основно́м 112, 124,
в после́днее вре́мя 31, 33, 151, 199, 208, 210
в при́нципе 184
в слу́чае 12
валя́ть дурака́ 212
вари́ться в со́бственном соку́ 200
вдохнове́ние 229
веду́щий 219
везти́-повезти́ 63, 64, 222
ве́ра 63
вес 122, 123, 126,
ве́шать лапшу́ на́ уши 184
вещество́ 76
ве́щь 30, 31, 34, 161, 229, 231
взгляд 152, 153, 209
видо́сик 56
винта́жный 31
вку́с 152, 229
влюблённый 228
вме́сто 73
внеза́пно 218
вника́ть-вни́кнуть 209
вновь 63
во вре́мя 13, 40, 102, 208
водола́зка 31
во́зраст 151, 161, 163, 196, 204
во́лком выть 197
волни́стый 88
во́льному во́ля 24
вообще́ 16, 24, 56, 73, 122, 123, 164, 208
во-пе́рвых, во-вторы́х, в-тре́тьих 56
воркова́ть 228
ворча́ть 135
восстана́вливаться-восстанови́ться 181
вот и сла́вно 232
вот уви́дишь 16
впереди́ 197
впечатле́ние 55, 101, 103, 115
вплоть до 209
вполне́ 113, 161, 181
враг 219, 221
времена́ 197
вро́де 228, 232
всё вре́мя 63, 160, 196
всё же 209
всё равно́ 44, 183

всё-таки 34, 183
встреча́ться 62, 65, 66, 150, 232
втя́гиваться 116
вы́бор 62, 160
выве́шивать-вы́весить 53, 232
вы́годный 31
выгу́ливать-вы́гулять 85
выкла́дывать-вы́ложить 52
выкла́дываться-вы́ложиться 222
выма́тывать 24, 87
выноси́ть-вы́нести 40
вынужда́ть-вы́нудить 161
выпива́ть 101
вы́пить и закуси́ть 218
выполня́ть-вы́полнить 13, 209, 212, 220
выпуска́ть-вы́пустить 170, 171
высокоме́рный 209
выставля́ть-вы́ставить 232
выясня́ться-вы́ясниться 170

Г

га́джет 170, 171, 174
га́дость 76
гармо́ния 229
где́-то 63, 160, 162, 170, 196, 218
гипертони́я 196
гла́вный геро́й 113
гла́дить-погла́дить 41, 85
глу́пость 56
го́ре 229, 231
гото́в(-а, -о, -ы) 14, 33, 123
гото́вить-пригото́вить 40, 41
гото́виться 137
грамма́тика 13
гра́фик рабо́ты 151, 162
грузи́ть 76
грызть-разгры́зть 95
гу́глить 171
гуманита́рный 65, 180

Д

да и 72, 116, 151
да ты что! 66, 103
да, есть тако́е 24
дава́ться 13, 15, 16
давя́щая мысль 21
дай вам бог здоро́вья! 222
дай(те) 76, 88
далеко́ не 14, 15, 56
да́ром 228
движе́ние 123
дева́ть-деть 85, 87
дедла́йн 212, 101
де́йствие 113
действи́тельно 76
де́йствовать 182, 208, 210, 212
дели́ться наболе́вшим 150
дели́ться-подели́ться 53, 55
деловы́е ка́чества 174
демобилизова́ться 181
деньжа́та 170
дере́вня 20, 24
де́спот 101
дие́та 73, 81, 122, 123, 126
дикарём 100, 109
дисциплини́ровать 135
дли́ться-продли́ться 12
до сих пор 75, 104, 212
доброво́льно-принуди́телый 218
добросо́вестно 212
догоня́ть-догна́ть 180
доеда́ть-дое́сть 76
долгожда́нный 21
дома́шние дела́ 40, 42
дома́шние зада́ния 13
дома́шние обя́занности 40, 42
дома́шние пито́мцы 83
допоздна́ 151
допуска́ть-допусти́ть 13
допу́стим 59
допы́тываться 208
дото́шный 209
дружи́ще 116
ду́рочкой прики́нуться 164
душе́вный 197

Е

едва́ ли не 231
ежедне́вный 228, 230
е́сли че́стно 24, 76
е́сли что 233
ещё как 164
ещё что 116, 154

Ж

жале́ть-пожале́ть 75, 104, 113, 115
жа́лобный 85
жанр 112
жела́тельно 12
желе́знодоро́жный 100
желу́док 196
живи́ и ра́дуйся 200
живо́т (живо́тик) 122
жрать-сожра́ть 154

З

за грани́цу 100
за оди́н присе́ст 72
заби́тый 34, 87
зава́л 154
зависа́ть-зави́снуть 56, 199
зави́сеть 160, 209, 210, 212, 219
заводи́ть-завести́ 160, 161
задава́ть-зада́ть вопро́с 13
заеда́ть стресс 72
закрыва́ть-закры́ть 113, 65
замдире́ктора 35
заме́тно 161, 167
замеча́ть-заме́тить 116, 122

замолча́ть 170
занима́ться 12, 16, 40, 54, 124, 126, 135, 137, 208, 228
заня́тие 13, 126, 135, 181
запа́риваться-запа́риться 180, 188
запа́сть в ду́шу 113, 115
запива́ть-запи́ть 76
запи́сывать-записа́ть 13
запи́сываться 16, 200
запомина́ть-запо́мнить 13
запомина́ющийся 100, 102
заря́д 171
заря́дка 135, 141
заса́да 184
заслу́живать-заслужи́ть 222
засто́лье 218
засту́кать 62
засыпа́ть-засну́ть 21, 53
заткну́ться 164
зато́ 31
захва́тывающий 112
заци́кливаться 73, 196, 198
зашква́р 174
защища́ть-защити́ть 113
злак 73
значи́тельный
значи́тельно 27, 33, 160, 167
зна́чить 16, 44, 66, 184, 212
зри́тель 103, 112

И

и всё тако́е 116
и то ве́рно 24, 232
и то нет 24
игнори́ровать 126
издева́ться 126, 154
излива́ть-изли́ть ду́шу 150
изли́шне 209
изуча́ть 12, 182
иллю́зия 126, 180
и́менно 20, 115
ина́че 85, 87, 122
индивидуа́льный 135
Ине́т 170
ино́й раз 134, 197
инсти́нкт размноже́ния 164
ипоте́ка 212
ирони́ческий 113
ита́к 123

К

к твоему́ све́дению 138
ка́ждому что́-то одно́ бли́же 24
каза́ться-показа́ться 16, 52, 113, 116, 150
кайф 53, 138, 180
как бу́дто 104
как говори́тся 181, 208
как гря́зи 184
как зна́ешь 200
как ми́нимум 85, 87
как ска́жешь 44
как сле́дует 181
ка́к-то 44, 52, 55, 76, 151, 162, 174
карма́н 135, 136
карье́ра 138, 161, 164, 221
кафе́шка 232
ка́чественный 30
ка́ша 181, 183
кинокри́тик 113
кинофестива́ль 113, 221
колеба́ние 180, 182
коллекти́в 86, 162, 200, 218, 219, 226
командиро́вка 41, 87, 221
ко́ммент 53
консульти́ровать 184
контроли́ровать 122
контро́ль (под контро́лем) 34
коро́че 34, 66, 76, 85, 164, 222
корпорати́вный дух 218
кофе́йня 228
кофема́н 228, 235
кофешо́п 228
кра́йне 209, 219
краса́вчик 88
кро́ме того́ 63, 122
кро́хотный 196
кру́глый год 138
круго́м 24
кру́пный 41, 182
кру́то 67
куда́ глаза́ глядя́т 101, 110
ку́ча 72, 171, 176

Л

ла́дно 56, 103, 116, 126, 154, 174, 200, 222
лай 84
лайк 52, 53, 74
ла́йкать-ла́йкнуть 53
лежа́ть пласто́м 196, 198
лезть 222
лень (ле́нь-ма́тушка) 134
лжи́вый 62
ли́хо закру́ченный сюже́т 112
ли́чностный рост 138
ли́чный 208
ли́шний 122, 123
ложь 126
лох 184
люби́тель(-ница) 24, 72

М

ма́менькин сыно́к 66
маршру́т 100
мастерска́я 170
материа́л 13
мегапо́лис 20, 24
ме́жду про́чим 34, 100
междунаро́дный 113, 221
мелочи́ться 150

меня́ть-поменя́ть 30, 62, 86, 161, 163, 189, 199
меша́ть-помеша́ть 34, 174
моде́ль 170
мо́дник (мо́дница) 30
мо́жно сказа́ть 62, 72, 100
мозг 21, 181
мо́лодость 197
мо́рдочка 88
мра́чный 150, 197
му́сор 40
му́тный 66
мы́мра 154
мы́слить 116
мысль 21, 31, 33, 55, 56, 184, 197, 232
мыть-вы́мыть (~ полы́, посу́ду) 41, 44

Н

на ка́ждом шагу́ 228, 230
на регуля́рной осно́ве 12
на са́мом де́ле 84
на свой страх и риск 100, 102
на сле́дующий день 151, 232, 101, 108
на ста́рости лет 200
на фига́ 138
набира́ть-набра́ть 122, 126
наворо́ченный 171, 174
на́выки 11
награ́да 113
нагру́зка 134, 141, 163
наде́яться 56, 63, 150, 209
наезжа́ть 208
назнача́ть-назна́чить 151, 152
назна́ченный 66, 152
накану́не 101
нака́пливаться-накопи́ться 76
налега́ть-нале́чь 181, 188
наоборо́т 134
наора́ть 164
напролёт 52, 54, 59
напряга́ть 164, 208
напряга́ться-напря́чься 184, 188
наставле́ние 222
насто́лько 112, 114
настрое́ние 199, 209
насчёт 164, 184
находи́ть-найти́ о́бщий язы́к 209, 214
нача́льник 101, 208, 209, 218, 219, 226
нача́льство 208, 218, 219, 220, 222
не говоря́ уже́ 134, 136
не до 76
не ка́ркай! 116
не спеша́ 20
не спо́рю 24, 137
не тако́й уж 170, 172
не томи́ 66
не у́мничай 34
не успе́ть огляну́ться 122, 131
не́бо копти́ть 200
нева́жный 219, 221
невозмо́жно 20, 52, 54, 75
неда́ром 229
недоста́ток 171, 173
незабыва́емый 101, 103
незаме́тно 52, 55
ненави́деть 134, 180
ненагля́дный(-ая) 62
необыкнове́нный 222
неорганизо́ванный 209
неотло́жный 219
неохо́та 134
непосе́дливый 85
не́рвы 208, 210, 212
несла́бый 222
неуда́чный 63
неую́тно 84
нехва́тка 151
ни ка́пельки не 113, 115
нико́й 47, 171, 173, 197
ноль 184
ноль без па́лочки 200
носи́тель языка́ 12, 16, 124
носи́ться-нести́сь 84, 91
нра́виться 34, 66
ну ты даёшь! 66
нуди́ть 164
ны́нешний 161, 163

О

о чём ты говори́шь? 126, 232
обалде́ть 232
оби́дно 63
обма́нывать-обману́ть 119, 138, 184
обнару́живать-обнару́жить 171
обно́вка 34
о́браз жи́зни 20, 122
образова́ние 56
обрета́ть-обрести́ 21, 63
обходи́ться-обойти́сь 73, 75
обща́ться-пообща́ться 66, 124
обще́ние 13, 115, 173
обяза́тельный
обяза́тельно 160, 181, 196
ограниче́ние 123, 126
ограни́чивать-ограни́чить 73
огро́мный 14, 222
оде́жда 30, 41, 87
одино́кий 21
однокла́ссник 150, 221
одноку́рсник 180
ожида́ние 113, 119, 153
ока́зываться-оказа́ться 102, 172, 180
окра́с 84
опуска́ть-опусти́ть ру́ки 123, 131
о́пыт 123
органи́зм 76, 222
оригина́льный 113

осно́ва 12, 112, 114
основно́й 12, 113
остано́вка 100, 123
отвлека́ть-отвле́чь 21, 138
отвлека́ться-отвле́чься 21, 138
отде́л 137, 153, 218, 225
отделе́ние 180
отдыха́ть и те́лом, и душо́й 24
о́тзыв 170
отка́зываться-отказа́ться 73, 75, 219, 221
откла́дывать-отложи́ть 40, 42
открове́нно 55, 72, 208, 212, 219
отлы́нивать 135
отма́зка 154
отменя́ть-отмени́ть 65, 152, 164
отнима́ть-отня́ть 41, 43
относи́ться-отнести́сь 76, 174
отноше́ние 14, 62, 63, 65, 160, 161, 211
о́тпуск 24, 42, 181, 220
отпуска́ть-отпусти́ть 138
отсто́й 174
отходи́ть-отойти́ на второ́й план 21
отчи́тывать-отчита́ть 208
отъе́зд 101
о́фисный планкто́н 101, 110, 151
очарова́шка 88
очередно́й 62, 218
оши́бка 13, 16, 74, 116, 124, 198

П

пандеми́я 40, 230
паникова́ть 16
па́пина до́чка 68
па́рень 22, 62, 63, 64, 66, 134, 198
па́риться 56
па́рочка 228
пассажи́рский 100
па́уза 72
паха́ть как ло́шадь 44
паца́н 154
пе́нсия 24, 86, 87, 196, 208, 220
пеня́ть на себя́ 212
переводи́ть-перевести́ 40
перевора́чивать-переверну́ть 85, 93
передава́ть-переда́ть 104
переноси́ть-перенести́ 151, 153
переса́живаться-пересе́сть 100
периоди́чески 101
пёсик 64, 65
печа́ть 228
пи́во (пивко́) 154
пита́ние 72, 73, 81, 122, 126
пита́ться 76
пи́ща 73, 81
планше́т 171
плюс 112, 161
по башке́ сту́кнуть 164
по доро́ге 13, 31
по душе́ 20, 22
по стари́нке 200
побы́ть 21
повторя́ть-повтори́ть 13, 229
под му́зыку 21
подва́л 228
подгото́вка 137
подзарабо́тать 171
подка́пливать-подкопи́ть 170
подо́бный 200
подозрева́ть 171
подо́льше 30, 138
подраба́тывать-подрабо́тать 180
подря́д 122, 183
подса́живаться-подсе́сть 52, 55, 116
подтвержда́ть-подтверди́ть 123
по́езд ушёл 200
пое́здка 22, 55, 65, 100, 102, 104, 115
поживём – уви́дим 164
позволя́ть-позво́лить 73
поко́й 21, 24
по́лный 34, 65, 174, 181, 183, 184, 228, 235
полови́нка 160
получа́ться-получи́ться 16, 63, 64, 102, 150
по́льза 75, 135
поме́шан(-а, -ы) 134, 137
помно́гу 122
поправля́ться-попра́виться 122
поража́ть-порази́ть 100
по-ра́зному 164
порва́ть 62
по́ровну 40, 42
поро́чный 72
поруче́ние 212, 220
по́рция 72, 81
посети́тель 114, 228
посеще́ние 102, 103, 228, 230
посиде́лки 218
по́сле того́ как 30, 160
послу́шай 44, 76
посте́ль 53
постоя́нно 32, 41, 54, 76, 168, 211
похме́лье 101
похо́жий 13, 74, 100, 138
почти́ 16, 137, 203, 228, 231
пра́вда 88, 134, 152, 170, 222, 229
пра́здник 102, 104
пра́здновать 222
практикова́ться 13
превосходи́ть-превзойти́ 113, 119
предпочита́ть 20, 30
представле́ние 160
представля́ть-предста́вить 24, 52, 54, 88, 164, 228
предупрежда́ть-предупреди́ть 62, 69
пре́жний 126
презента́ция 24, 137

пре́лесть 88
пре́мия 222
премье́ра 112
прерыва́ть-прерва́ть 161
претендова́ть 113
при любо́й возмо́жности 21, 123, 124
прибавля́ться-приба́виться 40
при́быль 222
приводи́ть-привести́ в поря́док 199, 212
привыка́ть-привы́кнуть 84, 86, 102, 200
приглаша́ть-пригласи́ть 66
пригоди́ться 181
приди́рчивый 209
приду́мывать-приду́мать 30, 154
прика́лываться 150
прики́д 174
прико́л 56
прико́льно 56
прили́чно 34
примити́вный 56
принима́ть-приня́ть ме́ры 122
принима́ть-приня́ть реше́ние 84, 86, 102
приро́да 20, 21, 138, 161, 162
прислу́шиваться-прислу́шаться 200
прита́иваться-притаи́ться 228
приходи́ться-прийти́сь 40, 62, 65, 151, 218
причём 66, 104, 122
прию́т 84
прия́тель(-ница) 52
прогре́сс 12, 16
продви́нутый 170
прое́кт 172, 228
пропада́ть-пропа́сть 160
пропуска́ть-пропусти́ть 72
просма́тривать-просмотре́ть 53
протека́ть-проте́чь 20
процвета́ние 222
псих 184
психотерапи́я 150
пу́ля 113
пункт 126
пу́таться 13, 15
путеше́ствие 23, 109, 124
путеше́ствовать 100, 109
пухови́к 31
пылесо́сить-пропылесо́сить 41, 44

Р

ра́ди 135, 143
ра́ди бо́га! 174, 184
ра́дость 88, 197, 229, 231
разбира́ться-разобра́ться 56, 63, 65
разви́тие 12, 222
разгильдя́й 212
разгово́рная речь 12
разгуля́ться 196
раздража́ть(ся)-раздражи́ть(ся) 209, 219
разме́ренный 20
ра́зница 76
разраба́тывать-разрабо́тать 228
разреше́ние 171
разу́мный 73, 123, 126, 153
расположе́ние ду́ха 209
распределя́ть-распредели́ть 40, 42
распрода́жа 23, 31
расслабля́ющий 21
расстава́ться-расста́ться 212
рассчи́тывать 12, 14
расходи́ться-разойти́сь 151, 153
реа́льный
реа́льно 101, 112, 116, 184
регистри́роваться-зарегистри́роваться 66, 183
ре́же 151
режиссу́ра 113
ре́йтинг 232
репети́тор 11
ре́чь (не может быть и речи) 219, 220
ритм 20
ритуа́л 228, 230
рожде́ние 161, 220
роня́ть-урони́ть 170
ру́бище 34
ру́ки не дохо́дят 41, 43
руково́дство 33, 210, 222
рути́на 101

С

с во́зрастом 151
с де́тства 30
с нуля́ 12, 16, 180, 182
с удово́льствием 30, 32, 101
с ума́ сойти́ 24, 76
сади́ться-сесть 170
самоконтро́ль 123
самообма́н 126
саморазви́тие 138
самостоя́тельно 12, 16, 102
самоуби́йство 76
самочу́вствие 23, 219, 221
сбаланси́рованный 73
сближа́ться-сбли́зиться 160
сбра́сывать-сбро́сить 122, 123
свида́ние 66, 160
своего́ ро́да 150
се́верное сия́ние 101, 103
се́конд-хе́нд 172
семе́йный сове́т 84, 86
серди́ться 32, 85
сериа́л 116
сигве́й 123
сиде́ть 52, 54, 122, 208, 228
сидя́чий 122
систе́ма 72

систематический 126
скажем 52, 59
сказываться-сказаться 161, 163
скидывать-скинуть 76
складываться-сложиться 72
склоняться 31, 33
скользкий 62
сколько-то 171
слава богу 41, 102
слаженно 222
следить 122
слеза 196
смартфон 52, 53, 75, 170, 231
смена 44
сменять-сменить 162, 172
смешить-насмешить 66
смешной 138, 228
смотри 44, 66, 174, 184, 212
снова 126
со вкусом 30
со временем 54, 73, 74, 181, 182
со школьных времён 30
собирать-собрать 42, 228
собираться-собраться 86, 101, 151, 161, 163
соблюдать 73
совать нос 208, 211
современный 112
согласовывать-согласовать 151
создавать-создать 160
солидарен(-а, -о, -ы) 232
солидный 174
соседний 228
соскучиться 154
составлять-составить 76
состояние 124, 163, 172, 197
состоятельный 63
состоять в браке 161
сотрудник 40, 222
социальные сети 52, 54, 55, 56, 112, 199
сочетать 30
специальность 180
спешка 20
сплачивать-сплотить 216
спокойно 20, 34, 76, 174
спокойный 20
спокойствие 20
спонтанный 219
способ 21, 126, 183
срочно 34, 103, 122
срываться-сорваться с места 101, 110
ссора 210
ссориться-поссориться 62
ссылаться-сослаться 219, 221
стало быть 40
старательно 13, 188
стараться 21, 23, 73, 116, 122, 154, 196, 212
старость 197, 200
стесняться 13, 16
стиль 30, 219
стильный
стильно 30
стирать-постирать 41
стоить 170, 171, 172, 177
столько 16, 87, 116, 138, 170, 172
стоп 16
стопудово 184
сторона 23, 116, 135
страдание 197
страница (страничка) 53, 76
стремительный 20
стресс 24, 72, 122, 150, 183
стройный 123
струя 184
судить 174
судьба 138
судя по всему 209
суета 20
супер 116, 233
супруги 74
супружеская пара 161
сустав 196
сутки 52, 54, 171
сутолока 24
существование 200
схема 122
сцена 113
считаться 200, 204
сюжет 112

Т

тайга 100
так и не 31, 32, 151
там и сям 180
тапочки 85
таскать-тащить 85
твердить 160
темп 20
терпение 12, 14, 181
терпеть 211, 212
технически 232
тёща 154, 210
типа 116, 154
тискать 85
то есть 197, 209
то же самое 164
толстовка 31
тоска 24, 197
тосковать 197
тот (та, то, те) же 138
тот или иной 30, 33
требовать-потребовать 12, 14, 102
требоваться-потребоваться 44
тренд 184
тренер 135, 141
трёхдневный 100
тупо 116, 138
тур 104, 232
турфирма 100

тусо́вка 24
тща́тельно 13
тяну́ть 44, 160, 162

У

убежда́ться-убеди́ться 197
убира́ть(ся)-убра́ть(ся) 41
убо́рка 40
уго́дно 76, 122, 129
удалёнка 40
уда́рить по карма́ну 135, 136
уда́ча 125
уда́чно 31
уделя́ть-удели́ть
(~ внима́ние, вре́мя...) 20, 23
удово́льствие 171
уедине́ние 21, 24
ужа́сно 56, 101, 126, 153,197
укла́дываться-уле́чься 53
укрепля́ть-укрепи́ть 218
укро́мный 228
у́мничка 44, 67
умоля́ть-умоли́ть 34, 184
униве́р 64, 180, 181
упо́рство 12
употребля́ть-употреби́ть
72, 73, 81
у́ровень 16
успева́емость 181
устра́ивать-устро́ить
104, 161, 162, 163, 218
утеше́ние 229
учёба 15, 32, 180, 181
учи́ться по обме́ну 181

Ф

факультати́вный 181
фанати́зм 34, 73
фанта́зия 101
физи́ческий
физи́чески 134, 137, 141, 163, 196
физкульту́ра 126, 141
фи́тнес-зал
фи́тнес-клуб
фи́тнес-центр 134, 135, 199
флаг тебе́ в ру́ки 200
фо́ткать-сфо́ткать 52, 53, 232
фра́за 13, 229
фу́нкция 170, 171

Х

хвали́ть 112, 32
хвата́ть-хвати́ть 122, 126, 171, 174
хвора́ть 222
хло́поты 40, 88
хоть 200, 228
хотя́ бы 42, 47, 101
хо́чешь не хо́чешь 205, 218, 220
хрень 164
хрома́ть 13, 181

Ц

целенапра́вленный 104
цена́ куса́ется 171, 176
цени́ть 20, 22

Ч

ча́ще 31, 41
чего́ греха́ таи́ть 229
чеки́ниться 232
чётко 222
что поде́лаешь? 219
что тако́го? 56, 76
что хочу́, то и 76
чу́вство (~ сти́ля, ~ ю́мора)
22, 30, 55
чу́ткий 222
чуть ли не 41, 134
чуть не 101, 103

Ш

шёлковый 88
ше́рсть (ше́рстка) 88
шикардо́с 232, 237
шика́рный
шика́рно 104, 126

Щ

щено́к 88

Э

эконо́мика 163
эконо́мия 31
экра́н 171
эле́ктросамока́т 123
эсэмэ́ска 174
э́то са́мое 76
э́то что́-то 104